Rocco und Antonia

SCHWEINE MIT FLÜGELN

Sex + Politik: Ein Tagebuch

Mit einem Dialog a posteriori
von Giaime Pintor und Annalisa Usai

Deutsch von
Wolfgang Sebastian Baur

Rowohlt

Die Originalausgabe erschien 1976
unter dem Titel «Porci con le ali
Diario sessuo-politico di due adolescenti»
bei Savelli in Rom
Umschlagzeichnung von Pablo Echaurren
Umschlagtypographie von Manfred Waller

1.–20. Tausend April 1977
21.–30. Tausend Juli 1977
31.–40. Tausend August 1977
41.–60. Tausend August 1977

Printed in Germany
ISBN 3 498 05683 2

Inhalt

1. Das Vergnügen ist ganz meinerseits 9
2. Der erste Schultag: Abenteuer zwischen Gähnen und Tränen 16
3. Rocco sucht im Klo seine moralische und kulturelle Aufrüstung 28
4. Wo man erfährt, daß Popmusik Metasprache ist 33
5. Wo man dahinterkommt, daß Popmusik ein masturbatorisches Äquivalent ist 41
6. Rocco geht zu einer Demonstration, denkt an den Tod und begegnet der Liebe 50
7. Wenn es Rosen sind, werden sie blühen 58
8. Antonia versucht, sich zu verlieben, und schläft dabei ein 67
9. Ein Riesen-Schokoriegel, ein Fick, eine feministische Fabel und ein Gedicht 73
10. Zieh dir dein Jäckchen an, Wladimir Iljitsch 83
11. Ich glaube, unsere Liebe ist im Arsch 96
12. Maternalismus 105
13. Auch in diesem Schwanz schlägt ein Herz 110
14. Mir geht's gut, und dir? 118
15. Rocco & Roberto und Antonia & Lisa 129
16. Antonia errötet reuig und verwirrt 147
17. Eine kleine Gruppe – eine große Liebe 151
18. Rocco versucht nachzudenken 161
19. Zwei dunkle Bier, zwei Spiegeleier und eine Panne 164
20. Epilog 170

Dialog a posteriori 179

Anmerkungen 200

«The time has come», the Walrus said,
«to talk of many things:
of shoes – and ships – and sealing-wax –
of cabbages – and kings –
of why the sea is boiling hot –
and whether pigs have wings.»
(Lewis Carroll, Through the Looking Glass)

Natürlich sind Menschen Schweine. Und menschliche Institutionen sind natürlich Schweineställe oder Schweineproduktionsfarmen und Schlachthäuser für Schweine. Wenn Schweine Flügel hätten, wie ein altes englisches Sprichwort sagt, wäre alles möglich. Aber vielleicht haben Schweine wirklich geheimnisvolle, unsichtbare Flügel, und vielleicht sehen wir diese Flügel nicht, weil wir Angst haben, daß alles möglich werden könnte. Wenn dem so ist, sind wir Schweine mit entweder unsichtbaren oder verkümmerten Flügeln. Für manche Leute sind die Flügel lediglich unsichtbar, können vielleicht jedoch jeden Augenblick sichtbar gemacht werden. Andere werden mit ihren verkümmerten Flügeln nie, auch im Traum nicht, aufsteigen und fliegen.
(David Cooper, Der Tod der Familie)

1. Das Vergnügen ist ganz meinerseits

Pimmel Pammel Rimmel Rammel. Öse Möse Strubbelvotze. Stinketierchen Votzenhürchen.

Nichts. Früher kam's mir schon bei Abzählreimen, oder zumindest bekam ich Lust. Ich sagte die Sauereien vor mich hin, und dann lachte ich, wenn ich mit meinen Leuten beisammen war. War ich alleine, dachte ich sie mir, sagte sie halblaut vor mich hin und fuhr mir dann mit der Hand ganz ganz schnell ins Höschen, ein Auge zur Tür gerichtet und die Ohren so gespitzt, daß ich das Treppenhaus brausen hörte. Es war immer ein großer Schreck. Und die Hand hätte ich mir hinterher immer am liebsten abgehackt, aber es war trotzdem schön, eine große feuchte Glückseligkeit, ein kleiner erstickter Schrei. Jetzt aber ist es, auch wenn ich allein bin, als ob ich unter lauter Menschen wär: ich muß lachen. Das heißt, ich muß gar nicht lachen, ich lach, weil ich ja eigentlich nie allein bin, immer ist jemand da, auch wenn niemand da ist, immer gibt es so ein verdammtes Arschloch, das mir dreinredet.

Großmächtiger aufgeblasener Schwanz, knallharter Pimmel, mit der weichen Samthaut und dem unverschämten Glatzkopf: siebene von der Sorte hab ich schon in der Hand gehabt. Großen Eindruck haben sie mir nicht gemacht. Aber es sind nicht alle gleich, manche sehen krank und manche gesund aus. Zum Beispiel die faltigen einerseits und die schön glatten andererseits. Uff, ich geb's auf, mir kommt's doch nicht: ich zieh mir den Pyjama aus und leg mich auf den Rücken, als ob ich tot wäre.

Leichenhalle: Marmortisch.

Penetranter Geruch von Desinfektionsmitteln. Starres Licht. Drückende Stille. Antonia P., sechzehn Jahre alt, Nationalität italienisch, Geschlecht weiblich, liegt hier aufgebahrt. (Ich zieh mir das Laken über das Gesicht.) Geräusch von Schritten: es nähert sich in gesammeltem Schmerz eine Gruppe von Personen, angeführt von einem ziemlich gutaussehenden Mann in weißem Kittel und mit der abgestumpften Miene des Leichenbeschauers (einer, der inmitten des Todes lebt, muß schon sehr vergeistigt sein). Hinter ihm, der Reihe nach: Mamma in ihren schwarzen Kostüm, das sie sich letztes Jahr hat machen lassen (scheußlich, aber hoffentlich hat sie so viel Geschmack, mir jedenfalls nicht gleichen zu wollen, wenn ich hier in der Leichenhalle liege), leichenblaß und endlich mal ungeschminkt. Papà, leicht keuchend, betupft sich seinen Stiernacken mit einem weißen Taschentuch und scheint dem Herzschlag nahe. Tante Bice, die vertrocknete alter Jungfer, läßt sich auch keine Kleinigkeit entgehen. (Warum zum Teufel die bloß gekommen ist, wo sie mich doch nicht ausstehen kann?) Und dann, als letzter, das einzige wirklich gebrochene Herz, Er: Blue jeans und Pulli. (Die wollten ihn erst nicht reinlassen, aber Er, resolut wie er ist, sagte: «Entweder ich krieg sie zu sehen, oder ich bring mich um auf der Stelle.» Da machten sie ihm Platz und schauten ihn respektvoll an.) Der Mann im weißen Kittel zieht das Leichentuch zurück. Mein Haar liegt weich über den Marmor verstreut. Sie haben es gewaschen, um das verkrustete Blut daraus zu entfernen, und jetzt liegt es da, blond und sonnendurchflirrt wie Seide. Mein Gesicht ist ganz blaß und entspannt, ohne auch nur einen Pickel (ich glaub, die Toten haben keine). Die Stille zerreißt in Schluchzen. Nur Er weint nicht: ganz wie Bogart ballt er die Fäuste (die Knöchel, glaub ich, pflegen in solchen Fällen weiß zu werden), er begreift, daß er mich seit jeher geliebt hat, sein Geschlechtsteil bläht sich in der Hose, er berührt es, indem er mich anschaut, ganz benommen von den Desinfektionsmitteln, und findet mich hinreißend schön. In demselben Augenblick faßt er den Entschluß, meinen Leichnam zu rauben und ihn zu besitzen. Zwei-, drei-, tausendmal, bis er ganz ausgelaugt von den vielen Orgasmen stirbt, wie wenn er sich in lauter kleine Todesströme auflösen würde und dabei den Tod selbst durchdringt. (Ich spüre eine leichte Wärme zwischen den Nieren unten und eine Art Müdigkeit im Kreuz und weiß, daß ich soweit bin.) «Wie ist es geschehen?» fragt mein Vater, mit brüchiger Stimme. «Sie war zu Pferde im Park Villa Borghese, plötzlich hat man aus einem

Auto auf sie geschossen, das Pferd ist zusammengebrochen und sie selbst gestürzt und mit dem Kopf aufgeschlagen.» Mamma bricht in heilloses Schluchzen aus, Tante Bice bringt sie weg unter Stoßseufzern, sicher wird sie ab morgen behaupten, daß sie am meisten von allen gelitten hat, und sie hätte ja schon immer gesagt, man solle mich nicht im Park reiten lassen.

Ich konzentriere mich auf sein Gesicht. Ich verschönere ihn im Geiste: der Bart ist ihm gewachsen, er ist ein bißchen weniger rot als die Haare, seine umringten dunklen Augen stehen ihm gut. Sie machen ihn tiefsinnig und reif, er legt sich die Hand auf seinen flachen Bauch, wo sich kaum sichtbar eine Haarlinie vom Schambein bis zum Nabel hochkräuselt. Er knöpft sich die Hose auf, nimmt ihn in die Hand und beginnt wütend daran zu zerren, ohne den Blick von meinem Leichnam zu wenden, und bricht schließlich in Tränen aus. Vielmehr, er heult. Stirbt. Leidet. Er wird in den Kerker geworfen, gefoltert, beschuldigt, die Leichen junger Frauen für seine satanischen Experimente geraubt zu haben, sie verurteilen ihn zum Tode, aber vorher noch reißen sie ihm . . . Ah, endlich sind wir soweit: das Bett brennt unter mir, mit einem gespannten Finger folge ich den Schreien meiner Muschi, vor und zurück und immer tiefer, bis ich nur mehr ein Schmatzen höre, dann erklimme ich schließlich mein Hügelchen (der Abzug, der trigger: wie mir diese Wortwindungen gefallen, so viel schweinischer als die Wörter selber sind sie), und ich fahre darüber, immer weiter, von rechts nach links, horizontal, mit Geschmeidigkeit, Geduld und Begierde, immer mehr, bis ich rase, während sich mir der Rücken aufbäumt wie bei den Katzen, und ich denke weiter an mich als Tote, an die Blumen, die Leichenfeier, an Ihn, der einen Monat lang nicht zur Schule gehen wird, und an die anderen, die mit gedämpfter Stimme von mir reden werden.

Sobald alles am Höhepunkt angelangt ist, schließe ich die Augen, um mich weniger zu schämen.

Ich schrecke auf, weil ich meine Mutter von nebenan rüberpantoffeln höre. Ich lösche das Licht. Zu spät: sie kommt rein (taucht vielmehr ihren Kopf in den Türspalt) und sagt: «Noch wach?» (Ich gehe in die Defensive, rechtfertige mich: Ich kann nicht schlafen, verstehst du?) «Morgen fängt die Schule wieder an, meine Liebe, da ist es aus mit den Dummheiten!» (Was für

Dummheiten? O Gott, ich bin schweißnaß.) «Vielleicht bin ich deshalb so nervös?» gebe ich zurück in zitterndem Sünderton (wie ein Hühnerdieb, der die Beute in Almosen aufteilen muß). Mamma schöpft Verdacht und schießt wie ein Falke aufs Bett nieder: «Ist irgendwas?» bohrt sie, ganz zerfließend in Vertraulichkeit. (Mein Gott, wie hasse ich diese Gefühlsvampire!)

Immer das gleiche, erst macht sie auf lieb, um mich zum Reden zu bringen, ein einziges Lächeln mit ihrem ewigen Deodorant-Gestank: «Mein Kindchen hat kein Vertrauen mehr zu seiner Mamma» (in der dritten Person, aber hundert Prozent wirksam, so wie ein weiser alter Indianer, der sich grad seine Friedenspfeife anzündet). Und dann: «Aber ich versteh dich doch!» (Ein tiefer Atemzug.) «Ich versteh auch das, was du mir nicht sagst.» (Dunkle, absolut uterine Logik.) Dann endet alles immer, jedesmal wieder, bei einem Geheule meinerseits und einem guten Rat von ihr (so ein geniales Sächelchen wie «In deinem Alter soll man sich nichts draus machen»). Und wenn das Geheule sich hinzuziehen und hysterisch zu werden droht, dann erfolgt eine Verabreichung von einem Mogadon (Varianten: Librium, Valium, Kamillentee, ein Glas warme Milch), dem allmächtigen Spender «eines guten Schlafes, wie du ihn so dringend brauchst».

Nein, heut abend nicht, nein, ich tu's nicht. Es hat keinen Sinn, Herrgott, es hat wirklich keinen Sinn. Und überhaupt find ich's gar nicht mehr so toll, auch das nicht. Und dann schläft auch noch Marco keine drei Meter von meinem Bett entfernt. Weiß Gott, es besteht keine Gefahr, daß er aufwacht; wenn man mit einem Bruder in einem Zimmer schläft, wird man recht leise. Und er schläft wie ein Büffel. Das muß die Arbeit der Massen sein – funktioniert wie ein Schlafmittel. Gott strafe ihn, diesen Schwachkopf.

Aber wenn ich's nicht mache, kann ich vielleicht nicht einschlafen. Dann bin ich wieder die halbe Nacht wach und wälze mich im Bett, und morgen früh komm ich ganz bleichgesichtig und verknautscht in die Schule, und dann fängt das Schuljahr ja wieder gut an. Aber wie krieg ich denn die Augen zu, Cazzo, wenn der Fettsack nicht aufhört, der armen Frau nebenan die Ohren vollzulabern? Wenn er wenigstens nicht in Anführungszeichen reden würde. Jedesmal beschließe ich, ruhig zu bleiben, Streiten nützt sowieso nichts, aber, Herrgott, wenn er die jüngsten Weisheiten von Napolitano nachbetet, und das in Anführungszeichen, dann platzt mir der Kragen. Man hört es eine Meile gegen den Wind, daß er Anführungszeichen gebraucht – er macht eine Pause, holt tief Luft, grinst idiotisch, und dann geht's los mit den Volksmassen und der Wichtigkeit, zu lernen und fleißig zu sein. Und er schließt sie auch noch, die verdammten Anführungszeichen – breites Lächeln, Format neun Millionen Wählerstimmen und große Massenpartei. Allmächtiger, wie kann man Cossutta in Anführungszeichen setzen! Ach was, es nützt nichts, ich mach's, sonst komm ich vom Denken nicht weg. Wenn mir so zumute ist wie jetzt, brauch ich drei Stunden, um ihn steif zu kriegen. Ah, die Kleenex. Sind mal wieder nicht da. Aber das Bett will ich morgen nicht wieder neu beziehen. Nehmen wir einen Strumpf? Besser die Unterhose, die muß ich sowieso wechseln.

Nichts zu machen, ich bin nicht in Stimmung. Sicher, wenn ich weiter an Cossuttas gesammelte Aussprüche denke, wird's schwer werden. Ist nicht gerade was sehr Erotisches. Ich könnt's ja mal mit dem fundamentalen Artikel auf Seite fünf der «Rinascita» probieren. Hahaha. Aber ich muß was finden, woran ich denken kann. Nein, das eine Mal, wo ich mit Elisa zusammen war, ist entschieden unbrauchbar. Schon zu abgenutzt, zu oft verwendet. Man kann nicht den einzigen Fick, den man gemacht hat, für mehr als fünfmal Wichsen hernehmen – ist ja fast unmoralisch. Da zweifelt man dann fast, ob man ihn wirklich gemacht hat, diesen Fick. Na ja, und von der Erotik her gesehen, war's ja auch wirklich nichts Besonderes. Aber verlieren wir keine Zeit. Fettsack nebenan, ich flehe dich an, halt die Fresse.

Nein, das bitte nicht! Wer weiß, warum mir das immer wieder in den Sinn kommt. Cazzo, das ist doch schon eine Ewigkeit her. Das heißt, so lang ist es nun auch wieder nicht her. Aber nein, entschieden nein. Wenn ich das hernehme, um mir darauf einen herunterzuwichsen, werde ich paranoid. Schluß jetzt, wechseln wir das Thema. Herrgott, willst du wohl steif bleiben, du?

Man muß der Kreativität freien Raum lassen. Das ist politisch richtig übrigens. Also zurück zu «dem, was ich hätte machen können, aber dann doch nicht gemacht habe (natürlich weil ich eine Flasche bin)». Anna, ja Anna, glaub ich, hieß sie. War voller Sand und Piniennadeln. Hübsches Kind, wirklich hübsch. Blauer Bikini, wenn ich mich nicht irre. Das Haar voll Salz. Wirklich ein duftes Mädchen. In meinem Alter, würde ich sagen. So an die fünfzehn. Also wie war das noch? Sie hat gesagt, «möchtest du ein bißchen Kaffee», und hat sich neben den Kocher hingekauert, um aus dieser ekligen Kanne heißes Wasser in die schmierigen Tassen auf den dreckigen Nescafé zu schütten. (Wenn ich mich allerdings bei hygienischen Details aufhalte, schaff ich's nie.) Also, sie hat sich hingehockt, und der Zwickel ihres Bikinihöschens ist ihr in die Arschfalte gerutscht. Was für ein Zuckerärschchen! Ganz rund und glatt, zum Anbeißen. Und die hat das überhaupt nicht zurechtgerückt, das Höschen. Nichts, als wenn nichts wäre, mit einer Seelenruhe, die kleine Hure! Und da hab ich die Hand ausgestreckt ... Tragischerweise hab ich in zwei Meter Entfernung gehockt und nur gedacht, wie ich die bevorstehende unausweichliche Erektion und das unvermeidliche Auftauchen des Pimmels aus meinem superschicken Minibadeslip verbergen könnte. (Geil war ich nicht wenig, diese Pop-Festivals sind ja ein einziger Hymnus an die Enthaltsamkeit, nicht nur, daß man nicht vögelt, nein, da wir so viele und allesamt gestandene brave Revolutionäre sind, gibt's rundum keinen Winkel, wo man sich in Ruhe einen runterholen könnte – Gott, bloß keine langen Reden!) Und ich hab verzweifelt gefragt: «Was sagst du zur Drogendiskussion?» Wirklich tragisch!

Aber dann hab ich mich einfach hinter sie gehockt, so nahe, daß ich sie berührte, und hab ihr leise den Nacken geküßt. Sie hat fortgefahren, den Kaffee einzuschenken, und ich hab in mir ein Erschauern gespürt, das ein richtiges Programm war. Ich habe die Hände auf ihren Rücken gelegt, sie dann nach vorn gleiten lassen, bis ich ihre Brüste beide in den Händen hatte und leicht massieren konnte. Dann, ganz sachte, hab ich die Finger unter ihren BH geschoben, bis ich die kleinen und harten Brustwarzen fühlen konnte. Die hab ich ganz vorsichtig gerieben, dann stärker und dann gekniffen, so daß sie stöhnte. Da hab ich die Hand am Bauch entlang runtergleiten lassen und in den Badeanzug geschoben, bis runter zu ihrem salzigen Haarbusch – und als ich den streichelte, hab ich sie beben gespürt, die feuchte heiße Spalte. Da hab ich einen Finger reingesteckt, ganz weit rauf rein. Mit der andern Hand hab ich ihr das Bikinihöschen hinten abgestreift, hab ihr süßes kleines Arschloch ertastet, es lange gestreichelt und dann auch einen Finger reingeschoben. Da ist sie vornüber auf die Knie gegangen. Ich hab aus meiner Badehose mein inzwischen riesengroß gewordenes Glied rausgeholt, hab die Spitze am Löchlein angesetzt und hab ihn ihr dann ganz langsam in den Arsch geschoben, bis ganz rein. Ich schob und schob, während sie stöhnte, «wie groß er ist, wie dick er ist» . . .

So, das hätten wir geschafft.

Ich hab verzweifelt gefragt: «Was sagst du zur Drogendiskussion?» Und sie hat geantwortet: «Ich hab nicht zugehört, ich war grad im Zelt, mir einen Joint drehen.» Die doofe Ziege!

2. Der erste Schultag: Abenteuer zwischen Gähnen und Tränen

«Ja, sieh einer an, wen trifft man denn da. Verkaufst du die Zeitungen hier?»

Die kennen keinen Benimm, würde meine Mutter sagen. Aber auch wenn wir die Formalitäten beiseite lassen, willst du mich fragen, ob ich lebendig oder tot bin, ob mir in den Ferien der Pimmel abgefallen ist, ob meine Katze gestorben ist, oder was sonst? Ich weiß es nicht. Na, schon gut, es ist Gianni, der so fragt, auch so einer, von dem alle sagen: «Ein anständiger Genosse, aber sonst ein Trottel.» Ja, und was wäre, wenn ich ein strammer Rechter geworden wäre? Wenn meine beiden Arme gelähmt wären? Lassen wir das, und verkaufen wir diese Zeitungen. Und überhaupt scheint die Sonne.

Immer dieselben Gesichter, dramatischerweise, dieselben Fressen, rundum. Nicht daß ich wünschte, einer wär gestorben. Aber das Gesicht hätten sie wenigstens wechseln können, oder nicht? Auch was die Gesprächsthemen anbelangt, scheint's keine weltbewegenden Neuerungen zu geben. Ah, Jack der Eiertreter.

«Ciao, Rocco. Also hör zu, heute haben wir die erste Vollversammlung. Sind auch ein paar neue Genossen da, halbe Kinder. Aber in diesem Jahr müssen wir alles ganz anders machen, verstehst du? Die Genossen sind in der Krise, du weißt. Das heißt, so können wir nicht weitermachen. Kurz, die Genossen haben das Bedürfnis, über ihre Probleme zu reden. Richtig, oder? Dann hat es da ja diese Debatte über die Drogen gegeben: man wird dazu Stellung nehmen müssen. Ist natürlich beschissen, daß das jetzt eine Angelegenheit der breiten Masse werden soll. Verstehst du, es ist nicht die Sache an sich, sondern die Ideologie, die dahintersteht. Na ja, die Genossen haben eben alle keinen Mumm mehr. Auch die Versammlungen müssen wir neu aufziehen, was meinst du?»

Ich würde auch meinen – wenn der mich mal von Zeit zu Zeit ein Wörtchen einschieben ließe. Wenn er doch bloß aufhören würde, mir dauernd diesen Schafskäse vorzukauen. Wenn er mich nur ein Viertelstündchen die Bräute beaugapfeln ließe! Ah, ah, ah, Cazzo, was interessiert mich das! Aus und vorbei. Verbranntes Gelände. Ich muß nach Roccapriora übersiedeln und ein neues Sexualleben anfangen. Hier sind wir ja in einem amerikanischen Katastrophenfilm.

Weiß Gott, gut dreihundert Bräute werden hier zugange sein, aber es kommt dir vor, als ob keine einzige da wäre. Rechne die häßlichen ab. Zieh die aggressiven ab, die vom Typ «Komm her, Kleiner, und ich rupf dir dein Dings aus, mit Stumpf und Stiel» – die geben mir 'n richtiges Kastrationsgefühl. Zieh die antiquierten ab: «Gott hat sie mir gegeben, weh dem, der sie mir anrührt.» Zieh die ab vom Typ «Drogen, Sex und Rock 'n' Roll», weil – da krieg ich Dünnschiß von. Zieh ab den Typ «Klassenkampf, der Sex ist für die Massen», die könnt ich ohrfeigen. Zieh die ab, mit denen ich schon gepennt habe, sind nicht wenige. Weg mit den Verlobten, schade zwar, aber was soll's. Und weg auch die, mit denen ich so ein bißchen rumgemacht habe – sind wenige, aber immerhin. Und was bleibt übrig? Bleibt dir nichts anderes übrig, als die neuen Lieferungen abzuwarten. Ich werde ihnen meine Zeitungen verkaufen, den kleinen schüchternen und kontaktscheuen Dingern, denen du sofort ansiehst, daß die aus der Mittelschule kommen; ich mach ein bißchen auf politischen Macker, der sich auskennt, lade sie zur Versammlung ein (die armen Mäuschen, denen gleich eins überzubraten), und dort wartet schon zack – ein Pimmel.

Gott, jetzt ist der in Rage geraten über das Öffentliche, das eigentlich privat ist, und das Private, das eigentlich öffentlich ist, während doch im Grunde die privacy . . . Der Bursche ist nicht mehr zu stoppen.

«Genossen, dies ist das Schuljahr, das auf den großen Erfolg des 15. Juni folgt . . .»

Wenn der Kalender nicht ein Gerücht ist, wie man so sagt . . .

«. . . und während die Auseinandersetzung der Klassen über die Tarifverträge Höhepunkte von bisher unerreichter Schärfe gezeitigt hat. Die Studentenbewegung . . .»

Meiner Ansicht nach hat der sich absichtlich durchfallen lassen, um weiter den Anführer spielen zu können. Nichts mit «Die Repression hat wieder zugeschlagen» und so, nein, das war Absicht. Und wenn's nicht geklappt hätte? Dann wäre er erledigt gewesen. Zum big boss hat der nicht das Zeug, der wär beim Flugzettelabziehen gelandet.

«. . . und so stimmen wir mit drei gegen zwei Stimmen . . .»

Gott, ich hab ganz vergessen, worum's geht. Ich hatt's doch irgendwo gelesen. Sind wir dafür oder dagegen? Soll ich fragen oder nicht? Nun ja, vielleicht später, ganz inoffiziell.

Peilen wir mal die Lage. Die Männchen sind immer dieselben; dazugekommen ist ein Jüngelchen, ein Winzling, neu an der Schule und aus der Umgebung Roms. Scheint sympathisch zu sein. Schweigt mit einer Natürlichkeit und ohne sich den Zwang anzutun, unheimlich angeregt zu wirken. Kleine Mädchen. Wenige, wie üblich. Die Donna vom Chef, wie gewöhnlich mit gerümpfter Nase. Dann Cinzia, die Dicke; die vielleicht gern wie 'n Metallarbeiter aussähe. Dann Paola und Elisa, die wie seit Jahr und Tag kein Wort sagen, aber sich die ganze Zeit alles mögliche ins Ohr tuscheln. Schwer unter Verdacht, ein bißchen lesbisch zu sein. Wie auch immer, bei denen ist nicht viel zu versäumen. Dann Antonia. Die einzige, die irgendwie verändert wirkt. Ist sie schöner geworden? Vielleicht, aber eigentlich nicht. Na ja, weiß nicht. Zu guter Letzt Laura. Peinliche Begegnung. Wir haben uns kaum gegrüßt. Schauderhaft. Sie bei der Versammlung zu treffen hat mich etwas verwirrt, deshalb höre ich nicht zu, was sie sagen (genauer: was *er* sagt, hat ja immer nur er das Wort). Cazzo, was will die von mir? Mir gefiel sie nicht mal. Sie gefiel mir wirklich nicht. Schon daß sie im Ruf steht, so eine zu sein, die mit allen rummacht (auch wenn sie noch Jungfrau sein soll), so ein hungriges Biest also, hat mich im Grunde gestört. Dann hieß es auch, daß sie eine Klette ist. Deshalb hab ich wohl auch den Tag bis vor den Ferien abgewartet. So gab's wenigstens kein Nachspiel. Aber wenn es nach mir gegangen wäre, hätten wir an dem Tag auch nichts gemacht. Hätt ich weiter ferngesehen. Was lief da gerade? Ach ja, das Finale von Wimbledon. «Seht euch das doch bei mir zu Hause an, ist sowieso kein Mensch da.» Die alte Hure.

Und ich hätt es mir sogar wirklich gern angeschaut. Irgendwann mußte ich pissen. Wo ist das Klo, frage ich. Sie sagt, komm ich zeig's dir. Wir kommen zum Bad, ich geh rein, will mich umdrehen und die Tür schließen, da ist die doch glatt mit mir reingekommen. Sie legt mir die Arme um den Hals und gibt mir einen Kuß auf den Mund. So einen mit ganz aufgeklapptem Mund, daß du Nase und Kinn mit reinkriegst. Dann streichelt sie mir das Gesicht und sagt, wie schön glatt du bist. Ich gefrier zum Eisblock, das sind eben die Weiber, na schön, aber trotzdem könnten sie ein bißchen Psychoanalyse studieren, dann wüßten sie, daß einem mit 16, wenn man nur ein bißchen Bartflaum hat und sonst nichts – nichts, sag ich –, daß einem da die schrecklichsten Komplexe kommen.

Aber das dicke Ende kommt noch. Sie sagt, mußtest du nicht Lulu machen? Und dabei öffnet sie mir den Gürtel, macht den Knopf auf, zieht den Reißverschluß runter und holt ihn raus. Ich bin wie gelähmt, aber trotzdem fängt er an, mir hart zu werden. Sie hält ihn in der Hand, betastet ihn vorsichtig und sagt dabei «komm, Lulu machen». Sie führt mich zum Klobekken und sagt, nun mach schön, und derweil bewegt sie ihre Hand auf und ab, schiebt mir die Vorhaut vor und zurück. Ich sag, ich muß nicht mehr, aber ich rühr mich nicht. Er ist mir inzwischen steinhart geworden. Sie sagt, ach ja? und taucht runter. Sie fängt an, mir den Bauch zu lecken, rund um den Nabel. Mir ist es ein bißchen peinlich, weil ich den Komplex habe, daß mir der Bauch raussteht wie den kleinen Kindern. Dann geht sie noch weiter runter. Sie leckt mir an den Schamhaaren. Sie zieht mir die Hose runter, dann die Unterhose, fängt an, mir die Schenkel zu küssen, dann die Eier, und dann kommt sie am Schwanz entlang hoch, ein Küßchen nach dem andern, bis zur Spitze. Sie zieht die Vorhaut zurück und schleckt ihn rundum ab, ganz vorsichtig, fast ein wenig zu vorsichtig, weil ich nun doch langsam Eile kriege. Schließlich rafft sie sich auf und nimmt ihn in den Mund und macht rauf und runter. Mit der einen Hand streichelt sie mir den Bauch, mit der anderen die Eier. Na, ich werde so an die fünfzehn Sekunden gebraucht haben. Eine blitzschnelle Angelegenheit. Na ja, und dann im Stehen ist das so eine Sache, du glaubst, du fällst jeden Moment um. Aber unheimlich aufregend.

Nur danach war es so, daß ich ganz niedergeschlagen war. Ich bin mir vorgekommen wie ein Idiot. Ich war fast wütend auf sie, aber im Grunde auf mich selbst. Vielleicht weil ich so gar nichts dazu getan habe, ich weiß nicht. Ein Glück, daß ich dann weggefahren bin. Natürlich habe ich ihr keine Ansichtskarte geschrieben. Und auch nichts Geistreiches wie . . .: «Aus den Dolomiten ein inniges Andenken an dein Blaskonzert im Scheißhaus.» Vor lauter erotischen Erinnerungen habe ich nichts von der Versammlung mitgekriegt. Luca hat es mir zusammengefaßt: «Wir haben beschlossen, eine gründliche Massenkampagne gegen harte Drogen zu starten und eine Forumsdiskussion über Popmusik zu veranstalten.»

Pah. Das Beste an der ganzen Versammlung ist ein stilles Lächeln von Antonia.

Das Schöne an Autobussen ist, daß dir das Aussteigen wie die Eroberung des Glücks vorkommt. Auf der hinteren Plattform eingequetscht, so daß die Schulter meines Vordermanns mir fast wie ein Fortsatz von meinem Kinn vorkommt, in der Hand die Bücher (vielmehr das Buch – der neueste Chandler – und das Heft, ein Rechenheft), die bloß deswegen nicht runterfallen, weil sie nicht wissen, wohin, die Haare unter die Mütze gestopft, als hätte ich sie seit zwei Monaten nicht abgenommen. Und dann die Gesichter: acht Schülergesichter, die aussehen, als wollten sie fragen: «Und wo hast du die Ferien verbracht?» So geschniegelte und schon gelangweilte Typen. Sicherlich frigide: sieht man am Flaum über der Oberlippe. Stinken noch nach aufgewärmtem Milchkaffee, nach faulen Zähnen, nach Schlafmief. Frisch gebügelte Jeans, weil es der erste Schultag ist, und «wenn du schon so rumlaufen mußt, dann wenigstens mit Bügelfalte». Zwei Mädchen ohne Arsch steigen zu: vierte Gymnasium? Es scheint, daß die ganze DrückmichandieScheibe-Abteilung hier hinten im Bus aus Schülern besteht. (Ich schwöre, wenn ich noch mal einen sagen höre, daß man sich die Bücher auf dem Flohmarkt kaufen soll, beiß ich ihm in den Arsch.) Es ist nur ein einziger Erwachsener da mit einem belämmerten Lächeln, so einer vom Typ Revival, sackartige Jacke und die Fahrkarte zwischen zwei Fingern, als wär's ein Schmetterling. Ich glaube, der denkt sich jetzt irgend so was wie «die Glücklichen» (wir) und ist ganz gerührt von der geräuschvollen Umweltverschmutzung eines ersten Schultags. Dieses wirre Geschrei, dieser nasenpopelnde Radau, erscheint ihm als fröhliches Geplauder, die schwitzigen Hände auf geschlossenen Schulheften, die fettigen Finger auf den Pausenbroten, die sommerlichen Erinnerungen voll von vertraulichen Lügen und die unbestimmten Befürchtungen für den Winter kommen ihm, diesem Lümmel in Leinenhosen, vor wie die Poesie der Jugend oder irgendso 'n Scheiß. Es ist klar, daß der uns ankuckt, ohne uns zu sehen. Der hält uns für eine Art Saisonerscheinung. Ein kollektives Substantiv, eine Sammelbezeichnung in Großbuchstaben. Er erlebt gerade die Prosa der Eröffnungsrede von Präsident Leone wieder. Wenn ich ihn so sehe, wie er überzeugt ist, daß die Welt am dritten Oktober ihren Weg geht, kriege ich Lust zu schreien. Ja, glaubst du vielleicht, es ist lustig, am Morgen aufzustehen und genau zu wissen, was du an den 326 darauffolgenden Morgen machen wirst? Jetzt setze ich mal zwei Augen voll von tiefem Haß auf ihn an – mal sehen, ob er von seinem hohen Roß runtersteigt. Ich bin keine graue Maus. Man kann mich nicht ungestraft anstarren. Wenn ich mich am Rande einer Identitätskrise sehe, unternehme ich im allgemeinen irgendwas.

Ich handle. Ich verzerre mein Gesicht zu einem spitzbübischen Lächeln. (Ja, ja, dich schau ich an, gerade dich, du Kretin. Und du schaust mich an wie die Gestalt eines Freskos mit dem vorläufigen Titel *Erster Schultag*. Ich schaue dich an wie ein seltsames Wesen, das vom Baum gefallen ist. Dreißig Jahre, längliches Gesicht, Jacke wie 'n Clochard und kein Recht, in diesem Schmerzensautobus, der zur Schule fährt, zu stehen und zu denken: «Wie sehr ich um dich flenne, du liebe alte Penne!»)

Die arrhythmischen Stöße des Busses haben uns einander schon nähergebracht. Häßlich bist du nicht, aber du riechst ein bißchen schlecht gelüftet, hast ranzige Mundwinkel, und deine Schnurrbartspitzen sind bekleckert. Er guckt: sinnlos, jetzt so zu tun, als hättest du das Manöver nicht bemerkt. (Wenn ich jetzt den Atem anhalte und die Schultern etwas zurücknehme, vielleicht schaff ich's dann, daß ein Knopf abspringt.) Ich laß einen Seufzer los und fahr mir mit der Zungenspitze ein paarmal über die Oberlippe (zu auffällig?). An der nächsten Ampel wird er seine Eier mehr oder weniger an meinem Heftumschlag haben. Nun ja, mein Lieber, du hast ein Sexsymbol vor dir. Prall und fest wie ein hartgekochtes Ei. Eine Blonde, wie sie im Buche steht. Ich werde noch Haare haben, wenn du schon so weit bist, daß du dir die Schwanzhaare hinter die Ohren transplantieren läßt. Meine Titten sind steifer als deine Ständer. Nichts. Aber er wendet die Augen nicht ab, und ich auch nicht, und mir tropft schon die Wimperntusche, und die Sache wird langsam aufregend.

Noch drei Stationen. Wenn ich jetzt aussteige und er geht mir nach, gehe ich nicht zur Schule. Wenn er mir nicht nachgeht, nehme ich den nächsten Bus. Noch ein letzter Blick: ganz aus den Augenwinkeln.

Er ist ausgestiegen, und ich höre seine Schritte hinter mir auf dem Pflaster. Zwischen mir und ihm zwei Handbreit Luft. Ich hab nur deshalb keine Angst, weil ich es selbst gewollt habe: es ist, wie wenn man sich den Zahn selbst zieht, mit der Schnur am Türgriff. Es blutet, und du weißt nicht, wie's ausgehen wird, aber es ist immer noch besser, als zum Zahnarzt zu gehen.

Ich weiß nicht, welche Richtung ich einschlagen soll, aber jetzt kommt's darauf an, die Situation zu entkrampfen: wenn ich stehenbleibe und er auch, dann heißt das, daß der mich wirklich verfolgt. Er verfolgt mich wirklich. Nur Mut: «Verzeihen Sie, aber ich habe den Eindruck, daß Sie mich verfolgen.» (Manchmal kommt mir meine Stimme so vor, als wäre sie in einem Dienstbotenzimmer der zwanziger Jahre aufgenommen worden – ein bißchen altmodisch.) Er sieht mich an und antwortet nicht. Er überholt mich. Geht geradeaus weiter. Adieu, Abenteuer! Nee, mein Lieber, du machst dir's zu einfach.

Du siehst dich einer sexuell aggressiven Heranwachsenden gegenüber, einsfünfundsechzig groß, mit einem Hinterteil wie Sahne und den besten Absichten, den ersten Schultag zu verpassen: nutz es aus. Ich möchte heulen vor Wut. Ja, haben denn die Männer noch einen Schwanz, oder ist er ihnen bei der letzten Atomexplosion verdampft. Ich starre in das Schaufenster des Schuhladens hinein, als ob ich es ausplündern wollte; in der Schule hat es jetzt schon das erste Mal geläutet, und dieses Arschloch steht ruhig an der Bushaltestelle. (Ich frage mich, ob er wieder in denselben Autobus einsteigen wird. Wenn er das tut, ist seine abartige Neigung offensichtlich.) Nun, wo ich schon mittendrin bin, spiel ich das Spiel zu Ende: «Hören Sie, ich habe bemerkt, wie sie mich angestarrt haben, deshalb bin ich ausgestiegen, und sie sind mir gefolgt. Ich bin doch nicht dämlich!» Immer schön aggressiv und unnahbar. «Sie irren sich, Signorina», sagt er gelangweilt. Schöne Stimme. Wenn er mir nicht sofort an den Arsch faßt, dann kommt's noch so weit, daß ich mich in ihn verliebe. «Immerhin, Sie könnten mir wenigstens sagen, warum zum Teufel sie mich im Autobus so angestarrt haben, als ob ich ein tätowiertes Gesicht hätte.»

Unmöglich, das verzagte Zittern zu verbergen: der Mann ist Lehrer. Er hat mich aus Gewohnheit angesehen. Ich wäre demnach so etwas wie eine vorbereitende Übung für den Beruf eines Hühnerhofwächters. So etwas wie die dritte Stufe der Giftgewöhnung des Mithridates: man vergifte sich die Augen täglich ein bißchen, damit man nicht bei der ersten geballten Ladung von Schülern schwach werde. Nun gut. Ich muß diesen Trottel verblüffen – oder die Identitätskrise könnte bei Anbruch der Dunkelheit mal wieder in die Unfallstation wandern.

Ich lasse mit einem gekonnt lasterhaft-wissenden Ausdruck im Gesicht durchblicken, daß mir seine Entschuldigung schon in die Nähe der Grenzen des guten Geschmacks zu kommen deucht: «In der Tat, ein richtiges Ausstellungsstück.» Er lächelt und kommt mir dabei fast menschlich vor. Dann sagt er was Nettes: daß er abergläubisch ist und daß er Angst vor schicksalhaften Vorzeichen hat und nun das ganze Jahr über verflucht aufpassen wird, daß seine Schülerinnen ihm nicht den Hof machen. So eine Einbildung, aber trotzdem originell. Wenn er bloß nicht Watte in den Schultern hätte! Wir gehen einen Kaffee trinken, und er zahlt. Ich ziehe 100 Lire aus der Tasche, und er sagt: «Heb sie dir auf für Süßigkeiten.» Dann steht er auf und zieht mit rudernden Armbewegungen von dannen.

Variante eins: Wie ich mir die Wirklichkeit ausmale

Jetzt hat er den Arm um mich gelegt, und mir ist traut zumute wie am Abend. Er erzählt mir von seiner Frau, während wir langsam zu «seinem Studio» schlendern.

Die Männer sind so: den Augenblick, die Hose runterzulassen, benutzen sie zu nichts anderem als zum Runterlassen der Hose. Ich friere ein bißchen, und es ist keine atmosphärische Kälte. Nicht das bißchen Sex, das wir machen werden, flößt mir Angst ein, sondern die Vorstellung, kaltgemacht zu werden von einem Volksschullehreraspiranten – auch wenn er Erdkunde unterrichtet an ich weiß nicht welchem Institut für höhere Töchter und seine Frau bei der Zeitung arbeitet; er lächelt mir nicht zu. Ein gewalttätiges Gesicht hat er nicht. Er spricht ein gutes Italienisch. Nirgendwo kuckt ihm ein Beilgriff aus den Kleidern hervor.

Und dann hab ich seinen Achgottja fast in die Hand genommen: ich kann mich nicht als verfolgtes Jüngferchen fühlen ... Aber bitte, bitte, gehen wir bloß nicht ins Zimmer rauf. Ich möchte spazierengehen, nein, wirklich, schau, natürlich hab ich keine Angst, aber so ein römischer Oktober mit einer Luft, die sogar die Häuser zum Atmen bringt ... Er lacht väterlich, und ich würde ihm am liebsten die Fresse einschlagen, oder vielleicht wär ich einfach lieber in der Schule ...

Wie mach ich ihm nur begreiflich, daß es mich verletzt hat, angesehen zu werden wie das siebte Gesicht links vom Eingang des Wohnblocks 47? Immerhin, ich bin gerettet: wir gehen nicht rauf. Ich habe Gelegenheit, ihn wissen zu lassen: a) daß ich Kommunistin bin, b) daß ich Feministin bin, c) daß mein Aszendent im Skorpion ist (und das bedeutet Sinnlichkeit).

Bis zu dem Moment, als wir uns ins Gras setzen, weiß er alles von mir, außer die Wahrheit. Ich weiß von ihm nur, daß er einer von denen ist, die eher über die Krampfadern ihrer Ehefrau dissertieren, als einem Schulmädchen einen Zungenkuß zu geben.

Wenn so eine Zufallsbegegnung auf einer Wiese endet, ist der Jeans-Reißverschluß im allgemeinen wie verhext, und du erinnerst dich, daß du seit zwei Tagen die Unterwäsche nicht gewechselt hast, und weißt nicht mehr, was sagen.

Stille sinkt hernieder. Und mit der Stille die Verlegenheit. Dann umarmen mich seine Arme, als ob sie glattweg vom Rumpf getrennt wären, unsere Ärsche sind zwar beieinander, aber unsere Körper weit weg. Vielleicht bilde ich mir das auch nur ein, ein nichtiger Eindruck: ich bin ganz angespannt, als ob ich drei Beine hätte. Er merkt es und macht sich los: erste Zigarette (seine). Ich pinkel mir in die Hose. Aber ich werd nichts sagen: die Unterbrechung, um eine Kneipe zu suchen, fehlte gerade noch – dann wär die Atmosphäre total gestorben. Ich wünschte, ich hätte zum Frühstück ein Hörnchen mit Schnaps zu mir genommen. Vielleicht wär ich dann femininer: wenigstens säße ich jetzt nicht hier in Ungewißheit zwischen Flucht und Tränen.

Variante zwei: Ein Mittsommertraum – Handreichungen im Grünen

Den Kopf auf der Erde, die Augen gen Himmel und sein Gesicht darüber, könnte ich ein am Marmortisch angebundener Hund sein. Das Experiment beginnt: seine geschwollene feuchte Zunge schiebt sich mir zwischen die Zähne, wie ein weicher, alles ausfüllender Hebel öffnet sie mir den Mund. Aber nein, *porco dio*, weiter geht's wirklich nicht. Sonst muß ich kotzen (es ist schließlich früh am Morgen, und man kann die Leute nicht schon in aller Herrgottsfrühe küssen). Niemand sieht uns, und er nützt das aus, er knöpft mein Hemd auf mit schwerfälligen Bewegungen. Ihm zittern die Hände, aber es ist nicht die freudige Erregung: er hat's eilig. Ich möchte ihm in die Augen schauen, aber er hat keinen Ausdruck im Gesicht, und ich komme mir vor wie das Lamm auf der Schlachtbank: na los, mach schon, vierteile mich, hol's raus, dein verdammtes Dings, und spalte mich in zwei Teile, aber ich flehe dich an, mach schnell! Das «umarme mich» sagt er, als ob ich ein Rekrut wäre. Mit Umsicht fasse ich seine Schultern, er rubbelt mir mit seiner Wolljacke die Haut zwischen den Brüsten auf. Ich halbnackt und er im Sonntagsgewand. Ich bin drauf und dran, loszuheulen (schöne Scheißfigur!). Die Identitätskrise galoppiert, und da weiß ich plötzlich, was ich tun muß: die Initiative ergreifen.

Ich weiß nicht, wo ich es gelesen habe, aber auch Sex ist entweder eine Aktivität oder eine Verurteilung. Mit einem Schwung aus den Hüften drehe ich es auf den Rücken, dieses ungeschlachte zweigeschlechtige Tier, das wir in unserer Umarmung sind. Jetzt ist er unten und ich oben. Überrascht? Aus dem Konzept gebracht, hält er einen Augenblick lang seine dreihundert Hände an, und ich nehme die Situation in die Hand: ich suche den Hosenschlitz. Der Knopf zwischen Daumen und Zeigefinger gibt sofort nach. Dann der Reißverschluß, und ich schlüpf mit der Hand hinein: ein Seufzer entweicht ihm, sofort schnellt er mir an den Mund und beißt und nagt und beißt. Er übersabbert mich mit Speichel, und ich verdopple die Berührungen, um mit dem Ekel fertig zu werden. Ich hab sein Dings in der Hand, es ist warm und hart, halb wild geworden. Gefühl gleich Null. Kein Vergnügen, höchstens das, ihm zu gefallen. Ihn am Schwanz zu halten, gibt mir ein berauschendes Gefühl von Macht: gebt mir einen Pimmel in die Hand, und ich hebe die Welt aus den Angeln. Wir wälzen uns wie ein rundes Tier. Kämpfend halte ich die Stellung: ich bin noch immer oben, und er wimmert wie ein kleines Kind, das Bauchweh hat. Ich schließe die Faust fest um sein Dings: ich werde mich nicht entwaffnen lassen. Ich bewege sie auf und ab, während es immer dicker anschwillt und mir die ganze Hand ausfüllt. Sowie er abspritzt und die Flüssigkeit mir an den Fingern runterrinnt, löst sich die Starre meiner Kiefer, und ich sehe ihn an: er hat die Augen geschlossen, und es ekelt mich an, ihn so satt und bedient zu sehen, so vulgär entspannt, so unbewegt, während er mit erkenntlicher Hand, einer Hand, die vom Körper losgelöst und ein Eigenleben zu führen scheint, mir unter den Rock zu langen versucht und auch tatsächlich reinlangt und mich mit diesen großen, kalten Fingern kneift. Nein danke, mein Bester: mach dir nicht die Mühe, dich mit einem Anstandsbesuch zu revanchieren. Wenn er nicht nachgibt, muß ich einen Orgasmus simulieren. Dabei bin ich trocken wie eine Kartoffel, und der große kalte und neugierige Finger widert mich an. Ich wollte, ich hätte zwischen meinen Beinen lauter kleine scharfe Zähnchen, so daß ich ihm diesen schäbigen Finger mit einem einzigen Biß abzwicken könnte. Hör mal, mein Freund, es ist nicht meine Schuld, wenn er dir nicht mehr steht, aber die Hände benutzen gilt nicht: Körperteile sind nicht austauschbar. Aber ich trau mich nicht zu reden, und er legt sich immer mehr ins Zeug und entreißt mir einen Schmerzensschrei: wir küssen uns. Dann falle ich von ihm runter und rolle ins Gras. Das Gras hat sich nicht bewegt. Niemand hat uns gesehen. Er zündet sich die zweite Zigarette an (nein danke, ich rauch nicht), und zu guter Letzt sagt er mir seinen Namen. Er macht ein so schreckliches Gesicht, daß ich am liebsten davonlaufen würde. Aber er ist ganz frisch und munter und fragt mich, ob ich, ehrlich, nicht vielleicht doch Lust habe, einen Moment mit zu ihm raufzukommen, es ist nicht weit. Vielleicht ein andermal. Nein, meine Telefonnummer möchte ich dir lieber nicht geben. Stimmt, zugegeben, ich bin wirklich ein sonderbares Mädchen. Aber lassen wir das. Im Grunde ist's doch so: ich hab dir einen runtergeholt für einen Kaffee, oder?

3. Rocco sucht im Klo seine moralische und kulturelle Aufrüstung

Schlimmer als eine Versammlung ist das Heimkommen nach der Versammlung. Gewöhnlich, wenn ich in dieser Stimmung bin, erfind ich mir eine Einladung zum Essen oder befolge eine wirkliche, aber schon heute morgen hatten sie mir hundertmal gesagt, ich sollte ja schnell nach Hause kommen und ihn wissen lassen, wie der Wiederanfang der Schule war. Was ihm in Wirklichkeit scheißegal ist, meinem Bruder. Die seltenen Male, die er zum Essen da ist, frißt er sich voll wie ein Schwein, ohne den Blick vom Teller zu heben und ohne einen Pieps zu sagen. Meine Mutter kümmert sich um den Fraß, und der Fettsack, mein Vater, stellt mir drei bescheuerte Fragen, aber nur um Gelegenheit zu haben, eine seiner endlosen Reden à la Sektionskongreß vom Stapel zu lassen. Er geht mir unwahrscheinlich auf die Eier, schon wenn er zur Tür reinkommt mit seinem satten Idiotenbauch und unterm Arm die gesamte an den Kiosken Roms verfügbare Parteipresse. Jeden Tag behauptet er, es gäbe irgendeinen grundlegenden Artikel von irgendwem, auf Seite drei der «Unità», in «Rinascita», in «Nouva Generazione», in «Critica Marxista» oder in «Riforma della Scuola», den du unbedingt lesen mußt, auch wenn du da anderer Meinung bist, notfalls schneide ich ihn dir aus und leg ihn dir aufs Bett. Ich ertrinke in der Parteipresse! Ich kann keine Schublade mehr aufmachen, ohne auf irgendeinen Bericht von Enrico ans Zentralkomitee oder an die Zentrale Kontrollkommission zu stoßen. Kein Winkel in meinem Zimmer ohne einen Artikel von Cancrini über Drogen (ich glaub, der kokst sich selbst auch voll wie ein Wahnsinniger). Die Genialitäten Gianni Borgnas dagegen schiebe ich gewöhnlich direkt hinter ein Möbelstück. Natürlich lese ich nichts davon – sicherlich auch eine Form «jugendlicher Rebellion gegen den Vater», wie der grinsende Dickbauch zu sagen pflegt. Und wennschon, dann sollen sie leben, die Formen jugendlicher Rebellion. Nicht mal der Sportteil ist anständig in dieser Zeitung. Statt über die Heldentaten Bonimbas zu schreiben, rücken sie ganze Spalten über die ARCI-caccia und die Trophäen des «Reformismus» ein. Auf seine Art spielt er jedenfalls den Toleranten, auch wenn ihn ab und zu der kalte Herzschlag streift. Der Tendenz nach versucht er auf der Linie «Du bist noch jung, später wirst du das begreifen» zu bleiben, aber ein gelatinöses Zittern seines Bauchspecks ist deutlich zu sehen, wenn ich unsere Zeitung schön sichtbar offen daliegen lasse.

Das Gespräch beim Essen ist traditionellen Mustern gefolgt.

«Wie war's in der Schule?» (So ganz jovial und unbeschwert, so auf die Tour: «Natürlich ist die Schule nicht die wichtigste Sache dieser Welt, aber sie ist sozusagen dein Leben, und deshalb sprechen wir darüber.»)

«Hm, das Übliche, nichts Besonderes, wir haben zwei Stunden lang ... ich weiß nicht mehr, nun ja, der übliche Scheiß, und danach –» und hier wird meine Stimme hell und klar, eine richtige Stentorstimme – «war ich auf einer Versammlung des Kollektivs.» (Heute bin ich aber provokativ.)

«Ah ... –» Die traditionelle Pause, in der er überlegt, ob er blitzartig das Thema wechseln oder mich auf den rechten Weg zurückführen soll. «Nicht um jetzt eine Diskussion anzureißen ...» Das ist das Signal, daß er in Wirklichkeit genau das vorhat. «Aber denkt ihr auch daran, daß nur eine grandiose Allianz der Volksmassen, auch der katholischen und der christdemokratischen, den Anstoß zu einem tiefgreifenden Prozeß der Veränderung der italienischen Gesellschaft gewährleisten kann?»

Ich verspüre urplötzlich einen frenetischen Juckreiz am After, während mir der Bissen schlagartig im Hals steckenbleibt. Ich könnte mir die Zunge abschneiden dafür, daß ich ihn provoziert habe. Ich merke schon, daß er heute besonders unausstehlich sein wird. Wenn er von Politik redet, sagt er immer «ihr», und gewöhnlich bezieht er sich dabei 1. auf irgendeinen Artikel in «Manifesto», den er vor sieben Jahren gelesen hat, 2. auf die Extremisten am Rande der Provokation, wie sie in der letzten Glosse der «Unitá» trefflich beschrieben sind, und 3. auf einen seiner Vettern zweiten Grades, der eine Sieben-Meter-

Yacht hat und nebenbei so 'n bißchen den Apo-Mann spielt. Jedenfalls bezieht er sich nie auf mich. Er diskutiert in Wirklichkeit nie mit mir. Er diskutiert ganz allein für sich, eine Art schizophrenes Kasperletheater, bei dem er etwas sagt, sich dann die passende Antwort dazu ausdenkt, dann auf die Antwort antwortet, die er sich ausgedacht hat, und so fort. Was ich gegebenenfalls sage, transformiert sich in seinem Hirn in das, was er glaubt, was ich sagen könnte. Kurz, zum Auswachsen. Mir vergeht der Appetit, und ich bekomm Dünnschiß. Ich verzichte, ich ergebe mich, ich schweige, ächze, maule. Aber es langt ihm immer noch nicht, er fährt unverdrossen mit der moralischen und kulturellen Aufrüstung fort (die ist sein Streitroß in der letzten Zeit). Mamma, ganz Sklavin, aber um so klüger, läßt ihm sein Viertelstündchen Schwachsinn und bringt dann das Gespräch gewaltsam auf das langwierige Sterben einer alten Tante, die uns in Wirklichkeit allen schnuppe ist. Wie Gott wollte, hat das Mahl ein Ende.

Erste Versuchung nach dem Essen: wolln wir uns einen runterwichsen? Die Masturbatio digestiva ist fast noch wichtiger als die Masturbatio soporifera, sie vertreibt den Mißmut nach häuslichen Mahlzeiten, verleiht Kraft für die Bewältigung nachmittäglicher Fährnisse und regt schließlich auch die Darmtätigkeit an. Die Masturbatio in lectu, auch «Bettzupferl» genannt, und die Masturbatio in latrina oder der «gemeine Klobürster» haben beide ihre besonderen Vorzüge und Freuden. Geruhsam und sanft die erstere, sexiger und perverser die zweitere, mit der Möglichkeit, die wundersamen Aktivitäten meiner Marmorsäule unmittelbar zu verfolgen (in Wirklichkeit glaube ich ja noch immer, daß ich einen ganz mickrigen hab). Aber ja, zupfen wir uns einen runter, dann verzicht ich heut abend darauf (das sag ich mir immer). Mittlerweile macht mir der Umstand, mich auf ein Viertelstündchen im Klo einschließen zu müssen, keine Sorgen mehr: mein Dünnschiß rechtfertigt alles; nur dieses Viech von einem Bruder klopft alle Augenblikke an die Tür und sagt: los, beeil dich, hör endlich mit der Wichserei auf. Für die Masturbatio post meridiem oder den «Five o'clock-single-fuck» benutze ich gewöhnlich eine Wichsvorlage, eines von diesen Schundheften, von denen man zwar sagen muß, daß sie schon zum Kotzen vulgär sind oder die übelste Vermarktung der Frau durch das Kapital, die für mich aber irgendwie ungemein reizvoll sind. Am meisten steh ich ja drauf, wenn der Schwanz von ihm in Nahaufnahme ihr in den Arsch fährt oder wenn sie ihm die Eier schleckt. Da fahr ich voll drauf ab, da kommt's mir auf der Stelle, und deshalb versuch ich immer, das für ein bißchen später aufzuheben. Aber solche Heftchen hab ich fast nie, schon weil ich nie den Mut aufbrächte, sie an einem Kiosk zu kaufen, und deshalb immer warten muß, bis irgendwer mir welche leiht. Sicher nicht die Genossen, die stehen hoch darüber, aber irgendwer aus dem Wohnblock oder aus der Klasse. Und wenn ich keine Heftchen habe, dann hab ich statt dessen in letzter Zeit fürs Klowichsen eine praktisch fixe Phantasievorstellung, das heißt eine wirkliche, leibhaftige Erinnerung, die Erinnerung an die erste sexuelle Erfahrung, die ich gemacht habe, und damals hab ich auch das Wichsen gelernt, weil ich von selbst nicht drauf gekommen war. Es war im Winter, wir waren im Gebirge, in so einer Art Berghütte, wo man zu mehreren in einem Zimmer schläft, in Betten übereinander. Ich muß so an die zwölf gewesen sein und schlief in einem Zimmer mit fünf, sechs anderen Jungen und Mädchen, die ein bißchen älter waren als ich. In der Silvesternacht gingen wir Jungen nach dem Essen hinaus ins Freie und machten eine Schneeballschlacht, alle leicht angesoffen, und danach setzten wir den Rabatz im Zimmer fort mit einer Kissenschlacht und so. Ich fühlte mich äußerst glücklich und ungezwungen, das mußte der Wein gewesen sein, weil ich sonst diese ganzen Ferien über schlecht gelaunt gewesen war; überhaupt war ich weder mit den Jungen und schon gar nicht mit den Mädchen zurechtgekommen. Nach und nach begannen wir, auf den Betten zu kämpfen, und ich fand mich im Kampf mit einem kleinen Mädchen, das etwas größer war als ich – sie wird so an die Dreizehn gewesen sein, machte mir aber sofort den Eindruck, ziemlich gewieft zu sein. Bekämpf, was dich bekämpft, ich schlüpf also erst mal mit den Händen unter die drei Lagen Skipullover und fasse sie überall an. Ich hatte gar nichts Besonderes dabei im Sinn, auch weil ich keinen Schimmer hatte, was ich hätte unternehmen können. Jedoch gefiel es mir, ihre Haut zu berühren und diese harten kalten Knubbelchen auf dem Gipfel der beiden Hügelchen. Sie scheint sehr angetan, und auch sie schiebt mir die Hände unter den Pullover. Mein Dingsbums war mir inzwischen stocksteif und groß geworden (fürwahr, damals muß er wirklich winzig gewesen sein), und ich weiß noch ganz genau, daß ich gedacht habe, das ist *die* Gelegenheit, eine Möse zu berühren, und mit dem Mut des Alkohols fuhr ich ihr mit der Hand in die Hose. Als ich die Härchen zu fassen kriegte und das Feuchte spürte, wurde ich fast verrückt vor Freude. Und sie, seelenruhig, läßt mich nicht nur machen, sondern zieht mir gleich den Reißverschluß runter, holt den Pillermann raus und streichelt ihn auf und ab. Ich wußte nicht den Zweck dieser stetigen und regelmäßigen Bewegung (ich zum Beispiel rührte mit meiner Hand wie verrückt in ihrer Möse rum), aber es gefiel mir unbändig, und ich ließ sie machen. Und sie rieb ihn auf und ab, auf ab, auf ab, bis ich plötzlich eine Art Ozean gespürt habe, der mir aus den Gedärmen bis in den Kopf stieg und dann wieder in die Gedärme hinunter, und ich bin zum erstenmal gekommen. Sie hat ihn mir wieder ganz lieb in die Unterhose eingepackt, hat mich gefragt, wie es mir gefallen hat, hat mir ein Küßchen auf die Backe gegeben und ist dann weggegangen. Ich habe noch eine Zeitlang in einer Art komatöser Ekstase dagelegen, dann bin ich eingeschlafen. Und am nächsten Tag hab ich gleich probiert, ob es auch mit meiner Hand funktionierte.

Jetzt, wo's vorbei ist, bin ich für die Genüßlichkeiten des Nachmittags zu haben. Lernen, Versammlung, Freunde, Joint oder Kino? Rufen wir doch mal ein paar Leute an.

4. Wo man erfährt, daß Popmusik Metasprache ist

Also: Aula magna elf Uhr. Das übliche Durcheinander. Ein paar hocken in den Ecken rum, ein paar essen mit Händen, Mund und Augen. Wieder welche exhibieren sich in der für frenetische Aktivisten typischen schusseligen Schnellgangart («Ich geh nirgendwo hin, aber ich hab's wahnsinnig eilig!»), unbekümmert um die plötzlich aufsteigenden Schwaden von erstklassigem Pakistani (der ganz weiche, den du fast nicht anzuwärmen brauchst, so bröcklig, daß du ihn dir bis zum allerletzten Restchen durch die Fingernagelspitzen suckelst). Dort die drei Schönen, die fast ein ganzes Trimester damit zugebracht haben, sich die Haare fein säuberlich zu frisieren und jetzt unverfroren genug sind, sich achtlos-leger zerstrubbelt zu geben, staksen mit wiegendem Hüftschritt und melancholischen Augen daher, unter dem Arm einige Exemplare «meiner Leib- und Magen-Zeitung» (cazzo, man kann heutzutage wirklich nur noch «La repubblica» lesen!).

Laura bemüht sich um Rocco, der sich an Paolo hält, welcher seinerseits wiederum bemüht ist, so zu tun, daß man auf ihn aufmerksam wird, daß er dienst- und eilfertig und effizient wirkt und sein Führungspöstchen behält. Als ob mir diese Kurzszene von der befreiten Schule (Schülergruppe in einem Schulraum) nicht schon bis zum Gehtnichtmehr zum Hals raushängen würde, wo alle sich den Anschein geben, das zu tun, was sie wollen, während sie sich in Wirklichkeit darauf beschränken, das nicht zu wollen, was sie tun; aber heute ist etwas Neues im Gange. Das heißt, etwas Neues ist zur Tür reingekommen: sicherer Schritt, zerraufte Haare («Ich bin erst vor zehn Minuten aufgestanden», scherzt der Blödmann müde und löst bei mir einen nervösen Gähner aus, da ich an das sadistische Rappeln meines Weckers um sieben Uhr morgens denken muß), leichter Pepsodent-Atem mit irischem Whisky-

Bouquet vermischt und ganze sechs Stück Tageszeitungen unterm Arm (die sechste ist «Le Monde», versteht sich).

Er ist's, der nationale Organisationsleiter für kulturelle Angelegenheiten stattet der Basis einen Besuch ab. Gewissermaßen der Herrgott höchstpersönlich. Den hab ich mir nicht so häßlich vorgestellt. Aber natürlich gefällt er mir.

Die Weiblichkeit ist mit erdrückender Mehrheit im Saale vertreten. Die Damen prunken mit langen geblümten Röcken in den ach so kleidsamen Violett-Tönen – dünne Röcke, auch da und dort ein bißchen eingerissen, im Grunde nichts als pure Vorwände, durch so manchen geheimnisvoll-aufreizenden Schlitz recht viel Bein zu zeigen, so à la «Ach sieh, wie frei doch bis zutiefst in die Gedankenschwere meiner Weiblichkeit hinein ich bin». Rossella O'Hara hat keine Blue jeans mehr an. «Wenn er diesen Parioli-Ausgaben von Isadora Duncan auch nur einen Blick schenkt, ist er ein Trottel», denke ich. Er schenkt ihnen keinen Blick. Er geht vorüber mit seinem Rattenschwanz von mittleren Kadern, leitenden lokalen Funktionären und Aktentaschenträgeranwärtern. In Wahrheit schenkt er fast niemandem einen Blick und könnte auch ganz einfach doof sein. Aber vielleicht auch nicht.

Er hat eine etwas metaphysische Art, die Augen zu gebrauchen, so als dächte er, statt zu schauen. Möglicherweise rührt das nur von den unzweifelhaften Anstrengungen der «Woche der Selbstverwaltung» her, aber die besten unter uns (ich eingeschlossen) sind anscheinend etwas überkandidelt. Paolo, von dem es heißt, er hat den permanenten verbalen Dünnschiß, beschießt uns mit kummervollen Blicken, er zählt die diversen Abteilungen wie bei einem Umzug, lächelt zufrieden, wenn einer eine intelligente Frage stellt, und bringt den üblichen Nachzügler, der auf dem Stand vor den letzten zwei Regierungskrisen stehengeblieben ist und nicht weiß, wer den «Herbst des Patriarchen» geschrieben hat, mit einem bloßen Blick zum Schweigen. Er hat sich sogar eine Nummer von «Luci gialle» in die Jeanstasche gesteckt (die Zeitschrift, in der auch unser hoher Gast schreibt, eine obligatorische Sprosse für jeden kulturellen Aufsteiger, nie gelesen, aber immer gekauft) und zieht sie denn auch von Zeit zu Zeit heraus und schwenkt sie wie eine Mao-Fibel. Er wirkt wie ein Familienvater, der seinem Vorgesetzten unsicher seine blassen linkischen und in der Schule dauernd sitzengebliebenen Sprößlinge vorführt, zitternd bei dem Gedanken, daß sie auch nur ein einziges Mal in der Nase bohren könnten.

Endlich setzen wir uns geräuschvoll. Darauf: Silentium.

Der Intellektuelle erklärt, er heiße Marcello, so als müßte uns dieser Umstand besonders angenehm sein. Er serviert uns sein revolutionäres Glaubensbekenntnis, als Mitglied von diesem und jenem und als Genosse von Sowieso, der dies und das koordiniert. Kurz, Kinder, eine Berühmtheit. Cinzia, die ganz gut einen der ehemaligen Verlobten seiner Frau kennt (er ist verheiratet, das erste, was ich über ihn erfahren hab, eine Hommage an die Tradition), schaut ihn heftig nickend an, als wollte sie sagen: «Ich und du, alter Freund, wir haben keine Geheimnisse, ich weiß genau, was du da so alles koordinierst, und ich werd es diesen Schwachköpfen auch verklickern.» Die anderen schweigen, offensichtlich schwer beeindruckt. Paolo entkrampft die Situation, indem er das einführt, was man in gewöhnlicher Sprache das «Diskussionsthema» nennt. Aber die gewohnte Redegewandtheit läßt ihn im Stich, er verdoppelt die «nach meinem Dafürhalten», äht in den Pausen, wiederholt achtmal dasselbe Wort in der Erwartung, nun das folgende zu finden, und kickst gar ein paarmal ins Falsett über. Er spricht zu uns, fixiert aber ihn, ein Zeichen des Einverständnisses erheischend. Aber er, ganz versonnen und meditativ, reinigt sich die Fingernägel mit dem Pfeifenstopfer und scheint für diese Operation sämtliche, einem empfindsamen Geschöpf vor zwei Uhr nachmittags zur Verfügung stehenden Lebensenergien aufzubrauchen. Wieder senkt sich Stille herab. Einer nutzt die Pause, um sich zu räuspern wie im Theater.

Laura, mit knöchellangem Rock, strengt sich an, ihn die Spitzen ihres Höschens sehen zu lassen. Eine richtige Marketenderin der Ideologie: «Egal, wer du bist, aber nicht egal, wem du sie gibst.» Er hingegen, mitten auf dem Jahrmarkt der Eitelkeit, unbeirrbar, hebt den Blick von seinen Fingernägeln, und mit einem grandiosen, hochherzigen, sanften Lächeln, immun gegen jede bürokratische Einschränkung oder hierarchische Betrachtungsweise, rückt er eilfertig-tumultuös den Sessel, wobei er murmelt, jeder Zoll ein Kavalier, daß er keinem den Rücken zuwenden möchte.

Ich mache Notizen (eine Art wie so viele andere, um mich nicht auf der Stelle in seinen eleganten Tonfall, seine gewählten Ausdrücke, in die strumpflosen Sandalen, in seinen Kinnbart zu verlieben).

Also: «Die Popmusik ist, nach Erfüllung ihrer anfänglichen Funktion, nämlich der Bündelung und Entladung kollektiver und ‹kollektivierender› unterdrückter erotischer Energien – unterdrückt von der Zivilisation, die Eros im Namen des Realitätsprinzips [o weh] getötet hat –, heutzutage zu einem schieren Konsumobjekt und zum innersten Bestandteil eines obszönen und ausufernden Marktes verkommen. [«Aufgepfropfte Bedürfnisse», fügt er mit der Miene des bereitwilligen Erklärers hinzu.] Andererseits spielt sie plötzlich die ambigue Rolle einer Metasprache.» (Metasprache?) Die Verblüffung ist allgemein, das heißt für die sieben oder acht Typen, die zuhören (Leute, die später mal im Bereich der Kultur arbeiten möchten). Marcello bemerkt es und legt den Rückwärtsgang ein, ehrlich beeindruckt von unserem verdutzten Schweigen.

Er setzt sich in seinem Sessel zurecht und versucht schließlich, sich verständlich zu machen. «Also hört mal zu», bittet er sanft und leutselig wie ein guter alter Landpfarrer, «wenn ihr beieinandersitzt und einen raucht und so, da sprecht ihr doch, oder aber ihr hört Musik, nicht wahr?» Paolo sitzt auf glühenden Kohlen: wenn er jetzt antwortet, zieht er zwar sein Haupt aus der Schlinge einer Frage, die sonst zwangsläufig eine rhetorische wird – aus Mangel an noch lebenden Gesprächspartnern. Doch andererseits steht er dann da als mittelkalibriger Polit-Pinscher, einer, der mit seinen Freunden einen durchzieht und Platten hört, statt full time über die dramatische Lage der arbeitenden Klasse zu meditieren.

Ich grinse nervös. («Wahrscheinlich meint der, wir zerfransen uns die Ohren mit dem Plattenspieler, weil wir nicht wissen, was wir miteinander reden sollen.») Cinzia scheint kapiert zu haben, fühlt sich aber zu fett, um was zu sagen. (Ich kenn dieses Gefühl.)

Andere erwachen aus der Lethargie, geweckt durch den Unmut, der in der Luft brütet.

Schließlich durchbricht Rocco die allgemeine Verlegenheit. (Mit seinen Löckchen sieht er übrigens von Tag zu Tag niedlicher aus.) Es wird mir wohl nur so vorkommen, aber er ist leicht errötet: «Ich habe zwei Arten zuzuhören, ich will mal sagen: Konzerte und Platten. Das heißt, ich meine, daß, wenn ich zu Konzerten gehe oder aber mit Freunden Musik höre, daß dann die Musik eine Art Zusammensein ist, was aber nun nicht heißt, daß wir Konversation machen.» Pause, dann eine weitere Salve von «das heißt», Unterbrechungen, «meines Erachtens», «ich meine» und dergleichen Redekrücken mehr: «Oder diskutieren oder so . . . Und eine Platte hören? Das *andere* Zuhören?» Rocco hat sich verhaspelt, muß aber etwas sehr Intelligentes gesagt haben, denn Marcello belohnt ihn mit einem ermutigenden Lächeln – ein schönes Lächeln, so ein Lächeln, das dir mehr oder weniger das Recht auf einen Uni-Lehrstuhl gibt, ein Lächeln, das dich weit über die Nichtswürdigkeit deines Schnurrbarts erhebt. Dann fährt er (unerschrocken) fort, und ich erfahre, daß der Pop, die Musik, heutzutage so was wie ein Ersatz für die gesprochene Kommunikation geworden sei und daß dieses Phänomen, in sehr düsteren Farben beschrieben, typisch sei für die «Disgregation der jugendlichen Massen», für die «Dezeleration oder Verlangsamung der kognitiven Prozesse», für die «kulturelle Verarmung» und «letzten Endes» (das ist die Formel, mit der die, die über 25 Jahre sind, das «meiner Meinung nach» aus der Zeit, ehe sie 25 waren, ersetzen) «für die alles umfassende Krise der Wertvorstellungen», die die Jugend heute durchmache. Schuld daran sei, Gott sei Lob und Dank!, das dekadente und verrottete Bürgertum, die Anarchie des Spätkapitalismus und «letzten Endes» (schon wieder!) eben jene Dynamik der Vermarktung, der jede Ausdrucksform des «Neuen» fast wie einem physikalischen Gesetz unterliege.

Und während des gesamten Schlußteils dieser Grabrede auf unsere grünen Jahre, die vor lauter «Disgregation» schon zerbröselt sind, noch ehe sie die Zeit gehabt haben, in knackiger Reife zu erblühen, hat Genosse Marcello fast immer Rocco angeschaut. Laura (die ihren Sex mit dem Hörnchen in die Frühstücksmilch einstippt) hat mir auf einem Zettel geschrieben, daß der ihrer Meinung nach schwul ist. Und wenn sie das sagt, dann ist das von morgen an der drahtlos übertragene Superklatsch in sämtlichen Fluren des Mamiani-Gymnasiums.

Lieber Luca,

hier der erste Brief unserer langen winterlichen Trennung (aber Weihnachten sehen wir uns, vielleicht schon Allerheiligen). Wie üblich schreibe ich Dir in einem Augenblick der Niedergeschlagenheit, auch wenn es etwas Wichtiges und Schönes ist, das ich Dir zu erzählen habe. Ich bin müde – komme gerade von der ersten einer langen Reihe von Demos zurück, hab ein bißchen Kopfweh und bin etwas verwirrt, zu viele Leute, zuviel Spannung, und hier zu Hause die üblichen Eltern, das übliche Zimmer, die übliche summende und nervenaufreibende Flimmerkiste, der übliche Fraß, die üblichen Blicke mit meiner Mutter, wenig Worte und auch ein wenig Traurigkeit. Wenn ich in dieser Stimmung bin, zünde ich mir eine Zigarette an und geh in mein Zimmer, leg mich aufs Bett und spiele mit dem Rauch, ich glaub, ich schaff's doch nie, das Ringeblasen, aber es macht nichts. Dann wälz ich mich zur Seite und kuck zu Boden. Ich möchte mit jemand zusammen sein, reden, blödeln und lachen, vögeln und rauchen und Musik machen, und es kommt mir eine ganz traurige Wut hoch, daß ich's nicht schaff, das zu tun, was ich will, aufzubauen, zu glauben, zu verändern, was ich will. Ich denke oft an die letzten Septembertage am Meer zurück. Einerseits, weil das passiert ist, wovon ich Dir erzählen wollte, eben mein erster richtiger Fick (wer weiß, wie lange es der einzige bleiben wird). Aber auch, weil zwischen uns Freunden eine unheimlich gute Stimmung geherrscht hat, eine große Sicherheit und viel Liebe, die Sonne und der Lärm, Flossen, Kleider, Schlafsäcke, Unterhosen, lange Nächte, Weinflaschen, die Lust, zusammenzusein, sich zu umarmen und zu lieben, wann auch immer, nachmittags bei der Affenhitze, morgens gleich nach dem Aufwachen, bei Tag und bei Nacht. Es war wirklich schön, eine Sache, die ganz mir gehört, uns gehört, mit Leuten, die mich mögen und mit denen ich weiterhin zusammen leben und was zusammen machen möchte. Aber alles kommt mir plötzlich so kompliziert vor. Nun ja, eines Nachts war ich schlagartig auf meinem Schlafsack eingeschlafen, ich war hundemüde, und es war wirklich zu heiß. Auf einmal kommt Elisa herein, ein Mädchen, das wir beim Campieren kennengelernt hatten, legt sich neben mich hin und fängt an, mich aufs Gesicht und auf den Hals zu küssen, wobei sie mir die Haare streichelt. Ich kriegte nicht richtig mit, was los was, so im Halbschlaf, und dann bin ich wohl wieder eingeschlafen. Irgendwann merk ich, daß sie mich ganz sanft am Pimmel streichelt, ganz vorsichtig, als ob sie mich nicht aufwecken, sondern vielmehr träumen lassen will, und ich weiß nicht, wie mir geschieht. Alles war sehr angenehm und unbekannt. Dann hat sie begonnen, ihn mir überall abzuküssen, zuerst auf der Eichel (sagt man nicht so?), dann weiter unten, dann hat sie ihn ganz abgeschleckt, aber als ich dann unheimlich scharf wurde und sie merkte, daß ich bald kam, hörte sie auf und küßte mir dafür den Bauch, biß mir in die Schenkel, und dann fing das Ganze wieder von vorn an, und ich verstand überhaupt nichts mehr, es war ein unglaublicher Traum, der immer wirklicher wurde. Dann plötzlich fühlte ich etwas anderes, einen neuen Rhythmus, ein eigenartiges Gefühl, und ich hab endlich die Augen ganz aufgemacht und hab sie nackt auf mir drauf gesehen, und ich hab gemerkt, daß ich in ihr drin war und daß sie sich bewegte, die Hände an meinen Flanken und mit geschlossenen Augen, und ihr Becken rotierte immer schneller, und auch ich bewegte mich in ihr und ich habe sie an den Hüften gepackt und sie noch ein bißchen mehr gegen mich gezogen, und ich schob immer mehr und immer stärker, und sie hörte nicht auf, mit ihrem Becken zu rotieren, und mir war, als drehte ich mich selbst immer schneller, und ich stöhnte und wimmerte und bin dann in ihr drin gekommen. Dann hat sie sich neben mich hingelegt, und wir haben uns geküßt und gestreichelt, und ich hatte sie, so schien mir, wahnsinnig lieb, und ich hab sie ganz fest umarmt und bin eingeschlafen. Aber natürlich, weil ich ja so ein Glückskind bin, war's der letzte Tag. Und da war dann alles zu Ende. Aber es bleibt die Tatsache, daß ich gefickt habe. Ist Dir das klar? Ich habe gefickt! Wenn einer mich fragt, kann ich sagen, ich habe gefickt. Und Du, worauf wartest Du noch, du nichtsnutzige Flasche? Ich verbiete Dir hiermit strengstens, Dir auf meine erotische Erzählung einen runterzuwichsen, ich bin kein Porno, damit Du's weißt. Ach ja, natürlich, wenn's geht, laß wie üblich diesen Brief zwischen den Papieren deines Vaters liegen. Ich erwarte Deine Antwort in den nächsten drei Monaten, falls das langt.

Ich küß Dir den Schwanz,

Dein Rocco

5. Wo man dahinterkommt, daß Popmusik ein masturbatorisches Äquivalent ist

«Tritt näher, komm nur, Lieber.»

Dieselbe freundliche, ein bißchen überlegene und sehr eindringliche Art, die er bei der Diskussion in der Schule hatte, außerdem ohne Schuhe, genauer gesagt barfuß, dazu dieses seltsame Haus, zwischen schlampig-verwohnt und erlesen-gepflegt, mit einem Schreibtisch voller Papiere und alles durcheinander, so auf die Tour «Hier arbeitet ein Genie». Vor der Tür war ich noch fürchterlich verlegen gewesen und hatte fast das Verlangen, nicht zu läuten und wieder umzukehren, aber dann habe ich gedacht: «Cazzo, im Grunde ist er doch ein Genosse, und ein wichtiger noch dazu!» Und da hab ich mich aufgerafft, und als ich erst eingetreten war, schien alles ruhig und glatt zu gehen. Vor allem weil immer nur er redete.

«Ich bin erfreut, dich wiederzusehen – außerhalb dieser schauerlichen entfremdenden Situationen bei den politischen Diskussionen in der Schule. Ich weiß selbst nicht, warum ich diese Dinge immer noch akzeptiere, vielleicht weil die Partei sie von mir verlangt, und wenn man immer nein sagt, riskiert man, als ‹unorganischer Intellektueller› angesehen zu werden. Auch wenn dies wahrhaftig nicht die Art ist, wie man organisch mit der Klasse wird. Wenn sie doch Gramsci wieder lesen würden, wenigstens das!»

Ich zitterte einen Moment lang bei dem Gedanken, er könnte mich fragen, wie oft ich Gramsci wiedergelesen hätte, aber glücklicherweise ging er zu etwas anderem über.

«Es ist mir ein Vergnügen, mit dir, der du mir am interessiertesten schienst, die Dinge wiederaufnehmen zu können, über die wir neulich gesprochen haben, auch weil es in der Situation gar nicht möglich war, die Punkte der Diskussion zu vertiefen, die ich für die problematischsten und daher für die stimulierendsten halte. Insbesondere würde ich gern meine Überzeugung, daß die Popmusik ein funktionelles masturbatorisches Äquivalent in einer Übergangsphase der sublimativen De-

Repression ist, durch Fakten bestätigt sehen, durch Beobachtungen und Erfahrungen von Leuten wie dir.»

Natürlich traute ich mich nicht, ihm zu gestehen, daß ich diesen Diskurs über das masturbatorische Äquivalent auch schon bei der Diskussion in der Schule nicht richtig mitgekriegt hatte, wo er sich im übrigen noch sehr viel klarer ausgedrückt hatte. Wer weiß, warum er jetzt so kompliziert daherredete. Ich fürchtete, wenn ich ihm das sagte, würde er mich sofort fragen, ob ich seinen Aufsatz über *Zappa und Reich* gelesen hätte, der unlängst in «Luci gialle» herausgekommen war. Diese Zeitschrift ist einer meiner täglichen Alpträume, weil sie anscheinend so absolut genial und grundlegend ist, geschrieben von smarten Genossen, und weil mich ständig irgendwer fragt, ob ich dies oder jenes darin gelesen hätte. Wo ich doch nur eine einzige Nummer gekauft habe, als ich mich einmal besonders willensstark und intellektuell fühlte, und dann war es so, daß ich mich vor Langeweile fast umgebracht hätte.

«Du, zum Beispiel, hast du ein gutes Verhältnis zu deinem Penis? Ich will damit sagen, wie erlebst du die Masturbation?»

Jetzt wurde es heikel – dagegen war «Luci gialle» noch gar nichts. Ich denke, er muß es gemerkt haben, denn er sagte gleich: «Oh, entschuldige, bitte, ich vergaß dir zu sagen, daß ich absolut frei von Hemmungen bin und dazu neige, die anderer Leute zu vergessen. Was vielleicht nicht ganz falsch ist. Hemmungen sind im Grunde nichts als ein Relikt der bürgerlichen Ideologie, nicht wahr? Trotzdem, wenn es da Dinge gibt, über die du nicht sprechen möchtest, dann halt es so, wie du meinst.»

Aber so gesehen, wäre es ein bißchen blöd gewesen, nichts darauf zu sagen: nein, ich kann mich nicht als ein Relikt der bürgerlichen Ideologie fühlen. Und im Grunde lag mir ja auch daran, mit Marcello zu sprechen, zumal er so ganz anders war als all die anderen. Deshalb – verzweifelt kämpfend, um den Blick nicht senken zu müssen und mich nicht zu verhaspeln – habe ich angefangen, ihm zu erklären, welches Verhältnis ich zu meinem Penis habe.

«Nun, ich will mal so sagen, es ist bescheuert, das heißt, man weiß ganz genau, daß es eine Sache ist wie jede andere, ich meine . . . na ja, das Masturbieren. Aber sicher, wenn du eben nur das machst, dann . . . verstehst du?, dann fühlst du dich ein bißchen beschränkt ...»

Er schaute mich die ganze Zeit so an, als ob er mich Stückchen für Stückchen studieren wollte, und ein bißchen auch so, als ob ihn das, was ich sagte, mächtig interessierte, und dann mit einem seltsamen Lächeln, halb liebevoll und halb ... ach, ich weiß nicht.

Wir haben noch eine ganze Weile über Masturbation geredet und über Musik, über die sexuelle Unterdrückung, die neue Kultur und einen Haufen andere Dinge, und ich fühlte mich allmählich wieder wohl in meiner Haut und zufrieden. Vielleicht schon deswegen, weil jemand wie er mir recht gab, aber es lag auch an der Art, wie er es tat. Eigenartig, schön. Irgendwann sagt er:

«Homosexuelle Erfahrungen hast du nie gehabt?»

«Nein, das heißt ... nun ja, einmal, aber das ist schon viele Jahre her ...»

«Du sagst das so, als ob du dich dafür entschuldigen wolltest. War es eine so schlechte Erfahrung?»

Eine schlechte Erfahrung? Wie soll ich das erklären. Das ist ein Problem. Vielleicht weil die Sache an sich eine tolle Erfahrung ist, in dem Sinn, daß es dir ungeheuer Spaß macht, nur daß nachher ein halluzinierender Trip anfängt, bei dem du dich hundeelend fühlst. Da flippst du richtig aus. Oder vielleicht war ich der Blöde, und jetzt würde da niemand mehr ausflippen. Bestimmt, denn noch heute ist es so, daß, wenn ich mir einen runterhol und mir die Sache von damals einfällt, daß ich dann alles versuche, um nicht daran zu denken. Und wenn ich's nicht schaffe, hör ich auf. Weil es schön war, bestimmt, ja, es war schön. Es war der erste Sommer, in dem ich ans Meer fuhr und kein kleiner Junge mehr war. Im Winter waren mir ein paar Haare gewachsen, ich hatte gelernt, mit dem Pimmel zu spielen, und ich tat es auch häufig, und ich kaufte mir Schundheftchen. Aber solange ich in der Stadt war, hatte ich diesen Sprung, diese Veränderung kaum gespürt. Auch wenn ich ganz zufrieden war. Aber es war keine besonders *schöne* Sache, im Gegenteil, vielleicht sogar ein bißchen traurig. Irgendwie etwas schmutzig. Dann fuhr ich ans Meer. Klar, ich erinnere mich, daß ich auch dort einen Haufen Probleme hatte, in der Badehose schämte ich mich, ich glaubte, ein zu kleines Schniepelchen zu haben, und hatte auch noch keine Haare unter den Achseln. Aber da war dieses neue Gefühl der Sonne auf der Haut, ganz anders als vorher, und man konnte bäuchlings im Sand liegen und sich Schweinereien ausdenken und fühlen, wie er steif wurde, und wenn man weggehen mußte, verzweifelt an ungute Sachen denken, damit er wieder schlaff wurde. Man konnte duschen und sich dabei mit den Händen überall am Körper entlangstreichen und sich vielleicht auch einen runterholen. Ja, ja, die Dusche. Ein Schulfreund aus der dritten Klasse war bei uns zu Gast für eine Woche. An einem Nachmittag kommen wir nach Hause, um zu duschen, damit uns nicht kalt wird.

«Duschen wir zusammen!» Wir duschen zusammen. Mit Badehose natürlich, weil wir uns ungeheuer schämten, uns voreinander auszuziehen. Wir waren überaus glücklich und zufrieden an jenem Tag. Wir blödelten immer nur und lachten. Und unter der Dusche haben wir angefangen, uns gegenseitig mit Wasser zu bespritzen und zu bespucken. Dann fingen wir an zu raufen. Und bei dieser Rauferei hat mir plötzlich der Schwanzkopf aus der Hose rausgekuckt. Er hat ihn wie zum Scherz gepackt. Und ich habe wie zum Scherz seinen genommen und daran gezogen. Und für ein Weilchen haben wir weitergerauft und uns weiter an den Schwänzen gezogen, und allen beiden begann er zu stehen, und wir waren immer erregter, und beide nacheinander haben wir aufgehört zu raufen und sind umklammert stehengeblieben, jeder mit dem Ding des andern in der Hand, und haben weiter daran gezogen, und dann haben wir auf und ab gemacht, ganz schnell. Und wir sind gemeinsam gekommen. Aber dummerweise war die Sache hier noch nicht zu Ende. Denn wenn es nur das wäre, würde es mir im Grunde nichts weiter ausmachen, dann wär's mir ganz wurscht. Es ist die Sache am Abend, was mich so unheimlich stört. Denn dann haben wir uns wieder angezogen, ohne etwas zu sagen, aber auch nicht zu sehr durcheinander, sind zum Abendessen gegangen und haben danach ferngesehen. Vielleicht haben wir alle beide an das gedacht, was passiert war. Ich auf jeden Fall. Dann sind wir in unser Zimmer und wollten zu Bett gehen. Wir plauderten über alles mögliche, und derweil zogen wir uns so aus, weil wir uns immer noch schämten. Er saß in seiner Unterhose auf dem Bett, und ich, na ja, ich bin zu ihm hingegangen und hab meine Hand auf sein Päckchen gelegt. Dann hab ich ihm die Hose ein bißchen runtergezogen und hab ihn in die Hand genommen und angefangen zu machen. Da er sich nicht rührte, hab ich seine Hand genommen und sie in meine Unterhose geschoben, rund um mein Dings. Und er hat angefangen sie zu bewegen. Er war ein süßer blonder Junge, der ein bißchen unter meiner Fuchtel war, in dem Sinn, daß er mir in der Schule oft recht gab, und außerhalb entschied immer ich, was gemacht wurde. Und vielleicht gerade weil er so süß war, während wir uns brav einen runterholten, kam mir eine Sache in den Sinn, die ich in irgendeiner Zeitschrift gesehen hatte, und mit der freien Hand hab ich seinen Kopf genommen, ihn ein bißchen gestreichelt, und dann hab ich ihn sanft gegen meine Brust gedrückt und dann ganz ganz runter. Und er hat verstanden, was ich wollte, er hat ein bißchen gezögert, aber dann hat er ihn in den Mund genommen, grad einen Augenblick, bevor ich kam. Und er hat ihn auch danach noch drin behalten, während ich bei ihm weitermachte und ihm zugleich den Kopf streichelte. Dann ist er gekommen, und wir sind zu Bett gegangen, ohne ein Wort zu sagen. Aber ich hab Schuldkomplexe gekriegt, ganz wahnsinnige. Die drei Tage, die er noch da war, ist nichts mehr passiert, und alles schien normal, und ich versuchte, besonders freundlich zu sein, weil ich mich immer noch ganz beschissen fühlte. Aber dann sind wir in verschiedene Schulen gekommen und haben uns aus den Augen verloren, und meiner Meinung nach hat das was zu sagen. War es eine schlechte Erfahrung? Wie soll ich das erklären. Marcello hab ich dann auch nichts erklärt, ich habe sechs- oder siebenmal «das heißt» gesagt, vier- oder fünfmal «verstehst du?», und er hat nicht weiter gedrängt.

Als ich weggegangen bin, hat er gesagt, ich kann vorbeikommen, wann immer ich will. Ich glaub, ich tu's auch. Obwohl er im Verlauf des Gesprächs gesagt hat, daß für ihn Freundschaft nicht ohne Körperlichkeit existieren kann. Ich hab nicht genau verstanden, was das heißt, aber es macht mir Sorgen. Aber er ist sympathisch, und ich werd wieder hingehen.

Lieber Luca,

verzeih, daß ich Dir so lange nicht geschrieben habe, aber Du weißt ja, wie ich in solchen Sachen bin. Unter anderem habe ich, auch wenn ich in Wirklichkeit wie üblich nichts tue, den Eindruck, daß ich voll beschäftigt bin und nie einen Moment finde, um mit mir selbst in Frieden zu sein. Und dieser Umstand beängstigt mich sogar ein wenig. Vormittags ist Schule, nachmittags geh ich zu irgendeiner Versammlung oder bin bei der Gruppe (immer noch dieselbe, die Du kennst), abends dito, ausgenommen die zwei, drei Abende pro Woche, wo ich zu Hause bleiben muß, damit die Familiensituation nicht ganz in den Arsch geht. Große Neuigkeiten gibt's keine, im Gegenteil, ich wollte vielmehr sagen, das Ganze ist immer noch dasselbe, mit dem Unterschied, daß mir allmählich die Begeisterung und die Lust abhanden kommt, noch irgend etwas verändern zu wollen. Liebesgeschichten keine. In der Gruppe stehen wir den üblichen Problemen gegenüber, mit immer weniger Vertrauen darauf, daß wir sie lösen können. Wir flippen turnusweise aus, heute einer, morgen ein anderer, wir diskutieren über diese Flips, wir kommen darauf, daß wir lernen müssen, miteinander zu reden, zu kommunizieren, vielleicht sogar miteinander zu schlafen, alle mit allen, und dann sind wir wieder da, wo wir waren. Vielleicht kommen wir nie dahin, vielleicht sind wir auch zu feige, um die wirklichen Probleme anzupacken, die Grundprobleme. Vielleicht ist da nichts zu machen, ehe wir nicht die Revolution machen. Aber das sagen solche Arschlöcher wie mein Bruder, und ich würde mir lieber in den Arsch beißen, als ihm recht zu geben. Ich schreibe Dir diesen ganzen Quatsch, um nicht zum «also» zu kommen, das heißt zu dem, was ich Dir eigentlich erzählen wollte, auch weil ich noch niemandem davon erzählt habe, und es ist viel besser, brieflich davon zu erzählen – das macht mich nicht so verlegen. Also fassen wir Mut. Natürlich ist das ganz streng vertraulich, also schau, daß Du Dir Dein Schandmaul zunähst. Also . . . Was für eine Verlegenheit! Nun ja, ich hatte dir doch von dem Typen erzählt, Marcello, der zu uns in die Schule gekommen ist, um mit uns zu diskutieren, und mit dem ich mich ziemlich angefreundet hab. Die Sache hat neue Entwicklungen genommen. Sexuelle. So, nun ist es heraus. Werd ich den Brief zerreißen? In

Wirklichkeit verwirrt es mich theoretisch gar nicht weiter, daß ich homosexuelle Beziehungen habe (in Wirklichkeit sträube ich mich schon, nur das Wort hinzuschreiben), aber in der Praxis macht mir diese Geschichte einigermaßen zu schaffen. Es ging so. Vor allem muß gesagt werden, daß es eine sehr schöne Beziehung zwischen uns gab (oder noch gibt?). In dem Sinn, daß ich mich sehr wohl fühlte, ich konnte mit viel größerer Gelassenheit reden, als ich das sonst tue, ich konnte viele Dinge aus mir rausholen, die mir sonst, bei Dir oder bei den Freunden aus der Gruppe, drinnen bleiben. Vielleicht weil er so extrem ruhig allem gegenüber scheint, als ob es auf der Welt nichts Schlimmes und Beschämendes gäbe. Vielleicht weil ich aus ihm so etwas wie einen zweiten Vater gemacht habe oder aus irgendeinem anderen mysteriösen psychologischen Grund. Auf jeden Fall war es für mich eine sehr wichtige Sache geworden, ihn jeden Tag zu besuchen, ihm von meinen Angelegenheiten zu erzählen, seine Meinung zu hören. Wir hatten oft davon gesprochen, wie richtig es sei, auch die freundschaftlichen Beziehungen zwischen Personen gleichen Geschlechts zu «sexualisieren», und daß die sexuelle Beziehung jede wirklich schöne Beziehung vervollständigen solle, und all diesen Blödsinn, den Du ja auch bestens kennst und über den wir uns alle einig sind (in der Theorie). Und so waren zwischen uns nach und nach immer wieder ein paar Hemmungen gefallen; zum Beispiel umarmten wir uns (wenn ich ehrlich bin, war er es, der mich umarmte), und hin und wieder haben wir uns geküßt. Und die Sache gefiel mir, sie erschien mir äußerst richtig und revolutionär (wie man so sagt). Da ist eines Tages folgendes passiert. Wir saßen nebeneinander auf einem Sofa, hörten eine Platte und plauderten recht gut. Plötzlich zieht mir Marcello, ohne ein Wort zu sagen, das heißt, ohne mit dem Reden aufzuhören, mein Hemd aus der Hose und das Unterhemd und schlüpft mit der Hand darunter auf meine Brust und streichelt mich. Zuerst überall, dann die Brustwarzen, dann den Bauch! Das ist ein Weilchen so gegangen, während wir immer weiterredeten (in Wirklichkeit strengte ich mich verzweifelt an, nicht mit dem Reden aufzuhören). Dann hat er die Hand rausgezogen, hat sie auf den Jeans-Knopf gelegt und seelenruhig gesagt: «Ich möchte dich auch da gern streicheln. Stört's dich?» Ich habe ein Nein gemurmelt. Was mich in Wirklichkeit am meisten verwirrte, war, daß er mir steif geworden war und daß er merken mußte, daß seine Liebkosungen mich erregt hatten. Immer im Gespräch fortfahrend (irre), hat er mir die Hose aufgeknöpft, den Reißverschluß runtergezogen, hat den steifen Schwanz über das Gummiband der Unterhose drüberklettern lassen und hat ihn in die Hand genommen. Er streichelte ihn überall, vorn, hinten, an der Spitze, dann die Haare und die Eier, bis wo er mit der Hand hinkam, und redete immer weiter! Nur daß ich da nicht mehr gekonnt habe und stumm geworden bin. Da hat auch er aufgehört zu reden, hat den Kopf an meine Brust gelegt und mich mit viel Gefühl masturbiert. Und dabei meinen Schwanz angekuckt, nehm ich an. Zuletzt hat er ihn mir saubergemacht, immer mit großer Zartheit, und hat gesagt: «Ich hoffe, es hat dich nicht gestört. Im Grunde ist es eine sehr schöne Sache.» Und dann hat er von etwas anderem zu reden begonnen. Das war das erste Mal. Ich bin ein bißchen verwirrt weggegangen, aber eigentlich gar nicht so sehr, und auch ein bißchen zufrieden. Die Sache aber ist weitergegangen. Nicht immer, damit das klar ist. Ab und zu. Einmal saß er da, und ich stand vor ihm, weil ich gerade im Begriff war, wegzugehen. Er hat gesagt «Warte einen Augenblick» und hat mich an den Hüften genommen und zu sich hingezogen. Er hat mir die Hose und die Unterhose runtergestreift und ihn in den Mund genommen, wo er noch schlaff war, und er wurde hart drinnen in seinem Mund. Mit der einen Hand streichelte er mir die Eier, und einen Finger der anderen Hand hat er mir in den Arsch gesteckt, und dann hat er mir einen geblasen. Ein andermal hat er gesagt (und immer ganz ruhig, *porco dio*): «Ich möchte mit dir schlafen, aber ich möchte dich nackt sehen.» Und ich hab mich ganz ausgezogen, und wir haben uns auf ein Bett gelegt, und er hat mich überall geküßt, zuerst vorn die Brustwarzen, den Nabel, den Schritt, den Schwanz, dann hat er mir die Schenkel geöffnet und mir die Eier von unten her geleckt, und dann hat er mich auf allen vieren hocken lassen und hat mir den Rücken geküßt, die Popobacken und sogar das Arschloch. Wie du dir denken kannst, gefallen mir solche Sachen auch, sogar sehr, und manchmal, wenn ich gerade möchte und er macht nicht, werde ich fast wütend. Aber da gibt es auch etliche

Dinge, die mich echt stören. Zunächst einmal, ich bin immer noch halb gelähmt, ich lasse alles ihn machen, und es fiele mir nicht im Traum ein, selbst was vorzuschlagen. Unter anderem mache ich auch nichts bei ihm, nur ein einziges Mal hat er seinen rausgeholt und hat meine Hand genommen und sie drumrum gelegt (immer sehr zärtlich), und ich habe ihn masturbiert, während er mich masturbierte. Von mir aus aber täte ich nie etwas, im Gegenteil, die Vorstellung, ihn zu berühren oder so, bringt mich ganz durcheinander, und ich kapier nicht, warum. Marcello hat gesagt, das sei deshalb so, weil ich, solange ich passiv bin, offenbar meine «homosexuelle Komponente» nicht voll akzeptiere. Das wird schon stimmen, aber ich versteh's nicht. Dann kommt es mir ab und zu wieder so vor, als ob ich in seiner Gewalt wäre, als ob er mit mir macht, was er will, ohne daß ich etwas entscheiden könnte, und in solchen Augenblicken krieg ich einen unwahrscheinlichen Haß auf ihn. Und vielleicht geh ich dann ein paar Tage lang nicht zu ihm hin. Aber dann überwiegt doch die Tatsache, daß er für mich ein wahrer Freund ist, daß ich gern mit ihm zusammen bin, und ich fühle, daß er einer der wenigen Menschen ist, vielleicht der einzige, der mich wirklich gern hat. Ich weiß genau, wenn ich ihm sagte, ich wollte nichts mehr mit Sex, würde er damit aufhören und trotzdem auch weiterhin mein Freund bleiben. Aber es scheint mir nicht richtig, so etwas zu verlangen, ich möchte das Problem lösen, nicht vor ihm davonlaufen. Und dann macht mir der Sex im Grunde ja auch Spaß. Aber es bringt mich irgendwie durcheinander. Was wird das sein? Was meinst Du?

Wer weiß, ob ich Dir diesen Brief wirklich schicke. Sollte ich es tun, gib acht, daß Du ihn nicht auf dem Nachtkästchen Deiner Mutter liegenläßt, die mich ohnehin nicht ausstehen kann. Und daß Du ihn ja nicht vom «Corriere della sera» veröffentlichen läßt! Ich rechne (ohnehin kaum) mit Deiner Diskretion. Und bitte schick mir ein paar Zeilen: Verständnis, Liebe und Rat.

Ich küß Dir den Schwanz (oder darf ich Dir das nicht mehr schreiben?)

Dein Rocco

6. Rocco geht zu einer Demonstration, denkt an den Tod und begegnet der Liebe

Wenn sie einen Genossen umbringen, ist es immer etwas ganz Seltsames, was du empfindest. Diesmal noch seltsamer, vielleicht weil es einer in meinem Alter war, ein Schüler, ich weiß es nicht. Das erste, was ich regelmäßig dabei denke, ist: «Das hätte auch ich sein können.» Auch wenn das ganz und gar nicht stimmt, weil ich den Mut, Molotow-Cocktails in eine Botschaft zu werfen, einfach nicht habe. Aber «Das hätte ebensogut ich sein können» denke ich auch, wenn ich in der Zeitung eine kurze Meldung lese von der Art: «Tragischer Verkehrsunfall in der Via della Iella, junger Motorradfahrer von Straßenrowdy überfahren.» Trotzdem ist es etwas anderes. Denn in der Via della Iella stirbt einer, der sicherlich nur das gleiche Alter hatte wie du und das Motorrad; bei einer Demonstration dagegen legen sie einen um, der genauso dachte wie du auch, der dasselbe wollte und dieselben Probleme hatte wie du. Und das Schreckliche ist: sie haben ihm nicht einmal die Zeit gelassen, mit diesen Problemen zu leben, sich gut zu fühlen oder sich schlecht zu fühlen, zu hören, was ihm das Mädchen zu sagen hatte, das am Abend vielleicht auf ihn wartete – ich weiß nicht. Diese Dinge machen mich echt wahnsinnig. Vielleicht kommt das daher, daß ich immer an mich denke, an meinen Tod, und das kann ich nun wirklich kein bißchen akzeptieren. Wer weiß, ob in hundertzehn Jahren alles ganz anders ist und ob man's dann ganz zufrieden sein wird, ein erholsames Nickerchen zu machen für die nächsten Abermillionen Jahre, nur so mal. Papà mit seinem verfluchten dialektischen Materialismus hat immer versucht, mich zu überzeugen – bis ich mal mit ihm gesprochen habe –, daß es eine ganz natürliche Sache ist und daß auf diese Weise alles wieder in den großen Strom der Materie einmündet und so 'n Scheiß. Aber mir ist das immer schon als schmutzige Lüge vorgekommen. Gut, vielleicht stimmt's ja sogar, nur –

was juckt's mich? Mamma, die in diesen Dingen etwas weniger bescheuert ist, sagte dagegen, daß man, wenn man alt ist, sich so müde fühlt, daß man gar keine Lust mehr hat, weiterzuleben, und es sei wie das Einschlafen, wenn man todmüde ist. Mit dem Ergebnis, daß ich, als ich noch klein war, mich immer kniff, um nicht einzuschlafen am Abend. Aber daß so ein Arschloch von Carabiniere, auch wenn du kein bißchen müde bist, auf dich schießt, nur weil du Kommunist bist und lange Haare hast und dir das zurückholen willst, was dir gehört, und daß du wegen diesem Arschloch oder wegen dem, der es geschickt hat, aufgehört hast zu essen, zu vögeln, ins Kino zu gehen, im Meer zu baden – also das macht mich fast verrückt. Wenn ich ehrlich bin, macht es mich auch wahnsinnig, wenn dir so was wie in der Via della Iella passiert oder wenn es durch eine Krankheit geschieht oder weil dir ein Blumentopf auf den Kopf fällt. Weil das eben ganz furchtbar ist. Wer ist überhaupt dieses Arschloch, der die Dinge in dieser Welt so geregelt hat? Ich erinnere mich noch an diesen sabbelnden Pfaffen in der Schule, der von Gottes Ratschluß sprach und daß er uner ... – ich weiß nicht mehr was – sei, nun, daß man halt nicht begreift, aber daß es trotzdem richtig ist. Und darum angenommen, einer Frau kommt das Kind unter die Dampfwalze, müßte sie im Grunde ganz dankbar sein, weil es Gottes Wille ist. Und wenn das Kind eine schreckliche Krankheit hat und furchtbar leiden muß? Noch dankbarer muß sie da sein. Und das Kind muß auch dankbar sein, möglich, daß es dann ins Paradies kommt. Ich weiß nicht, ob ich Atheist bin, aber ich bin überzeugt, wenn Gott existiert, ist er ein großer Hurensohn und ein paranoider Wahnsinniger wie in einem amerikanischen Film. Doch ist mir der Tod noch nie sehr nahe gekommen, ich meine, es ist noch nie jemand gestorben, den ich wirklich gern hatte, und wenn das passieren würde – ich weiß nicht, wie ich dann reagieren würde. Vielleicht würde ich dann auch denken, das ist Gottes Ratschluß, und es ist gut so. Bestimmt würde ich ein anderer Mensch werden, ich würde nicht mehr der sein, der ich jetzt bin. Meiner Meinung nach bist du, wenn du das mal kennengelernt hast, wirklich ein anderer. Vielleicht ist es das, wodurch man groß wird.

Wie auch immer, heute morgen hatte ich eine gewaltige Wut

im Bauch, und zum erstenmal hatte ich wirklich Lust, zur Demo zu gehen, so große Lust, daß ich gar nicht auf den Gedanken kam, daß ich wieder einen mörderischen Anfall von Dünnschiß kriegen könnte. Denn ich habe unter anderem eine unglaubliche Colitis, psychosomatisch bedingt, sagt Marcello, die mich aus den seltsamsten Gründen überfällt, und zwar seit dem Tag, an dem ich einen Pornofilm sah, in dem sie sich von hinten vögeln ließ und sagte: «Nimm mich wie einen Hund.» Zum Beispiel, wenn es Spannungen zu Hause gibt oder wenn ich's mit einem Mädchen versuchen will und wenn ich zu Demonstrationen gehe. Es fängt an, wenn ich noch zu Hause bin, und geht dann weiter, mitunter dreizehnmal – kurz, die Bars mit Klo in der Via Nazionale und der Via Cavour kenn ich alle. Schlimm wird's erst bei den kaiserlichen Foren, wo weit und breit kein Scheißhaus zu sehen ist und wo du nicht mal einer Ziege einen blasen könntest. Kurz, eine gewaltige Wut und eine große Lust, sie mit anderen Leuten zu teilen, mit Genossen zusammen zu sein, ihnen begreiflich zu machen, daß ein Toter, der uns gehört, auch einer der unseren bleibt und immer einer der unseren ist und daß wir auf unsere Weise sein Andenken ehren. Und als dann diese Arschlöcher weggingen, jeder für sich, hab ich eine noch größere Wut gekriegt. Die haben einen Dreck verstanden, weil es keinen Zusammenprall gab und es statt dessen schon fast schön war, so von Angesicht zu Angesicht den Plastikschilden und den Tränengaswerfern und den MPs gegenüberzustehen und lauthals zu schreien. Ich schreie ja normalerweise nicht, und ich singe auch nicht und mache all diese Sachen nicht, weil ich mich irgendwie schäme und blöd fühle, aber heute hab ich's getan.

Ich stand da wie ein Idiot, nicht gerade in den ersten Reihen, denn wie auch immer, ich hätte trotzdem um ein Haar in die Hose geschissen, als ich so schrie und die Faust schüttelte. Und ich fühlte mich zufrieden. Aber was mich am meisten beeindruckt hat, war, daß ich Antonia wenige Meter neben mir sah, die dieselben Dinge machte. Aber vor allem, daß sie eine ganz andere war! Das heißt, sie hatte überhaupt nicht mehr dieses traurige Gesichtchen, dieses verzweifelte, das ich immer an ihr gesehen hab, seit ich sie kenne, diesen Ausdruck, als ob sie sagen wollte: «Wie ist das Leben doch beschissen!» – oder so was Ähnliches. Kurz, sie war wunderschön. Ich hatte einen Raptus, einen Focus, einen Motus, kurz, ich habe mich ihr genähert und ihre Hand genommen (die ohne Faust). Sie hat sich umgedreht, sieht mich, lächelt, und dann wirft sie mir wie verrückt die Arme um den Hals und beginnt zu weinen. Nun, in einer Zweiunddreißigtausendstelsekunde hab ich zwei verschiedene Dinge gedacht. Erstens: *porco dio*, eine hysterische Szene mit dieser Verrückten, das hat mir gerade noch gefehlt, wär ich bloß geblieben, wo ich war. Und dann: *porco dio*, wie zum Teufel macht sie das nur, daß sie so wunderbar ist, ich hatte schon den ganzen Vormittag vor, dasselbe zu tun, und habe es nicht getan und würde es auch nie tun, weil ich ein Trottel bin, der sich wegen einer solchen Sache schämt, auch wenn sie die richtigere ist. Und da kam auch mir eine unbändige Lust, sie zu umarmen, bis ich sie fast erdrückte, sie in die Luft zu werfen und wieder aufzufangen, sie rundum abzuküssen und ihr zu sagen: «Nun wein nicht!» Oder nein, ihr zu sagen, sie sollte sich nur ausweinen, das gehe schon in Ordnung, und es mache mich nicht wahnsinnig, sondern glücklich. Und natürlich habe ich nichts von alledem getan, aber vielleicht macht das nichts, denn als ich zu ihr gesagt habe: «Komm, ich lad dich zu einem Cappuccino ein» – ich denke, da hat sie verstanden, daß das all das andere heißen sollte und auch: komm, bring mich nicht auch noch zum Weinen, weil ich doch ein Männchen bin. Und es war ein wunderschöner Cappuccino mit ihr, und sie hat sich die Augen getrocknet mit dem Handrücken, und ich, ich wußte nicht, was sagen, versuchte aber, es ihr begreiflich zu machen, und zuletzt hab ich den Mut gefunden, sie nach Hause zu begleiten, und ich hielt sie bei der Hand und redete über belangloses Zeug.

«Wenn sie einen Genossen umbringen, ist es immer etwas ganz Seltsames, was du empfindest.» Das ist kein großer genialer Ausspruch oder so, aber er hat es mir in einem so zarten Ton gesagt. Die Stimme zitterte ihm fast ein bißchen, würde ich sagen. Ich schniefte noch ein paarmal mit der Nase (manchmal geht's einem mit der Nase wie mit den Füßen: man möchte sie ganz und gar nicht haben), und es war ein Höllenlärm in der Bar, rund um den Cappuccino.

Ich hätte gern ein Hörnchen gehabt. Vom Weinen krieg ich Hunger. («Nervöser Hunger», wie die alte Gefühlsvampirin schon öfter hochtrabend von sich gegeben hat.) Das Hörnchen habe ich aber dann doch nicht genommen, und wenn ich auf ein Hörnchen verzichte, ist das ein schlimmes Zeichen.

Ich war nicht mehr sehr traurig; das heißt, ich war in der Phase, wo's lustig wird, traurig zu sein. Ich meine, er sah mich an, als ob wir uns seit hundertzehn Jahren kennen würden und unser Leben praktisch damit zugebracht hätten, einander anzuweinen. Es schien ganz natürlich, daß ich einen Cappuccino trank und er ihn mir zahlte und daß ich rote Augen hatte und eine tropfende Nase. Perfekt. Wir schwiegen sogar einen Augenblick. Ich wußte nicht, was zum Teufel mit mir los war.

Seit einer ganzen Weile schon hatte ich so etwas wie einen Knoten im Hals. Seit dem Postenstehen heute morgen vor der Schule, seit diese zwei oder drei Hurensöhne reinkamen, indem sie mich mit einer Hand wegschubsten. Seit ich zu Barbieri (verspiegelte Sonnenbrille, Idiotensandalen und unheimlich hochnäsig) gesagt hatte: «Verstehst du denn nicht, da ist einer gestorben! Einer wie wir! Sie haben ihn umgebracht.» Seit er mir mit seinem breitschädligen Grinsen geantwortet hat: «Der war sicher nicht grad zu Hause beim Kartenspiel, als sie auf ihn geschossen haben.» Dann hat er noch gesagt, daß Leute wie wir uns den Tod suchen gingen, weil wir uns nicht um unseren eigenen Dreck kümmern wollten. «Und was, glaubst du, war sein eigener Dreck?» habe ich entgegnet, indem ich um ein paar Dezibel hochging. Und dann haben sie ihn mir mehr oder weniger aus den Händen wegziehen müssen ... Da muß es wohl gewesen sein, daß ich den Knoten in den Hals kriegte. Nun, ich dachte mir so, auf dem Angesicht der Erde bleibe entweder ich oder es bleibt Roberto Barbieri, mit seiner Spiegelbrille und den idiotischen Sandalen und den Jeans zu dreißigtausend Lire mit handeingefaßten Löchern und den vom Dienstmädchen hineingebügelten Falten. Die Tatsache ist, daß wir alle beide da sind. Vielmehr alle drei: ich auf dem Marktplatz, er in der Schule und der andere unter der Erde. Es war schon lange her, daß ich geweint habe. Ich meine, ohne Zwiebeln, Tränengas, Joints oder Zahnweh.

Das Gefühl dabei ist, als ob man seine Seele ins Taschentuch hineinschneuzen würde. Da bist du. Schön. Da entlädst du dich. Ich weiß nicht, ob ich geweint habe, weil einer gestorben ist, oder weil es den Tod gibt, weil ich lebe oder weil ich sterben muß, weil er nicht mehr leben wird oder weil es nach dem Tod kein anderes Leben gibt. Ein bißchen ist es auch meine Wut gewesen: ich hätte am liebsten die Bullen angeschrien, daß sie sich den Hut abnehmen sollen (oder den Helm oder wie zum Teufel sie es nennen), weil sie vor so etwas wie Heldentum standen. Weil ihnen vielleicht in ihrem ganzen Leben nie wieder so etwas Schönes unterkommen würde: so etwas Schönes wie einer, der sich umbringen ließ, obwohl er es nicht nötig hatte, obwohl es ihm niemand befohlen hatte, obwohl er jung war und verliebt, wer weiß. Ich erwartete mir, angesichts unseres wütenden Schweigens würde einer desertieren und zu uns überlaufen und das Gewehr wegschmeißen und sich die Uniform zerreißen. Zum Teufel mit meiner Einbildung. Als sie die Schilde hochnahmen, war es, als ob ich die Polizei nie angreifen gesehen hätte, als ob ich nicht wüßte, daß die Polizei böse ist, weil die Gesellschaft in Klassen geteilt ist und so weiter. Ein Schock. Und immer wieder sie, meine verdammte Einbildung. Meine Phantasien und Emotionen. Ich erwartete, daß sie zu uns sagten: «Gut gemacht, Kinder.» «Das ist ein richtiges ziviles Verhalten.» Denn sie hatten einen unserer Genossen ermordet, und wir standen alle da und zeigten schweigend unsere Fäuste, statt zu lachen und in der Schule zu sitzen. Wie damals, als die Österreicher auf die kleine lombardische Vedette geschossen haben. Wie hieß es doch gleich? Dulce et decorum est pro patria mori? Und warum für das Vaterland ja und für die Revolution nein?

Sie haben nicht angegriffen, diesmal. Aber als ich merkte, daß sie nicht angreifen würden, wurde ich noch wütender. Die Stille zerriß, und wir haben alle angefangen zu schreien. Ich hatte das Gefühl, daß die uns nicht mal ernst nehmen. Mir schien sogar, daß sie über uns lachten. (Als ob sie dächten: «Die sollen sich nur austoben.» Oder so ähnlich.) Das war dann der Augenblick, wo der Anfall von Einsamkeit über mich kam. Ganz plötzlich. Ganz plötzlich war ich allein auf der Welt. Auf dem

Platz war niemand mehr, und von all dem, was ich gemacht habe, war nichts ernst, nichts wichtig, nichts zählte, oder vielmehr: es existierten weder meine Ideen noch meine Handlungen. Und ich hatte mein Lebtag nichts anderes gemacht, als wie eine fette stumpfsinnige Fleischfliege im besoffenen Taumelflug immer wieder gegen die Fensterscheiben zu prallen.

Alle Genossen standen da, wie vorher, mit finsteren Mienen und einer Verlegenheit am Leib, einem Nichtwissen, wo man die Hände hintun und wie man die Gesichtsmuskeln spannen soll . . . Ich hätte es verstehen müssen, vielmehr: ich hätte es *wissen* müssen, daß sie alle den gleichen Verdruß wie ich hatten, zwischen Bauch und Schuhsohlen. Statt dessen fühlte ich mich so richtig wie ein Hund. Schlimmer als ein Hund. Wie das letzte Exemplar einer Rasse von räudigen Kötern, die zum Aussterben verurteilt sind aus Mangel an Motivationen für eine Existenz. Ich war auf der Suche nach ein paar menschlichen Augen, und da habe ich die von Rocco gefunden. Er war neben mir, grün im Gesicht, aber entschlossen wie ein Kämpfer, der seinen Posten nicht verläßt, selbst wenn er eine doppelte Attacke von Dünnschiß hat. Traurig und zerrauft. Ich hatte noch nie bemerkt, daß er so zierlich und lockig ist. Er schrie wie ein Verrückter, mit weit aufgerissenem Mund. Ich hatte ihn noch nie so ernst gesehen – ich will damit sagen, er ist der typische Heiterkeitsbolzen, der dich zwar überschwenglich begrüßt, angefangen bei den Titten, dann aber kein Wort mehr sagt. Schüchtern und positiv. Kurz, nicht der Typ «Hose runter, Puppe», der dich schon auszieht, ohne dich erst anzukucken, noch der Typ «Sonne der Zukunft», der dir, wenn's dir schlecht geht, von der Befreiung Angolas erzählt. Ein lächelnder linker Chauvinist. Normal. Ich hatte ihn noch nie so verstört gesehen, nicht einmal nach dem Staatsstreich in Chile.

Ich hätte mir nie erwartet, daß er eine ungewohnte Geste machen könnte, etwas, was nichts mit der erprobten Tradition der zwischenmenschlichen Miliz zu tun hat. Kurz, ich hätte mir nicht erwartet, daß er meine Hand nehmen würde. Er hat es getan, und ich stand eine Sekunde da wie eine Idiotin, die eine Faust erhoben und eine schwitzige Hand in der Hand eines fast unbekannten Jüngelchens. Ich glaube, der Schnee fühlt sich so, wenn die Sonne zu wärmen beginnt: die Eiskruste zerbricht, ein großes Tränen, und dann der Wunsch, sich aufzulösen.

Mir schien plötzlich, daß jede Regel, eingeschlossen die, nicht auf allen vieren zu gehen, unnütz und blöd war, unerträglich. Denn wenn jemand stirbt, dann stirbt auch ein Stückchen von dir, und es ist idiotisch, so zu tun, als ob du noch immer als Ganzes existierst wie vorher. Deshalb habe ich ihm die Arme um den Hals geworfen (eine Geste, die den Bruchteil des Bruchteils einer Sekunde gedauert hat). Und als mein Kopf erst an seiner Schulter gelandet war, wurden aus den Tränen Schluchzer, und die Enteisung hat die Gewalt von den Stößen eines Erdbebens angenommen.

Vielleicht haben die anderen uns angeschaut, vielleicht auch nicht. Auf jeden Fall hat er mich umarmt, glaube ich. Auf dem Nachhauseweg haben wir so ungefähr nichts gesagt, aber da war eine Art Intimität, eine ganze Kette von stillen Einverständnissen, ein einziges Lächeln und liebevolle Blicke, so daß jeder Satz seine braven unsichtbaren Anführungszeichen hatte, ein Schauer und eine Gnade besonderer Art, wie in den kurzen Gesprächen im Bett, wenn man einander geliebt hat.

7. Wenn es Rosen sind, werden sie blühen

Was tun? wie jener zu sagen pflegte. Ich weiß wirklich nicht, was tun. Dabei hätt ich eine ganze Menge zu tun, aber nichts davon verdient auch nur die leiseste Beachtung. Ich könnte ein bißchen lernen, doch das scheint mir eine Hypothese, die man ohne langes Zögern fallen lassen sollte. Um fünf könnte ich zur Versammlung des Kollektivs gehen, wo der Ablauf der Aktion am nächsten Mittwoch diskutiert und organisiert werden soll. Aber da könnte ich mir auch gleich eine Kugel zwischen die Augen jagen oder den Gasschlauch in den Mund nehmen. Diese Profis hab ich ehrlich bis obenhin satt. Ganz zu schweigen von den Mädchenschulen. Ich glaub, ich werde langsam unheimlich reaktionär. Aber vielleicht ist es besser, aus Reaktion zu sterben als vor Langeweile. Und überhaupt stimmt das gar nicht, ich bin immer noch ultrarevolutionär. Mit kurzen Verschnaufpausen ab und zu. Sicher macht's der Vorsitzende Mao auch so. Ich könnte die Freunde besuchen. Eine aufregende und stimulierende Aussicht, würde ich sagen. Sex, Drogen und Rock 'n' Roll. Mein Gott, wie deprimierend! Außerdem muß man hin und wieder von der Szene verschwinden, wenigstens für einen Nachmittag. Dann merkt irgendeiner, daß es dich auch noch gibt. Wie bei den Bildern und Teppichen: zwei Tage nachdem du sie weggetan hast, fragt plötzlich irgendeiner, wo die wohl gelandet sind. Was ist denn mit Rocco los, den sieht man ja überhaupt nicht mehr? Wird wohl eine Krise haben. Am Tag darauf: Was macht der bloß? Sollen wir ihn suchen gehen? Anruf. Dringende Versammlung. Tiefschürfende Diskussion über die Krise der Beziehungen innerhalb der Gruppe. Antrag, die Aussichten einer universalen Revolutionierung von Kultur und Liebe zu diskutieren. Einstimmig angenommen. Dann geht man zum zweiten Punkt der Tagesordnung über: soll man sich *Die Hilfslehrerin* oder lieber *Antonio das Mortes* ansehen. Die Handwichser stimmen geschlossen für *Die Hilfslehrerin*, die Hirnwichser sprechen sich einstimmig für *Antonio das Mortes* aus.

Nachdem die Versammlung gute zwei Stunden gedauert hat und es schon fast Zeit ist, in den warmen Schoß der Familie zurückzukehren, einigt man sich auf eine heiße Schokolade im Café nebenan. Wetten werden abgeschlossen, wer wohl der unvermeidlichen Vergiftung durch diesen prähistorischen Kakao und die ranzige Sahne zum Opfer fallen wird. Die Sitzung wird dann auf den darauffolgenden Nachmittag vertagt, bei der ersten Einberufung auf fünfzehn Uhr, bei der zweiten auf fünfzehn Uhr und eine Minute. Die Kinder von kommunistischen und/oder nichtgläubigen katholischen Eltern vereinbaren ein kurzes abendliches Treffen, aber um elf müssen sie alle zu Hause sein, sonst brauchen wir morgen früh Böllerschüsse, um dich aus den Federn zu kriegen, und denk daran, ich weck dich nur einmal, wenn du dann zu spät kommst, hast du Pech gehabt. Die Kinder reaktionärer Eltern, letzte Exemplare einer aussterbenden Rasse, für deren Erhaltung sich Italia nostra schon ausgesprochen hat, indem es ihre Eingliederung in den «Nationalpark der Abruzzen» vorschlägt, bereiten sich freudig darauf vor, auf dem Bildschirm die Wiederholung einer köstlichen brasilianischen Komödie aus dem 17. Jahrhundert zu verfolgen, in Gesellschaft des Herrn Vaters, des großmächtigen Oberfurzers und der einnickenden Mamma. Genug davon, zurück zum *Was tun?*

Ich könnte lesen, was von Zeit zu Zeit nicht schaden soll. Marcello hat mir das Buch über ich weiß nicht mehr welchen Jungen geliehen, und ich kann es ihm nicht zurückgeben, ohne wenigstens einen Blick hineingeworfen zu haben. Aber ich weiß ja, wie so etwas ausgeht: ich werfe mich aufs Bett, lese drei Seiten, dann beginne ich aufmerksam die Decke zu studieren, und die Hand schweift zwischen Bauch und Schamhaaren hin und her, und der ganze Nachmittag vergeht in einem Zustand prämasturbatorischer Hypnose. Möglich, daß der Dickbauch hereinkommt und sagt: «Brav, brav, du liest! Das gefällt mir!» Dann kann ich mich nur noch umbringen. Marcello ist zu einer Podiumsdiskussion nach Parma gefahren, also kann ich ihn nicht besuchen. Aber ich wäre heute ohnehin zu flippig, um ihn zu ertragen. Was für eine beschissene Zeit. Es gibt nichts Schönes, nichts wirklich Schönes. Es gibt kein Mädchen, das mir wirklich gefällt. Aber vielleicht liegen die Blockierungen bei mir, weil ich aufgehört hab, darüber nachzudenken. Allerdings passiert auch nichts mehr. Sich treffen, sich anzulächeln, so etwas würde mir schon gefallen. Lust zu haben, irgend etwas zu erzählen oder bei irgend etwas zuzuhören. Eine kleine Show abziehen, auf smart zu machen, sich schön zu finden. Aber vielleicht liegt es auch an mir, vielleicht lasse *ich* alles verkommen. Zum Beispiel die Sache mit Antonia. Seit der verdammten Demo ist bestimmt ein Monat vergangen, als ob nichts gewesen wäre. Dabei war es doch schön. Trotzdem – nichts, alles wie vorher. Nein nein nein, ruhig Blut. Was für eine verrückte Idee wär das denn? Ganz ruhig bleiben. Man kann doch nicht einfach jemanden anrufen, als ob nichts wäre. Die wird sich denken, wer ist denn das und was will er von mir? Außerdem ist sie auch sicher nicht zu Hause. Sie wird bei irgendeiner winzigen Rotte von verhärmten Lesben sitzen, die sich erzählen, wie viele Schwänze sie gekappt und dann mit Rosmarin auf dem Rost gebraten haben. Und auch wenn sie zu Hause ist, will sie sicher von mir nichts wissen. Was soll ich ihr auch sagen? Man muß einen triftigen Grund haben, um jemanden anzurufen. Aber vielleicht weiß sie auch nicht, was tun? Das passiert ja wohl auch Feministinnen ab und zu, oder?

Schluß mit dem Hin und Her. So etwas macht man entweder ganz spontan, in einem verrückten Augenblick, oder man macht es nie, das ist bekannt. Also, ja oder nein? Willst du ganz gesund und irrational sein? Dann ja. Also los, sonst überlegst du es dir wieder anders. Was soll ich ihr sagen? Mir wird schon eine Erleuchtung kommen. Und wenn sie mir nicht kommt? Steh ich da wie ein Trottel. Schadet nichts, wär nicht das erste Mal. Drei fünf sieben sieben zwei eins drei. Dreihundertsiebenundfünfzig zweiundsiebzig dreizehn.

«Hallo, hier Bestattungsunternehmen Giovannozzi, Sie wünschen?»

Nichts, gar nichts, Gott bewahre! Die falsche Nummer. Typisch für Rocco in der Rolle des Signore Fracchia. Aber jetzt ist es eine Frage des Prinzips. Versuchen wir's noch einmal.

«Hallo.»

«Hallo, ist Antonia da?»

«Wer ist am Apparat?»

Gott, diese alte Glucke hat mir gerade noch gefehlt. Was kümmert's dich, wer am Apparat ist. Jack the Ripper, wer sonst? Oder der Schänder von Boston. Was soll ich sagen?

«Äh ... Ich bin ein Schulfreund ... Rocco.»

«Ich werd nachsehen.»

Wer wird sie schon anrufen. Übertreiben wir es nicht. Nein, immer mit der Ruhe. Ich will sie doch nur sprechen. O Gott, was soll ich nur zu ihr sagen. Da kommt sie schon. Ich leg auf.

«Hallo, hier bin ich.»

«Ah, ciao, wie geht's dir, ich bin's, Rocco.»

«Ciao, Rocco!»

«... Also, ja ... ich hab dich angerufen, nein, es hat keinen Grund weiter ... das heißt, doch, ich wollte deine Stimme hören, aber nichts Besonderes, einfach nur so ... du weißt schon ...»

«Freut mich, daß du angerufen hast.»

Und sie plaudert drauflos, die Kleine. Sie hält aktiv das Gespräch in Gang. Laß mich auch ein bißchen was sagen, die Zunge könnte dir sonst eintrocknen

«Ich weiß nicht, was du gerade gemacht hast, ich meine, du hast sicher zu tun, sonst hätten wir vielleicht ins Kino gehen können, ich weiß nicht ...»

«Ich hab gerade gar nichts gemacht. Komm in zehn Minuten unten vorbei, dann machen wir was. Okay?»

«Ja, ja, okay. Also, ich komme. Bis gleich, ciao.»

«Ciao.»

Außen. Tag. Stadtteil Prati, sechzehn Uhr fünfzehn, breite Straßen, Schaufenster (scheußlich, wie in einem östlichen Land), Himmel von unsicherem Milchweiß, langweilig. Rocco, regungslos, nervös unter dem Haustor wartend. An den Händen sieht man ihm die Verlegenheit an.

Antonia kommt herunter, mit zu hohen Absätzen für die Blue jeans, mit zwei afghanischen Kettchen um den Hals und einer leichten Überdosis Puder auf den Wangen, die Haare fürchterlich frisiert. Sie kommt heraus mit einem noch kurz zuvor im Liftspiegel geprüften Lächeln – genau dem Lächeln, bei dem kein Muskel zuviel und keiner zuwenig ist. Geruch von Patchouli (schwer, aromatisch, übertrieben). Sie haben Gefallen aneinander und fassen einander bei der Hand. Wohlerzogenheiten weichen der Freude: endlich sind sie gelöst. «Ein Glück, daß du gekommen ist.» – «Ein Glück, daß du runtergekommen bist.» Die Tonspur sagt zwar etwas anderes, aber drinnen in ihnen lautet's so.

Nach zwanzig Minuten irgendwelcher Zärtlichkeiten setzen sie sich mit wundgelaufenen Füßen (sie sind ohne Ziel losgerannt) auf eine Parkbank.

«Hör mal, was denkst du eigentlich so über mich? Das heißt, ich meine, ich möchte jetzt nicht um jeden Preis Komplimente hören, ich sterbe nicht, wenn wir weiter über Gott und die Welt reden, ich brauche nicht unbedingt Bestätigung und so weiter. Ich möchte es nur gern wissen. Ich möchte wissen, ob du mich magst, oder ob du mich nur sehen wolltest, weil man ab und zu ein Mädchen treffen muß oder so, verstehst du . . .»

«Nein, nein, das ist es nicht, sonst hätte ich irgendeine andere angerufen. Ich meine, es ist bestimmt kein Zufall, daß ich seit der Demo damals nicht mehr versucht hab, dich zu treffen. Gerade weil es etwas ganz anderes war, hab ich mich nicht mehr gemeldet. Es hat mir irgendwie, auch wenn das jetzt blöd klingt, Angst gemacht. Vielleicht macht es mir immer noch ein bißchen Angst, wenn ich ehrlich bin. Ich schaff's eben auch nicht, von dem üblichen Kram zu reden, und gleichzeitig bring ich's nicht fertig, das zu sagen oder zu fragen, was ich möchte. Außerdem ist es irgendwie komisch, sich zwei Jahre lang zu kennen und nicht den blassesten Schimmer zu haben, wer du bist. Ja, ich meine, für mich bist du im Grunde nur eine vom Kollektiv, eine, von der die anderen sagen, daß sie schon gebumst hat und darum weiß, wie's läuft, eine Feministin, was immer das heißt. Aber so was ist doch nicht das, was man *ist*, oder? Mich würde es wütend machen, so etwas für die anderen zu sein. Dann passiert dir so etwas wie bei der Demo, und du kapierst überhaupt nichts mehr.»

«Ist das wirklich alles, was du von mir weißt? Na, das ist wenig, du weißt zwar, was ich mache, aber du weißt nicht, was ich bin. Die Leute glauben immer, daß man das ist, was man macht, und deswegen treffen sie sich immer, vielleicht sogar jeden Morgen, und landen schließlich miteinander im Bett oder heiraten sich oder hassen sich oder streiten und schmeißen sich die Schuhe nach, aber immer alles im Dunkeln, das heißt, ich meine, ohne sich auch nur ein bißchen lieb zu haben.»

(Kleine Pause und ein Blick. Antonia senkt die Augen und fährt fort. Rocco gräbt mit der Schuhspitze ein Loch in die Erde.)

«... auf jeden Fall glaube ich nicht, daß ich von mir sagen kann, was ich bin. Alles, was du sagst, stimmt, ich bin Feministin, ich komme regelmäßig zum Kollektiv, und ich hab schon gebumst. So aus der hohlen Hand heraus könnte ich dir auch nicht mehr über mich sagen, ich könnte nicht mehr tun, als mit mehr Worten das gleiche zu sagen, was du schon gesagt hast.» (Schweigen und Eulenlächeln, typisch Mädchen) «... aber warum stellst du mir keine Fragen?»

«Vielleicht ist das, was ich am meisten verstehen möchte ... kurz, das ist etwas, was mir nicht in den Kram paßt. Das heißt, ich meine, wenn man von dem, was einer macht, auf die Person schließen würde, dann könnte man meinen, du wärst eine, wie soll ich sagen?, die weiß, was los ist, cool, kurz: fast wie eine Erwachsene, die ihr Leben lebt, und damit hat sich's. Aber dann sieht man dich in der Schule im Flur mit einem fürchterlichen Gesicht, als ob dir in diesem Moment die ganze Welt auf den Kopf gefallen wär, und dann wirkst du kein bißchen cool, sondern eher als ob du Angst hast, aufgefressen zu werden. Also bist du doch noch ein kleines Mädchen, oder? Hab ich mich undeutlich genug ausgedrückt? Wenn ich zum Beispiel glauben würde, daß Bumsen für dich eine Sache wie jede andere ist, daß du nicht die gleichen Probleme hast wie ich, ich glaube, ich würde durch den Brunnen hier abhauen, schwimmend. Aber auch, wenn du nur so eine, eine Erwachsene wärst. Ich würde mir zu beschissen vorkommen.»

(Langes Schweigen und ein unterdrücktes befriedigtes Lächeln; Antonia steckt sich eine Zigarette an, ehe sie antwortet. Die typische schlecht angerauchte, aber mit Genuß angezündete Zigarette. Mädchenzigarette.)

«Schau mal, gebumst zu haben oder es ohne große Probleme

zu machen, das ist nicht die große Glückseligkeit. Im Gegenteil, du kriegst noch mehr Ängste, auch wenn du das vielleicht eigenartig findest. Mir kommt immer in den Sinn, daß die Männer mich dazu brauchen, um zwischen meinen Beinen ihre Geschichten zu erledigen. Das kommt mir jedesmal, hinterher, in den Sinn. Und dann fühl ich mich noch mehr allein, so allein, daß ich fast glaube, ich existier überhaupt nicht. Vielleicht lauf ich deshalb mit so einem Gesicht durch den Flur, wie du sagst, oder aber, wenn ich dazu aufgelegt bin, dann lächle ich und lache und mach action und versuche, mich graziös und sinnlich zu geben – wie Reklame für irgend etwas zum Lutschen. Dann berühren mich die Männer und machen mir den Hof, und dann begehren sie mich, und ab und zu endet die Sache im Bett (beileibe nicht immer).» (Wieder verlegenes Schweigen) . . . Ich weiß nicht, ob es das heißt, ein kleines Mädchen zu sein, oder nicht. Ich glaube ja, ich glaube, ich bin ein kleines Mädchen, klein wie du, auch wenn es lächerlich klingt, nur daß ich eine Frau bin, und eine Frau zu sein ist etwas anderes: die Angst ist nicht so sehr, ob man die Sache gemacht oder nicht gemacht hat, sondern ob man akzeptiert wird oder nicht. Also ob man existiert oder nicht existiert. Ich weiß nicht, ob ich mich richtig ausdrücke. Verstehst du, was ich meine? Mir kommt es manchmal so vor, als lebte ich nur, um den Männern zu gefallen, denn wenn sie mich nicht wollen, mich nicht immer haben wollen, kommt mir so eine Angst, als ob ich sterbe . . .»

«Aber weißt du, das geht mir auch so. Ich hab eine fürchterliche Angst, verschmäht oder zurückgewiesen zu werden oder so. Ich glaube, es ist nur deshalb, daß ich noch nicht versucht hab, dir einen Kuß zu geben. Wenn du das Gesicht wegdrehen würdest, könnte ich mich umbringen. Manchmal fühle ich mich von allen im Stich gelassen, auch von allen Mädchen, so daß ich fast aufgebe. Aber das mit der Angst, zu sterben, das kapier ich nicht ganz. Ich bin manchmal deprimiert und todunglücklich oder fühle mich dämlich und alles, aber ich bin immer noch da und hab nicht das Gefühl, daß ich sterbe. Daß ich schlecht lebe, ja, das vielleicht.»

«Aber das ist doch klar, oder? Dein Leben hängt von vielen Dingen ab. Im Moment von der Politik oder der Gruppe, und bei den Blöderen ist es die Schule oder der Sport oder das Geld oder was weiß ich ... der Erfolg und so weiter. Wenn ich das Gesicht wegdrehe, dann fühlst du dich vielleicht eine Zeitlang hundsmiserabel, aber dann machst du eine kleine Fete mit den Freunden oder beschließt, ein multinationaler Jungmanager zu werden oder der Präsident der Vereinigung der Freunde Angolas. Du fühlst dich gedemütigt, ein bißchen deprimiert, ein bißchen einsam, aber du existierst, du gehörst immer noch zum aktiven Teil der Nation. Für mich ist das anders. Heute gibt es mich, weil du angerufen hast, weil ich aufgefordert worden bin, die Ergänzung eines anderen menschlichen Wesens zu sein, und wenn dieses andere menschliche Wesen nicht da ist, bin ich erledigt, bin ich ein Stuhl mit drei Beinen, etwas, was nicht aufrecht stehen bleibt ... Wenn niemand mich will, wie soll ich dann Ehefrau und Mutter sein oder verlobt oder umworben oder bewundert oder irgendeines von den dreitausend Partizipien der Vergangenheit, mit denen man uns gewöhnlich bezeichnet? Wie soll ich die sein, die ich sein muß? Also brauche ich dich und die anderen, ich brauch euch, verdammt!»

«Hör mal, bist du wirklich so feministisch? Ich meine, nicht daß es mir was ausmacht, im Gegenteil, ich bin auch Feminist, aber es macht mich ein bißchen nervös, mir ist, als stünde ich immer da mit hochgerecktem Zeigefinger und sähe mir bei meinen eigenen Dummheiten zu, und da ich sicher noch viele mache, ist es ein Problem.» (Geduldiges irritiertes Lächeln, hochgezogene Augenbraue, gezierte Schullehrerinnengrimasse: Antonia streicht sich eine Strähne ihres nun gar nicht mehr so ordentlich gekämmten Haars aus der Stirn. Anmutig, ernst, feministisch.)

«Ich hätte nicht gedacht, daß du so unsicher bist. Das ist ja ein ganzer Sack voll Sachen, vor denen du Angst hast. Ich meine, wenn ich dich im Kollektiv so siegessicher die Mädchen mustern und deine Witze machen sah, so als ob dir immer alles gelingen würde, hätte ich das nicht gedacht. Ehrlich. Ich dachte, du wärst viel geritzter ... und, in einem gewissen Sinn, viel bescheuerter ...»

Strahlendes Lächeln. Antonia ist wunderschön und jetzt ganz Frau & Mutter: sie zerzaust ihm die Locken mit den Fingerspitzen. Rocco trinkt ihre Blicke. Er ist riesig froh über diese Zärtlichkeit, die es ihm erspart, ganz der starke Mann und

Eroberer zu sein. Die schon ein wenig blasse Sonne deckt ein paar kleine Mitesser unter dem Make-up auf, das sich während des Spaziergangs etwas aufgelöst hat, aber die so vernünftige und traurige Antonia ist jetzt sehr glücklich, und wie verdammt schön sie ist mit ihren klugen Katzenaugen. Sie reden noch, aber immer langsamer, mehr bedacht auf die Wärme, da zu sein und zu sprechen, als auf das spezifische Gewicht der Worte, die doch so innig sind. Ich bin so, ich wette, ich gefalle dir; Einbahn-Enthüllungen verzwickter Ängste, und, mein Gott, wie ist die Welt so dumm, wenn du wüßtest, wie allein man sich fühlen kann, wenn man so weiblich ist und im Grunde auch so männlich, verstehst du, verstandesbetont, emanzipiert und all das . . . Rocco versteht, stimmt zu, auch Mann sein ist kein Spaß in dieser Gesellschaft von steifen Schwänzen, du mußt dich von verdammt hohen Trampolinen zu springen trauen, du mußt reden können, saufen und immer Geld in der Tasche haben. Nun ja, in unserem Bereich ist das schon ein bißchen out, oder? Vielleicht. Man findet nicht immer Mädchen wie dich. Und Antonia nimmt ihn bei der Hand und sagt, du Dummer, ich bin im Grunde wie alle anderen. Und es beginnt ganz leise die zärtliche Phase, in der jeder, nach zweckmäßiger Eigenwerbung schlecht von sich zu sprechen beginnt, still und ruhig, mit wilder Ruhe, um sich bemitleiden zu lassen.

8. Antonia versucht, sich zu verlieben, und schläft dabei ein

Rocco. Rocco. Rocco. Rocco. Rocco. So gesagt, inspiriert der Name zu nichts. Antifaschistische Reminiszenzen im Film (Rocco und seine Brüder). Juristische antifaschistische Reminiszenzen (der Codex Rocco). Aber sonst? Ein Name für einen Maurer. Für einen Arbeiter aus dem Süden. Rocco. Was für eine Idee, sich Rocco zu nennen. Kommen die von unten rauf, seine Leute (wie der Mailänder Zweig meiner Verwandtschaft zu sagen pflegt)? Reich können die jedenfalls nicht sein. Motorrad hat er auch keins. Er ist weder groß noch klein. Nicht dick und nicht dünn. Nein, was das betrifft, würde ich sagen, daß er eher dünn ist. Schön? Kleine Nase, Augen, die sehr wandelbar sind, so in einem Bogen von Grau über wütend bis Schwarz. Und diese Löckchen. Die zarten. Die vielen. Sehen gar nicht wie Haare aus. Wie der wohl mal aussieht, wenn er keine Haare mehr hat? Der stirbt vorher. Wird ein Held. Oder ein Musiker. Vielleicht ein heldnischer Musiker, mit grauen Löckchen - mit immer zarten und immer vielen Löckchen. Bin ich dabei, mich zu verlieben? Wenn ich so auf dem Rücken liege und an einen Typ denke und mir dabei die Haare auf meinem Hügelchen kitzle und zause, und ich brauch nicht mal den trigger mit dem Finger zu berühren, nein, heute abend brauch ich das gar nicht . . . Ich hab ein ganz zärtliches Gefühl im Körper. Wenn er jetzt reinkäm und ich wär schön . . .

Wenn er jetzt zum Fenster reinkäme, weil die Bullen hinter ihm her sind, und ich wär wunderschön . . . Wenn die Faschisten mich verprügelt hätten und er wäre losgegangen, um mich zu rächen . . . Nehmen wir an: ich läge hier, auf dem Bett (kein Blümchenlaken, bitte, und keinen Schlaf- und Spielanzug mit plüschgefütterter Hose; dann schon lieber was Schwarzseidenes und natürlich sonst völlig nackt), bleich und zerzaust. Nein: sonnenbraun und zerzaust. Mit einem Kopfverband (weiße Mullbinde mit dem Schatten von geronnenem Blut: sehr wirkungsvoll). Er kommt rein: Wochenbart (à la Bogart, wenn er sich ein halbes Jahr nicht rasiert hat), ein Hemd Modell Guillotine 1974 (Robespierre: offener Kragen und darunter rauh behaarte Brust), Jeans, Stiefel (zuviel der Stile?). Er bleibt am Fußende des Bettes stehen. Ich stelle mich schlafend (er sagt etwas, was ich nicht verstehe – Tonausfall). Er beugt sich über mich. Er küßt mich. Er schmeckt nach Tabak, Wacholderschnaps und Schießpulver. Er streift mit einer einzigen Bewegung die Bettdecke ab, und seine Finger wandern leicht über meine Haut (erster Schauer). Er öffnet mit seiner Zunge meine geschlossenen Lippen. Dann kniet er sich aufs Bett und fängt an mich abzulecken, mich abzuschlecken, wie eine Katze aus ihrem Schüsselchen leckt (zweiter Schauer; man muß lernen, sich nicht mehr zu schämen; wird bei Masturbation enden – schlimmes Wort für eine schöne Sache, wirklich ein schlimmes Wort). Am Nabel angekommen, versenkt er darin die Zungenspitze (wie er's kann, der Schweinehund) und taucht sie immer tiefer hinein, wobei er mir die Flanken streichelt. (Warum hab ich nur zwei Hände? Wenn wir dazu geschaffen wären, mit uns selbst Liebe zu machen, hätten wir sicher wenigstens vier.) Nein, an diesem Punkt ist eine schöne Liebeserklärung fällig, so eine mit halblauter Stimme, eine schöne, so eine, wie man sie nicht mehr macht, wie sie keiner mehr macht, weil keiner mehr den Mut dazu hat, weil keiner von denen, die ich kenne, den Mut hat, einem Mädchen Dinge zu sagen, die er im Kino gehört hat, vielleicht weil er glaubt, man muß dazu ein Gesicht haben wie Robert Redford oder eine tragische Trauermiene wie die Typen in den Flugzeugunglückschinken («Die letzten fünf Sekunden, in denen dein ganzes Leben noch einmal vor dir abläuft»), oder vielleicht weil sie ihm gesagt haben: «Das machen nur diese verrückten bürgerlichen Arschlöcher. Wenn ich anfange darüber nachzudenken, geht die ganze Anspannung zum Teufel und die Lust ist weg. Wenn ich ein Mann wäre, würd er mir schlaff werden. Wenn ich ein Mann wäre ... Als Kind wollt ich's immer sein – nicht zu zählen die Schnürsenkel, die ich ersäuft habe bei meinen Versuchen, stehend zu pissen: tagelang ging das so, und danach ekelte ich mich davor, mir die Schuh zuzubinden. Penisneid, wie die in der kleinen Gruppe sagen.

Trotzdem, wie ich glaube, wie ich immer geglaubt hab, ist es nur, daß ich einfach nie Lust hatte, wie ein lächerliches siebenbäuchiges Tier mich hinzuhocken und Pipi zu machen. Oder mich hinzusetzen (ich sage: mich hinzusetzen!) mit den Strümpfen auf Halbmast und dem Höschen in den Kniekehlen (es gibt auf der Welt keine unerträglichere Bewegung, als sich den Slip runterzuziehen) und mir nicht den letzten Tropfen abschütteln zu können, nicht aufrecht vor einer Mauerecke oder vor einem Baum stehen und dabei lachen und reden zu können, sondern die Badezimmertür hinter sich zumachen und dann geschwind mit einem Stück Papier hinlangen zu müssen und einen nassen Finger zu kriegen, oder nicht hinzulangen und sich dafür das Höschen naß zu machen . . . Also wirklich, jedesmal wenn ich auf Sex Lust hab und an die Liebe denke, komme ich schnurstracks auf das Thema Ausscheidungen. . . vortrefflich, wirklich vortrefflich, Signorina Antonia. Aber eine Liebeserklärung kann ich mir schlichtweg nicht vorstellen – eine schöne, meine ich, nicht das übliche plumpe Kompliment für meine Rundungen. Zwar reden sie von Liebe, die Leute, aber immer erzählen sie einem nur von der Liebe, die sie mit irgendeinem andern verbindet. Lisa erzählt mir von Peter. Carlo von seiner neuen Freundin. Und meine Mutter von damals, als sie meinem Vater kennengelernt hat (Jugend, Liebe und Krieg: alles schön und gut, schade daß sie ihm seit siebzehn Jahren kein einziges nettes Wort mehr sagt). Die Liebe ist offenbar ein typisches Thema für Gespräche mit Dritten. So kann ich sie mir aber nicht vorstellen. «Ich liebe dich» – das ist ein Satz, der nach nichts klingt. Genau wie «Ich bin tot». So was wie ein unmöglicher Satz. «Ich bin verknallt wie ein Idiot» – das klingt schon glaubhafter, aber du kannst Gift darauf nehmen, daß es sich nicht auf dich bezieht, sondern immer auf einen anderen, und du mußt aufmerksam zuhören, Anteilnahme bekunden, und wenn du für Männer der «kameradschaftliche» Typ bist («wie eine Schwester«), mußt du im allgemeinen auch noch Ratschläge erteilen, ihnen erklären, wie sie sich verhalten sollen, und so weiter. Die behandeln dich, als wärst du der «Guide Michelin für gebrochene Herzen».

Wenn sie dagegen auf dich ein Auge geworfen haben, merkst du es daran, wie oft sie nach deinem Arsch grapschen, oder an den Dockarbeiterkomplimenten à la *Faust im Nacken* und den überflüssigen Telefonanrufen zu jeder Tageszeit unter Vorwänden, die immer unglaubwürdiger werden, an der Anzahl der in deinem Beisein getrunkenen Camparis – um dir zu imponieren – und zu guter Letzt an einigen beiläufigen Beschreibungen der eigenen Fähigkeiten in Sachen Liebe, die einige frigide und böse Frauen leider nicht zu schätzen wußten. An diesem Punkt wird dir deine beste Freundin erzählen, daß «X sich bis über beide Ohren in dich verknallt hat». Du tust so, als fielst du aus allen Wolken. Sie wird nicht lockerlassen. Und bei der ersten günstigen Gelegenheit wird die Übergangsphase im Bett ihren Abschluß finden. Die Besiegelung: ein Fick. Kontrahenten: du und er. Zeugen: alle anderen. Kupplerin: die Freundin.

Und die Liebe? Eine Selbstverständlichkeit. Ich muß mich wundern, warum ich mir nie einen abreiben kann, wenn ich dabei an einen Jungen denke, den ich jeden Morgen in der Schule sehe. Warum muß ich ihn mir vorstellen wie den Grafen Wronskij, schön, schurkisch, heldisch und mit Verzierungen wie eine Geburtstagstorte? Wronskij, Wronskij, der Pate aller meiner Orgasmen, Revolutionär, dann Offizier der zaristischen Garde, dann Maler, Musiker, Haudegen, Bandit und schließlich Beschützer der Witwen und Waisen. Uff, ich möchte wissen, ob auch die Männer so psychopathische Wichsereien veranstalten wie ich mit meinem Mittelfinger. Nein, die sicher nicht, die haben's einfach: ein Pornoheft, was weiß ich, «Dornmöschens Abenteuer mit dem siebenschwänzigen Sakristan», und allez hopp, schon ist er hart wie'n Schirmgriff. Der Rest geht von allein.

Heut abend bin ich ja enorm philosophisch. Noch eine Weile, und ich erzähl mir die Geschichte meines Lebens, als ob ich die nicht auswendig könnte, so kurz wie sie ist. Das ist es: mehr Leben möcht ich haben. Ein dichteres Leben. Ein Leben, in dem Sachen passieren. Was weiß ich? Zwei Scheidungen, ein Verkehrsunfall, eine Weltreise, ein Volksaufstand, ein Elektroschock. Ein Kind. Eine Abtreibung. Irgendwas zum Erzählen. Ein bißchen sprechen können von der Vergangenheit – bei dieser Gegenwart, die so fade und beschissen schmeckt wie Brotsuppe, und bei einer Zukunft, die noch zu erfinden ist . . .

Und wenn ich's schon nicht schaffe, mich zu verlieben oder zu masturbieren, möcht ich wenigstens einschlafen können, damit ich morgen nicht Ringe unter den Augen und schlaffe Haut und runterhängende Schultern habe. Nicht daß ich mir viel draus mache, das blühendste Mädchen der B 1 zu sein (einzige mondäne Gelegenheit des Tages: mündliche Prüfung in Philosophie), aber ich hab Angst vor der Bissigkeit meiner alten Vampiresse. Die Augenringe ziehen Fragen nach sich, aus einem Sterbenswörtchen kann das achtzigste Stoßgebet über die Verständnisschwierigkeiten zwischen den Generationen werden.

Ich muß unbedingt schlafen. Nachdenken bringt nichts heut abend. Und das «Ferkelchen in mir» bleibt stur und gibt kein Lebenszeichen von sich. Also: gehen wir mit System vor.

Methode a: an etwas Schönes denken. Ich am Meer: der Strand, eine Palme, eine eisgekühlte Coca-Cola, die Sonne und ein sowjetischer Bademeister, der wie Nurejew aussieht, in Wirklichkeit aber Lenin ist. Der Bademeister umarmt mich. Ich sehe deutlich den Schwanz des Bademeisters auf meiner sonnengebräunten Schulter ruhen (ich liege im glutheißen Sand, und er kniet über mir). Laura, ganz geröstet von der Sonne, mit sich schälender Nase und in einem kackbraunen Bikini, der ihr überhaupt nicht steht, sieht mich und ersäuft vor Wut im salzigen Meer, nachdem sie erfolglos versucht hat, mir den Bademeister auszuspannen. Nein, das geht nicht. Surreal. Wann höre ich endlich auf, mir erotisch-romantische Fernsehschinken vorzustellen.

Methode b: an etwas Heroisches denken. Ich führe eine nur aus Frauen bestehende Kolonne gegen die Caradonna-Schläger. Alle Genossinnen aus meiner kleinen Gruppe sind dabei. Ein widerlicher Faschist mit Kartoffelnase, ganz in Schwarz gekleidet, schießt. Ich weiche nicht zurück. Lisa fällt, und «ein Fleck roten Blutes breitet sich auf dem Pflaster aus». Ich entwaffne den Faschisten und ... Nein, nein: keine Kastrationsphantasien. Das nun auch wieder nicht.

Dritte und letzte Hoffnung, die *Methode c:* an etwas Zärtliches denken. Rocco. Rocco mit seinen Ringellöckchen, wie er mir einen Strauß Orchideen schenkt, nein ... Veilchen. Veilchen und Margeriten. Und ich ganz in Weiß.Und er ganz in Schwarz. Mit Krawatte ... und ich mit Orangenblüten ...

Und Marcello als Trauzeuge in blauem Anzug . . . und meine Mutter, die weint, und mein Vater, der mich auf den Mund küßt und sagt: «Laß sie heulen, die ist nie zufrieden.» Und Rocco und Papà, die zusammen Boot fahren auf dem Fluß und dabei von mir reden, weil ich zu Hause geblieben bin, weil ich ja auf das Kind aufpassen muß . . . das Kind mit den Ringellöckchen . . .

9. Ein Riesen-Schokoriegel, ein Fick, eine feministische Fabel und ein Gedicht

Es muß schon eine Ewigkeit her sein, daß ich so heiter und ruhig ins Bett gegangen bin. Und auch als ich noch klein war, kam das nicht oft vor. Aber seit zwei oder drei Jahren ist es nie mehr passiert. Sehr schön, wirklich sehr schön. Und jetzt kann ich alles in Ruhe überdenken. Zwei-, drei-, fünf-, siebenmal. Sooft ich will, bis ich einschlafe. Und vielleicht träume ich sogar davon. Nein, das passiert nie. Höchstens habe ich schauerliche Alpträume, wer weiß, vielleicht ist bei mir das Unbewußte in Bewegung geraten. Brav sein, bloß nicht lästig werden heute abend. Also fangen wir an. Ganz von vorn. Von da an, als sie angerufen und gesagt hat: «Zu dumm, ich hab Fieber, nicht sehr hoch, aber ich muß im Bett bleiben, sie lassen mich nicht aus dem Haus.» Sie hat nicht gesagt, besuch mich. Wer weiß, warum nicht. Vielleicht hat sie gedacht, es geht mir auf die Nerven, ihr einen Krankenbesuch zu machen. Oder daß ich lieber mit den anderen losgezogen wäre. Aber ich hab gesagt: «Kann ich dich besuchen, oder machen dann deine Alten Stunk?» Sie hat gesagt: «Du würdest mir eine große Freude machen. Meine Leute sagen nichts, im Gegenteil, ich glaub, die gehen nachher sowieso weg.» Diese Sache hat mich ein bißchen aufgewühlt, denn seit wir zusammen sind, ist es noch nie passiert, daß wir ganz für uns allein in einem Haus waren, oder vielleicht haben wir es auch nie passieren lassen, keine Ahnung. Aber es ist gleich wieder vergangen, ich hab mir gesagt, sei nicht blöd, und außerdem wollte ich sie ja auch zu gern sehen. Was hätte ich getan, wenn nicht? Der Anruf, das war mittags gewesen. Ich habe die Zeit irgendwie rumkriegen müssen, damit Mamma nicht wieder sagte: «Das ist hier kein Restaurant.» Und Papà: «Warum versuchst du nicht ab und zu, was zu lesen?» Und dabei hab ich doch glatt fünf Seiten von dem endlosen Schmöker über diesen jungen Wie-heißt-er-doch gelesen. Ich habe darauf gewartet, daß sie schlafen gehen würden. Wann die wohl vögeln, mittags oder abends? Ob die überhaupt vögeln? Na ja, schweifen wir nicht ab. Also, ich bin losgegangen und habe mir gedacht, ich bring ihr etwas mit. Vier Minuten lang habe ich mich gefragt, ob es plump und dämlich sei, ihr ein Geschenk mitzubringen. Ich bin zu dem Schluß gekommen, daß es plump und dämlich ist, aber daß ich es trotzdem tun würde. Dann hab ich sieben Minuten lang darüber nachgedacht, was ich ihr mitbringe. Es war nicht leicht, wenn man sich vor Augen hält, daß der Spesenfonds siebenhundert Lire betrug. Ich war schon drauf und dran, wieder raufzugehen und einen Raubüberfall auf unbewachte Geldbörsen zu machen. Zum Schluß hab ich mich für einen Riesen-Schokoriegel entschieden – nicht gerade superriesig, aber immerhin. Sicher mag sie ihn. Aber wenn sie nicht aufhört, sich mit Süßigkeiten vollzustopfen, wird sie noch eine Kugel.

Ich bin ein bißchen aufgeregt raufgegangen, wegen der Begegnung mit ihren Eltern. Ich hatte sie noch nicht gesehen. Die Mutter hat mir aufgemacht, noch ganz gut beisammen für ihr Alter und recht appetitlich. Komm nur rein, Antonia erwartet dich schon. Es wär lustiger gewesen, wenn sie gesagt hätte, warte einen Moment, Antonia fickt gerade mit dem Butler. Was für ein Unsinn mir manchmal in den Sinn kommt. Sie hat mich bis zu Antonias Zimmer begleitet, hat mich mit einem komplizenhaften und vielsagenden Unterton in der Stimme angekündigt, dann hat sie sich verflüchtigt. Antonia sah wirklich niedlich aus, in ihrem Bett mit dem grünen Laken und der Bettdecke mit den Bärchen darauf und einem ganz seltsamen Pyjama. Ein bißchen strubbelig und etwas gerötet im Gesicht. Ich hab mich aufs Bett gesetzt und hab gesagt, ich hab dir was mitgebracht, und habe ihr den Schokoriegel gegeben. Plötzlich kam er mir ganz mickrig vor. Aber er hat ihr sehr gut geschmeckt, sie ist mir mit der Hand durchs Haar gefahren und hat mir einen Kuß gegeben. Wir haben angefangen, von den üblichen Dingen zu reden. Nach einer Weile ist die Mutter zurückgekommen. Eh sie ins Zimmer kam, hat sie angeklopft. Ich wollte schon aufspringen und mich anderswo hinsetzen, aber Antonia hat mich festgehalten. Die Mutter hat gesagt: «Also, wir gehen jetzt, wenn du was brauchst, ist ja Rocco da.» Als wir die Tür ins

Schloß fallen hörten, hat sie gesagt, komm her, und ich hab mich neben ihr ausgestreckt. Wir haben angefangen, uns zu küssen, das ganze Gesicht, und uns das Haar zu streicheln und uns die Finger in die Ohren zu stecken und in die Nasenlöcher. Es war alles so unglaublich einfach und natürlich. Auch der Umstand, daß er mir stocksteif wurde und sich wie üblich überall verfing. Auch, die Hände unter ihren Pyjama zu schieben und zuerst ihren süßen Pummelbauch zu streicheln und dann die kleinen Brüste und die harten Brustwarzen. Und inzwischen hat sie mir das Hemd aufgeknöpft und angefangen, mir die Brustwarzen zu liebkosen, und dann hat sie sie geküßt und ist mit der Zunge drübergefahren, und zwar so, daß ich Angst hatte, auf der Stelle zu kommen. Und ich hab die Hand in ihre Pyjamahose gleiten lassen, hab ihr die Haare gestreichelt und gezaust, dann bin ich etwas weiter runter zwischen ihre Schenkel gegangen, habe gespürt, daß sie sie öffnete, und habe einen Finger direkt reingesteckt und angefangen, ihn rein und raus zu bewegen. Ich habe mich erinnert, daß ich irgendwo gelesen hatte, daß es ihnen an der anderen Stelle mehr Spaß macht, also bin ich sie suchen gegangen, und als ich glaubte, daß ich sie gefunden hatte, hab ich angefangen sie zu streicheln. Und ich hab die Decke weggeschoben und ihr die Pyjamahose ausgezogen. Und sie hat mir die Jeans aufgeknöpft, den Reißverschluß runtergezogen, hat mir den Pimmel aus seinen Verwicklungen befreit und ihn in die Hand genommen. Sie hielt die Hand ruhig und fest und bewegte nur den Daumen und streichelte mir so die Eichel, die Spitze, das Löchlein und das Häutchen. Ich habe gemerkt, daß ich kommen würde, und wollte es nicht so. Ich bin auf sie geklettert. Sie hat die Schenkel geöffnet und gebeugt und mir die Jeans runtergezogen. Das ist ein bißchen dramatisch gewesen, weil sich diese verdammten engen Jeans nicht entschließen konnten, runterzugehen. Endlich hat's geklappt. Zuerst hat sie die Eier in die Hand genommen und sie gestreichelt. Dann hat sie den Schwanz genommen und ihn sich hineingesteckt. Ich habe angefangen, mich in ihr zu bewegen, und sie hat mir unterdessen den Hintern bis zum Arschloch gestreichelt, und dann die Brustwarzen. Und wir küßten uns. Ich konnte gerade noch stammeln: «Darf ich?» Sie hat ja gesagt, und da bin ich immer schneller geworden, immer tiefer rein, bis ich dann kam wie eine Lawine, wobei ich zitterte und mich auf ihr hin und her warf und auf ihr blieb und sie fast zerdrückte. Ich werde wohl fünf Minuten so keuchend dagelegen haben, eh ich wieder zu Sinnen kam. Dann hab ich sie geküßt und sie gefragt: «Bist du auch . . .?» Sie hat mich ganz fest geküßt und ganz eng an sich gedrückt. Dann haben wir uns wieder in Ordnung gebracht. Das Eigenartige ist, daß es mich ein bißchen verlegen machte, daß sie mich nackt sah, danach. Ich habe mich dann wieder neben sie hingelegt, und wir sind ein bißchen so geblieben. Ich fühlte mich wahnsinnig glücklich. Ich fragte mich, ob sie es auch sei. Dann hat sie gesagt: «Wollen wir uns ein Märchen erzählen?» Und ich habe gesagt: «Gut, fang du an.»

Es ist nicht leicht, anzufangen und eine Fabel zu erzählen, so, mit dir, mein Lieber, mit deinem Kopf neben mir auf meinem Bett und so verwirrt. Sicher hab ich dich gefragt, weil mich, du weißt ja, nach der Liebe, ich hab's dir schon mal erzählt, so eine Art Angst überkommt, auch wenn es schön war oder vielmehr gerade deshalb. Es ist, als ob man mit dem Orgasmus das Dach der Seligkeit berührt, ja, das Dach, den First. Und der Orgasmus dauert immer zu kurz. Es ist eine gewaltsame Empfindung, die nie länger dauert als die kurze Lust, die Bäuche aneinander zu reiben und gemeinsam zu zucken. Sieh mich nicht plötzlich so besorgt und sprachlos an, bitte. Mir geht's gut. Alles ist gutgegangen. Du warst brav. Ja, ich weiß, daß das nicht das Wichtige dabei ist, aber ich weiß auch, das du fast umkommst vor Neugier, zu erfahren, ob du es geschafft hast. Ich werde dir nichts sagen. Schau, ich will sie dir nicht geben, diese Genugtuung. Wenn ich zufrieden war, so ist es, weil ich dich liebhabe, und es ist nicht wichtig, wie lange dir dein Schniepel steif bleibt, ehe er drinnen abschlafft. Möglicherweise verstehst du das nicht . . . Trotzdem bist du kein x-beliebiger. Nein, ich bin jetzt ungerecht. Du willst wissen, ob du mir Vergnügen bereitet hast, weil du möchtest, daß wir beide gleichzeitig gekommen sind? Ich hab's bemerkt, dein tapsiges Suchen nach der Klitoris, und ich hätte dir gern die Hand geführt und dich den Finger dahin tun lassen, wo ich ihn auch hintue, weil ich weiß, daß es die beste Postierung ist, um meinen verflixten Körper, der immer zu schlafen scheint, zu besiegen. Aber ich hab es nicht getan, um dich nicht zu demütigen, ich weiß, daß dir meine sexuelle Erfahrung ein bißchen zu schaffen macht, weil du sie nicht hast, und als du zu mir ins Bett kamst, hast du dich mit der Vorsicht eines kleinen Kindes bewegt, das auf ein Gerüst klettert. Trotzdem, du bist brav gewesen, aber man muß sich ein Märchen erzählen, ich kann nicht immer hier so liegen und dich anlächeln und Angst haben, daß du, wenn ich aufhöre zu lächeln, wieder Angst hast, mein kleiner lieber Rocco mit den Ringellöckchen. Und dann muß man etwas erfinden, sonst wird man wie Ehemann und Ehefrau. Wenn ich nicht anfange, dann nur deshalb, weil mir nichts einfällt. Ich hab einfach nichts im Kopf außer: «Es war einmal ein König, der hatte Ringellöckchen wie du.» (Wenn ich ein Spiegel wär und du dich sehen könntest, wie du mich verliebt anschaust!)

Also, dieser König lebte in einem Königreich über den Bäumen, in einem riesigen Schloß, aber am Himmel, wenn auch nicht ganz im Himmel, so im Halbhimmel, eben in der Höhe der obersten Blätter der Bäume. Dort hatte er praktisch alles, was er brauchte: ein Bett mit Baldachin, Juwelen, kostbare Gegenstände, zwanzig Liebessklavinnen, die ihn mit ihren Tänzen erfreuten, zehn Bibliothekssklavinnen, die ihn mit ihren klugen Reden fesselten und ihm aus den weisesten Büchern vorlasen, zehn Gefühlssklavinnen, die er schwängerte, wenn er sich Kinder wünschte, zehn Poesiesklavinnen, die für ihn Flöte und Harfe spielten und wunderbare Verse schmiedeten. Und er hatte auch männliche Sklaven: zehn waren groß und stark wie Riesen und stählten ihn, indem sie ihn anhielten, sich im Wettstreit mit ihnen zu messen, zehn hatten die ganze Welt bereist und übermittelten ihm ihre Weisheit, zehn waren schlau und übten ihn darin, ihrer Schlauheit zu widerstehen, und leiteten ihn an, gegen zehn Großmeister Schach zu spielen, und ein pensionierter Feldherr brachte ihm das Siegen bei. Der König wurde von Tag zu Tag stärker, gewandter und klüger, und die erlesensten Kunstwerke verfeinerten seinen Geschmack, und seine fleischlichen Begierden wurden von der Schönheit seiner

Dienerinnen wachgehalten und von der Kraft der Diener, die er bald von vorn und bald von hinten beschlief, wie ihm gerade zumute war, und die ihn nie verschmähten, sondern sich für jedes Mal neue Arten ausdachten, wie sie ihm scheinbar widerstehen konnten, um ihm das Gefühl einer neuen Eroberung zu vermitteln, denn ohne Eroberungen hat niemand Freude, am allerwenigsten ein König. Du wirst sicher denken, der König mit den Ringellöckchen sei glücklich gewesen. (Schüttel jetzt nicht den Kopf, in den Fabeln ist es nicht vorgesehen, daß man schlau ist, man muß ein Kind sein.)

Der König mit den Ringellöckchen litt jedoch und schmachtete. Und mit jedem Tag ward er noch schöner, noch stärker, noch mutiger und noch ein bißchen trauriger. Nicht daß er nie neue Leute sah, im Gegenteil, er wechselte von Zeit zu Zeit die Sklaven, indem er stets die Tüchtigsten in allen Künsten und Fertigkeiten auserwählte, und dann waren da ja auch noch die vielen Kinder, die ihm geboren wurden, allesamt von schöner Gestalt und ein jegliches einer anderen Amme anvertraut, auf daß keines ihm wie das andere erwuchs und sie ihm solcherart Kurzweil verschafften.

Aber der König litt inmitten seiner Reichtümer und seiner Gaben, und er konnte sich nicht einmal beklagen, weil keiner seiner Sklaven ihn zu trösten vermochte. Also befahl der König eines schönen Tages, daß man weitere zehn Frauen in seine Dienste stelle, die mit ihm klagen und ihn trösten sollten, denn er wollte auch in der Kunst, unglücklich zu sein, einer der besten werden. Gesagt, getan, die Sklavinnen wurden herbeigebracht: sie waren schön und bleich, ein wenig streng, sie verstanden es, selbst zu weinen und andere weinen zu machen, aufzuhören und von neuem anzuheben. Jedoch der König vermochte sich nicht weniger unglücklich zu fühlen, und das Erlernen der Kunst, unglücklich zu sein, machte ihn so furchtbar traurig, daß alle Tränen der Welt nicht ausgereicht hätten, ihn von neuem weinen zu machen. (Rocco, bitte, kuck mich nicht so an.)

Also beschloß der König, mit allem ein Ende zu machen. «Ich will sterben», sprach er zum Feldherrn, der ihn das Siegen lehrte und der deshalb auch so etwas wie der Manager aller seiner Sklaven war. Der Feldherr hob an zu lachen, so sonderbar erschien ihm dieser Gedanke, doch da er wie all die anderen nicht die Macht hatte, den Gehorsam zu verweigern, machte er sich flugs auf, um für seinen Herrn und Gebieter jemanden zu suchen, der ihn auf die beste aller Arten zu sterben lehren konnte. Es war ohne Zweifel die undankbarste Aufgabe in seiner ganzen Laufbahn als Feldherr. Er ließ als erstes einen Helden, einen Heiligen, einen Drogensüchtigen und einen Selbstmörder herbeirufen. Dies erwies sich als ein Fehlschlag. Der Held erklärte, nachdem er die Lage gründlich untersucht hatte, daß der König in Ermangelung einer gerechten Sache, für die er kämpfe, nie als Held sterben könne. Der Heilige gab dem König zu bedenken, wenn er an seinem Leben leide, müsse er, wenn er sich wie ein Heiliger verhalten wolle, genauso weiterleben und dürfe nicht sterben. Der Süchtige breitete ohne viel Federlesens sein Sortiment an Opium und Heroin vor ihm aus, erklärte jedoch, er könne sich nicht dafür verpfänden, daß all dies ihm gewißlich den Tod bringe – ihm, der doch ein König sei, und er schaute ihn dabei sogar mit einer Spur Verachtung an. Der Selbstmörder schließlich stürzte sich, kaum angekommen, aus dem Laubwerk der Bäume in die Tiefe, ohne auch nur ein Wort gesprochen zu haben. Da beschloß der König, dem dieser einzige Todesfall, dem er je beigewohnt hatte, würdelos erschien, sein Leben fortzusetzen, und er suchte nach etwas anderem, das er lernen konnte. Es war schrecklich: der König wußte und konnte alles. Und gar etwas wieder zu verlernen wäre undenkbar gewesen, sein anmutiger Lockenkopf war außerstande etwas zu vergessen. Zu allem Überfluß hinderte ihn ein unseliger Zauber daran, älter zu werden. Seit zweitausend Jahren schon verharrte er im Alter von zwanzig Jahren, und nicht ein einziges seiner Löckchen schickte sich an, grau zu werden. Der arme König verzweifelte. (Wie Rocco mich anguckt, Rocco will ein Happy-End. Und ich habe mich, ich weiß nicht wie, in dieses komplizierte Märchen verstrickt, das eigentlich furchtbar traurig ist, und ich weiß gar nicht, wie ich auf diese schreckliche Idee gekommen bin, daß man immer lernen und lernen muß, aber vor allem, daß man auch dann, wenn man alles gelernt hat, nicht so glücklich ist. Ich weiß, daß Rocco solche Reden nicht ausstehen kann. Ihm paßt es nicht, daß ich immer feststellen möchte, daß vieles im Leben die Mühe nicht lohnt. Warum hab ich aufgehört? Nein, ich bin nicht melancholisch. Warum zum Teufel hab ich bloß angefangen, eine Geschichte zu erzählen, wenn dann die Geschichte, die ich erzähle, auch noch trauriger als die Wirklichkeit ist. Nein, mein Lieber, davon nichts weiter. Ich fahre besser fort. Dann küsse ich dich und küsse dich immer wieder, bis du es vergessen hast.) Eines schönen Tages machte sich eines der kleinsten unter seinen Kindern auf, ihn zu besuchen. Es erschien ganz plötzlich unter dem Baldachin, ohne daß es gerufen worden wäre und ohne seine Amme. Es war so klein, daß es ein Mäuschen schien, aber es hatte zwei schöne Augen und Ringellöckchen wie der König. (Und wie du, Rocco, komm her, damit ich sie dir ein bißchen zerzause.) Der König jagte es nicht fort, sondern er besah es aufmerksam, und es erschien ihm dermaßen schön und klug in seiner Schweigsamkeit, daß er es sich auf sein Bett setzen hieß und ihm sein Leid klagte. Und, o Wunder, das Kind lächelte und sprach: «Warum läßt du uns nicht frei, und wir steigen alle miteinander auf die Erde hinunter?» – «Auf die Erde?» sagte der König erstaunt. Was für ein seltsames Ansinnen, dachte er, daß er sein Reich verlassen sollte, daß er, um sich wohler zu fühlen, alles aufgeben sollte, was er um seines Wohlergehens willen erworben hatte. Aber das Kind zupfte an einem seiner Löckchen und fuhr fort: «Du bist traurig, weil niemand dich liebt.» – «Was soll das heißen, daß niemand mich liebt? Wer hat dir das gesagt? Komm, sag's mir, du Wicht, damit ich ihn unverzüglich hängen lasse!» rief der König, der nun einmal ein König war und sich wie ein König verhielt. «Erzürne dich nicht! Es liebt dich niemand, weil auch du niemanden liebst.» Auf dem schönen Antlitz des Königs wich der Zorn dem Kummer. «Es ist wahr», gab er zu, «aber was soll ich tun? Ihr alle gehorcht mir, ihr seid hier, weil ich euch rief, oder ihr seid Früchte meines Zeitvertreibs wie du.» – «Darum sage ich dir, du sollst auf die Erde hinabsteigen.» – «Aber dort werde ich nichts besitzen, ich werde ein Niemand sein und keine Macht haben . . .» Der König war wahrhaft bestürzt, denn wie alle Menschen hielt er mehr auf Macht als auf die Liebe. Er glaubte nicht recht, daß er im Verzicht auf das eine vielleicht des anderen habhaft werden konnte oder doch darauf hoffen durfte. Doch das Kind sprach ihm gut zu, und so willigte der König schließlich ein, es zu versuchen. Er nahm einen großen Schlüssel, der viele Zentner wog, schloß das Tor auf, und alle gingen hinaus. Er selber verweilte noch ein wenig und sah, wie sie vorbeizogen, ohne ihn zu grüßen, mit traurigen, aber braven Gesichtern und ohne sich aufzulehnen. Er sah sie zum Tor hinausrinnen, wie das Wasser aus dem umgestürzten Glase rinnt. (Gefällt dir das, Rocco? Hier ist es fast ein Gedicht.) Als er allein war, ganz und gar allein, suchte er nach dem Kind: er hatte es nicht hinausgehen gesehen. Aber er konnte es nicht finden. Erschrocken ließ er schon allen Mut sinken, da sprach plötzlich ein leises Stimmchen, das aus seinem Bauch zu kommen schien. Er blickte sich um: das Stimmchen kam zweifellos aus ihm. «Gut gemacht», sagte es, bittend und zart. «Und nun geh hinaus. Steig hinab. Es tut nicht not, daß du deinen Mantel mitnimmst, denn dort unten ist Sommer. Sieh, du kannst gehen.» Also ging der König, der keine Macht mehr besaß, und verließ, ohne etwas mitzunehmen, sein Schloß über den Baumkronen, und er stieg zur Erde nieder, und er war so arm und so ohne Macht, daß die erste Frau, die ihn erblickte mit seinen Ringellöckchen, die schon etwas gealtert und auch ein bißchen staubig waren, sich flugs in ihn verliebte. Sie war nicht so schön wie seine Liebessklavinnen, aber sie war genauso wie er, ja noch viel stolzer, und sie wußte mancherlei Dinge, weil sie sehr lange arm gewesen war und über die Armut alles wußte. Dem König gefiel es wohl, daß sie auf den schmutzigen Straßen, die ihm sehr mißfielen, so gelassen einherschritt, und so kam es, daß er auf der Stelle in Liebe zu ihr entbrannte. Aber er wollte sie nicht in seinen Palast über den Baumkronen führen, sondern schickte sich an, gemeinsam mit ihr ein Haus zu erbauen, tief unten auf der Erde.

Hör zu, es mag ja vielleicht stimmen
daß man als Paar eine Fabrik ist
für Sadismus und Neurosen
und die Liebe bloß ein Name
für ein krankhaftes Bedürfnis
das zerstörend sich den Weg bahnt
und so weiter.
Doch willst du mir erklären

was schlecht dran ist, ihr das Gesicht zu halten
mit beiden Händen, und dabei zu denken
wenn das für immer dauern würde
wär's im Grund das Schlechteste wohl nicht?

Hör zu, es mag ja vielleicht stimmen
daß man es akzeptieren muß, das
Einsamsein und unsre menschliche Kastrierung
um nicht einander schließlich aufzufressen
er dich, du ihn, und unaufhörlich weiter.
Doch willst du mir erklären
was schlecht dran sein soll, ihnen aufzulauern
den kurzen seltnen Augenblicken
wo Ficken ist, als wär man eins mit ihnen
dem Himmel und dem dummen Tod
und dann zusammen am vereisten Brunnen
Eiszapfen abzubrechen, ich und du?

Hör zu, es mag vielleicht auch stimmen
daß man sie allesamt verstehen muß
daß du, geboren kaum, schon halb dahin bist
ganz plötzlich und ganz ohne Wiederkehr –
die andre Hälfte, die verlierst du später
wenn sie das Kind in dir dann töten und so weiter.
Doch weißt du, was ich darauf sage:
wenn ich einmal ein andrer Mensch bin
ein neuer Mensch, und neue Menschen die Genossen
hoff ich, daß diese irre Lust mir bleibt
ihr in das runde Bäuchlein reinzubeißen
die Nase ihr zu schlecken oder sonst was –
wenn nicht, dann bleib ich lieber, was ich bin!

10. Zieh dir dein Jäckchen an, Wladimir Iljitsch

Ich bin eine von denen, die nach dem Kino, wenn sie einen Western gesehen haben, mit wiegenden Schritten zum Bus gehen, die Hände in Pistolenhöhe, und Ausschau halten nach den gelben Pfosten der Verkehrsampeln, um zu sehen, wo sie ihr Pferd angebunden haben. Ich glaube, das machen alle so. Und wenn nicht, dann versteh ich zumindest nicht, warum sie sich zwei Stunden lang in so ein verdammtes Kino einsperren lassen. Ich meine, daß einem dann, wenn man rauskommt, das eigene Leben womöglich noch banaler vorkommt als je zuvor. Das wäre dann so, als ob man sich anderthalb Kilo Bauchweh kauft. Und wenn mir an Rocco etwas gefällt, dann das, daß auch er so ist. Mit Rocco ins Kino gehen heißt nicht, sich zu zerstreuen, sondern mitleben im Bild. Keine Liebesszene, bei der er mich nicht küßt. Kein Ganove, vor dem er mich nicht beschützt. Und wenn ich zwei Stunden lang Cathérine Deneuve angeschaut habe und rauskomm mit dem Gefühl, die bezauberndste Frau der Welt zu sein, tut er so, als wäre er der aufregendste Mann der Welt. Und als ob uns das Schicksal für immer trennen wollte, halten wir uns fest umschlungen, vielleicht ohne einander etwas zu sagen. Das heißt: keiner von beiden sagt zum andern, wie wir das als kleine Kinder getan haben: «Also ich war die Contessa und du der perfide Oberstleutnant.» Weil wir schon zu erwachsen sind und uns schämen würden. Es ist die stillschweigende Entscheidung, zu spielen. Ein Film kann auch zwei oder drei Wochen dauern, man nimmt ihn wieder auf, und man läßt ihn wieder . . . Wir nehmen ihn wieder auf, wenn wir allein sind, und wir lassen ihn wieder, wenn andere dabei sind. Nicht so sehr, weil die anderen es merken und uns dann aufziehen würden, sondern einfach deshalb, weil uns nicht danach ist, wenn andere dabei sind. Es ist, wie wenn ein Lied gespielt wird, auch wenn es eine Schnulze ist, aber romantisch und schön kitschig: sind andere dabei, hör ich es oder hör's nicht, aber es ist ein Lied und nichts weiter, und wenn er dabei ist, geht mir jedes Wort, auch das banalste, unter die Haut, und läßt mich mein Leben wie ein Schauspiel erleben, mit Text und allem.

Bestimmt geht es auch Rocco so, weil er mich immer ganz zärtlich ankuckt, als ob er zerfließen wollte, wenn er irgend so einen Schlager von der Sorte hört, die er, wenn er mit den anderen zusammen ist, sofort kritisiert und verreißt, denn wie man weiß, sind wir für den Pop-Folk, möglichst den amerikanischen, und je weniger man kapiert, um so besser. Aber ich habe ihn nie danach gefragt: irgendwie bin ich überzeugt, daß er es ableugnen würde, ganz verlegen. (Wenn er verlegen ist, ist er süß, und ich mag ihn fast lieber so. Aber für ihn tut es mir immer leid. Er wird schon verlegen, wenn er merkt, daß er verlegen werden könnte.) Eins ist natürlich klar, so wie meine Reaktionen sind und alles, geht's mir besser, wenn ich mit ihm allein bin, auch weil ich dann mehr Spaß habe. Ich lebe dann mehr; das heißt, ich träume. (Ich nehm an, «mehr leben» ist für mich träumen.)

Und darüber kommt unsere wunderbare stille Übereinkunft ins Schleudern, weil er ein ziemlicher Moralist ist. Er ist einer von denen, die die Kulturrevolution rausziehen wie den Katechismus, als bestünde sie aus einer Reihe von Vorschriften, an die man sich zu halten hat, bei Strafe der revolutionären Verdammnis. Da sagt er dann todernst und mit einem Ministrantengesicht, das mir mächtig stinken würde, wenn ich ihn nicht so lieb hätte: «Wir dürfen uns nicht abkapseln. Ich und du, wir kommen prima miteinander klar, aber wir müssen aufpassen, daß wir uns nicht von den Genossen absondern. Weil das nämlich bürgerlich ist.» Und damit ist für ihn alles gesagt. Ich bin plötzlich die «Frau, die ihren Macker ganz für sich will», und er ist Monsignore Rivoluzione, der alles mit allen diskutieren, der mit den Volks- und Bauernmassen ins Kino, mit dem Komitee für Abtreibung und Empfängnisverhütung ins Bett und vielleicht auch noch mit einer Delegation von Metallarbeitern spazierengehen will. So ist es auch letzten Samstag gewesen. Einer von den schönen Abenden, an denen es weder zu kalt noch zu heiß und auch nicht lau ist. Ein Samstag ohne Samstagsdemonstration und folglich ohne Fußweh und ohne das obligatorische: «Und jetzt alle zusammen in die Kneipe!» Ich hatte den ganzen Nachmittag auf dem Bett gelegen und in Comic-Heften geschmökert, und dann hatte ich Gedichte gelesen, um mich nicht schämen zu müssen, daß ich Comics gelesen hatte, und außerdem auch ein paar Seiten *Krieg und Frieden* (das hab ich schon sechsmal gelesen) zwecks «meiner moralischen und kulturellen Aufrüstung», wie Rocco sagt. Kurz, ein einziges Warten und Einsamkeit, ein Tag von denen, die in dir die Lust auf Gestreicheltwerden und auf eine Überdosis von Aphrodisiaka mächtig anwachsen lassen.

Also gut. In meinem Übereifer hatte ich mir auch noch die Haare gewaschen und gekämmt, bis ich den vollendeten «Seideneffekt» erzielt hatte. Als das Telefon läutete, war es ungefähr Viertel vor sechs, und ich sauste los und versuchte, den Hundert-Meter-Rekord zu brechen, um den Hörer abzunehmen. (Hindernisse: die Katze, meine Mutter und drei Teppiche – Perserimitationen). In den zur Überbrückung der Strecke notwendigen Sekundenbruchteilen hab ich der irrationalen Versuchung nachgegeben, zu schwören, daß ich mir nie wieder den Finger in die Nase (oder sonstwohin) stecken würde, falls wirklich er am anderen Ende der Leitung war. Er war's.

«Ciao, Bella, was machst du grade Schönes?» hat er mich ganz jovial gefragt.

«Ich hab auf deinen Anruf gewartet», hab ich dummerweise gesagt. Und da es, wenn man mal angefangen hat, sich zu verquatschen, damit so geht wie mit der Beschleunigung beim freien Fall, hab ich mehr oder weniger zu schnurren angefangen. Ich hab ihm gesagt, daß ich von ihm geträumt, an ihn gedacht, Sehnsucht nach ihm gehabt hätte. Ich habe ihm auch gesagt, daß ich Lisa von ihm erzählt hätte. Kurz, ich war wie Pudding: süß, weich und bereit, mich verspeisen zu lassen.

Und so ist es natürlich auch gekommen. Er hat mich mit Geschick dahin gebracht, es endlich auszuspucken, daß ich Lust hätte, mit ihm und nur mit ihm allein zusammen zu sein. Worauf er eines seiner Bravourstücke von den Freuden des Maoismus in der Liebe zum besten gegeben hat, indem er mir nämlich mit äußerster Natürlichkeit einen kollektiven Kinobesuch um acht Uhr und anschließend eine Fete bei Simona zu

Hause vorschlug. Im Autobus, als wir zum Treff fuhren, war ich ein bißchen auf dem Innerlichkeitstrip. Rocco dagegen war ein Monument an militanter Zärtlichkeit, er gab mir Küßchen auf Küßchen, nannte mich Porcellina, mein Ferkelchen, und wenn mir einer ins Ohr bläst, schütteln mich regelmäßig siebenhundert Schauer, die Brustwarzen werden mir fest wie Himbeeren und zu allem Überfluß kann ich mir das Lachen nicht verkneifen. Und je öfter er Porcellina, Porcellina zu mir sagte, um so mehr prustete ich wie ein Ferkel los.

Jedenfalls wurde meine Laune immer besser, und ich hätte durchaus nichts dagegen gehabt, wenn der beschissene Autobus einen Umweg über Florenz gemacht hätte, um zur Piazza del Popolo zu kommen, denn mir ging's wirklich prächtig. Insgeheim wünschte ich dem gesamten politischen Schülerkollektiv des Mamiani-Gymnasiums die Malaria, und ich hätte mich gefreut, ganz im Ernst, wenn ich sie allesamt beim Treff nicht zu sehen gekriegt hätte. Und tatsächlich waren sie nicht da. Da hab ich ihm in einem Atemzug gesagt, daß sie meiner Meinung nach auch nicht kommen würden und daß wir beide doch ebensogut allein ins Kino gehen könnten, und er solle sich nur eingestehen, daß sie uns sitzengelassen hätten, und damit basta. Aber er hatte eine Uhr, und wir waren unleugbar zu früh gekommen. Wenn du weißt, daß du nur eine Viertelstunde Vorsprung vor deinen Feinden hast, packt dich im allgemeinen die Angst. Du meinst, dich beeilen zu müssen. Ob du aus dem Knast ausbrechen oder ob du durchbrennen willst, um zu heiraten, oder ob dein Kompagnon in der Firma dich austricksen und du ihm zuvorkommen willst, ist immer das gleiche: die Konstante ist die Eile.

Und so kam es, daß ich, während wir hin und her gingen und spielten, mit dem Fuß auf unsere Schatten zu treten, zu Rocco gesagt hab, daß ich ihn liebe. Daß ich ihn mehr oder weniger bis zum Wahnsinn liebe. Wir beide, ich und er, müßten einfach zusammen leben und Kinder haben, und ich könnte ihm die Hemden bügeln und ihm auf drei verschiedene Arten Spiegeleier machen.

Es war ein Erfolg. Er ist stehengeblieben, hat mich bei den Schultern genommen und mich angesehen. Dann hat er mich geküßt. Es war eigentlich der erste wirklich sentimentale Kuß in meinem Leben.

Auf dem Rückweg zu unserem Treffpunkt hielten wir uns so eng umschlungen, daß wir aussahen wie ein Lahmer mit drei Beinen. Ich wartete und dachte, daß er jeden Augenblick etwas Linkes über die Ehe sagen würde: schon seit fast einem Jahr ist es mehr oder weniger obligatorisch, das Begräbnis der Zweierbeziehung zu feiern, und das geht so weit, daß, wenn einer sagt: «Ich liebe Maria», du darauf schwören kannst, daß er im nächsten Moment hinzufügt: «Aber natürlich will ich keine Zweierbeziehung mit ihr haben.»

Die Untersuchungen über das Wesen der Zweierbeziehung gehen ins Uferlose: da gibt es geschlossene, ziemlich geschlossene, krankhaft geschlossene, offene, in der Tendenz offene, absolut offene (also mehr oder weniger zerbrochene) Zweierbeziehungen. Jeder hat wenigstens ein paar zerstört und hat irgendeine hyperfuturistische Variation über das Thema Ehe im Programm: was weiß ich ... kirchliche Trauung mit einem Siamkater in weißem Anzug oder standesamtliche Trauung mit dem Bruder eines Onkels, dessentwegen du schon einen «fabelhaften Ödipuskomplex» im Entwicklungsalter hattest. Und natürlich sind da auch noch die Maniaks von den kosmischen Kommunen, die es nicht unter sieben tun wollen, und wenn's geht, sollen auch noch alle am siebten Juli eines Jahres geboren sein, das auch ein gutes Weinjahr ist. Kurz, ich hatte schon Schiß, Rocco würde diesen milden Sonnenuntergang damit exorzieren, daß er mir irgendeine der gängigen Theorien über das alternative Zusammenleben darzulegen versuchte. Er hat es nicht getan. Im Gegenteil, mit der Stimme von einem, der seine Stimmbänder einer Wohltätigkeitsinstitution vermacht hat, bat er mich, nicht darauf zu bestehen, unserem ersten Kind irgendeinen ausgefallenen Namen zu geben. Und da ich ihn so verblüfft angekuckt habe, rückte er schließlich mit einer Erklärung raus. «Weil ich diesen Vorgartenexhibitionismus verabscheue, dieses penetrante: ‹Zieh dir sofort dein Jäckchen an, Wladimir Iljitsch!›»

Und ich habe denn auch sofort eingewilligt, ohne mich lange bitten zu lassen, denn so ein Name lastet nicht wenig auf einem Kind.

Wir waren schon bei der Farbe der Babyausstattung angekommen (rot, mit Hammer und Sichel links unten eingestickt), als wir all die anderen getroffen haben.

Bei Simona ist dann wieder alles beim alten, nachdem man ein bißchen den Film belacht und sich wie üblich erinnert hat an «die Szene, in der er (ich weiß im Moment nicht mehr, wie der Schauspieler hieß) dieses Gesicht gemacht hat».

Anwesend sind (von links nach rechts): Cinzia, die amerikanischen Kaugummi kaut und verzweifelt bemüht ist, den Bauch einzuziehen, Carlo, der wie immer, wenn ich mich im Umkreis von zehn Kilometern befinde, seine Heldentaten als Faschistenausrotter in allen prognostischen Einzelheiten ausmalt.

Breitbeinig, daß sie den Umstehenden Einblick in ihren Gebärmutterhals gewährt, sitzt Laura da, mit Augenbrauen, die unter der Last der Brauentusche herunterzubrechen drohen. Simona und Peter sitzen miteinander auf einem Stuhl und flirten unauffällig (er ist kein Deutscher, nur daß er blonde Haare hat). Ornella kratzt die Gitarre mit drei spitzen Fingern auf der Suche nach melancholischen andalusischen Effekten. Rocco liegt halb auf mir und rührt mich nicht an (aus Sittsamkeit), während er sich Carlos Heldentaten anhört (aus Gefälligkeit). Lisa rollt gerade den Joint, der das Startzeichen für die «Sozialisierung des blauen Dunstes» geben wird, wie man es im Jargon der Intelligentsia nennt, dieses Allerlei von anwichserischem Gelächter und Witzchen, die wir einander antun unter dem Vorwand von zwei Gramm nepalesischem (oder afghanischem oder marokkanischem oder pakistanischem) Shit (was sich ändert, ist immer nur die Farbe). Und ich fahre fort, alle zu hassen, weil sie sich nicht entschließen können, zu verschwinden. Nein, nicht zu sterben, wohlgemerkt – zum Beispiel könnten sie sich ein Sortiment Pariser kaufen und sich auf den sanften Hängen des Janikulus alle gegenseitig wie die Hammel von hinten ficken. Keiner rührt sich. Carlo ist schon an dem Punkt angelangt, wo er (und zwei andere, aber hauptsächlich er) mit einem Lappen den Schraubenschlüssel putzt, mit dem er unter den schwarzen Horden Gerechtigkeit geübt hat. «Du gewinnst dem Mißbrauch des Schlagstocks eindeutig zuviel Geschmack ab», sagt Rocco mit seiner schönen und sinnlichen Stimme zu ihm. Laura zieht eine Grimasse und wirft Carlo einen Blick zu von der Sorte «Fick mich auf der Stelle, schöner Krieger». Carlo fängt den Blick nicht auf, trotz der darin liegenden Provokation (die noch die Eifersucht, die in den Gemütern brütet, verstärkt – und ich genieße dieses Cavalleria-rusticana-Intermezzo, ich kann's nicht leugnen). Schwere Beleidigungen, wie «Scheißpazifist» (Laura) und «Was wartest du noch darauf, in den rechten Flügel der KPI einzutreten!» (Carlo), fliegen hin und her. Ich möchte Rocco recht geben, einerseits weil er meiner Meinung nach recht hat und andererseits, weil er sich wie eine Schnecke zurückzieht, wenn die anderen aggressiv werden, und das gefällt mir nicht. Ich habe Angst, daß ich ihn von einem Augenblick zum anderen weniger lieben könnte.

Aber ich beschließe zu schweigen, weil ich nicht scharf darauf bin (nie scharf darauf war), als eine angesehen zu werden, die mit der Möse denkt und die immer ihrem «Herrn & Gebieter» die Stange hält (!). Ich bin auch nicht scharf darauf, wenn ich mit absoluter Sicherheit weiß, daß wir uns in Sachen Gewalt einig sind, auch wenn wir alle beide der Meinung sind, daß man kämpfen muß, ohne sich dabei zu amüsieren, daß man schießen muß, um zu siegen, und nicht nur, um zu schießen, und so weiter. Wir haben auch ein bißchen darüber diskutiert, an einem Abend, an dem wir uns so gern mochten, daß wir sogar Lust hatten, über Politik zu reden.

Ich hab mich also darauf beschränkt, ihn zu streicheln, als diese zwei giftspritzenden Elefanten ihn hatten verstummen lassen. Und Gott sei Dank ist der Joint dann gekommen: ein schöner dicker, geleckt und geklebt mit zirka zweihundert Blättchen Zigarettenpapier, eins über dem anderen – das reinste Wickelkind. Alle haben angefangen zu reden, nur um nicht zu zeigen, mit welcher Gier sie darauf warteten, an die Reihe zu kommen, und als dann Cinzia gar den unverzeihlichen Fehler begangen hat, drei statt zwei Züge zu tun, hat Carlo sie mit den Worten bestraft: «Hör auf, der Rauch macht dick!» – «Du bist ein Gewaltmensch, auch wenn du nicht gerade unterwegs bist, Faschisten den Schädel einzuschlagen», hat ihm Lisa, die ihn nicht ausstehen kann, ganz trocken geantwortet. Und das war gut gesagt, aber mir hätte es noch besser gefallen, wenn Cinzia ihm auf diese brillante und geschliffene Art geantwortet hätte.

Aber Cinzia ist k. o. gewesen, sie hat nicht mal einen erkenntlichen Blick für Lisa übrig gehabt, und ich glaub, die hat es nur geschafft, nicht rot zu werden, weil es schon dunkel war und sie wußte, daß wir sie nicht sehen konnten. Ich wünschte, der Rauch würde mir in die Gehirnzellen dringen, in die Möse, in den Magen, ins Herz und in die Augen. Ich wünschte, Rocco wäre ganz enthemmt vom Rauch, dann würde er mich küssen, ohne auf die anderen zu achten. Dank meiner guten Hirnerziehung hoffe ich zwar nicht mehr, daß alle verschwinden, doch bin ich immer noch ziemlich ungesellig, und vielleicht ist das der Grund, weshalb der Rauch bei mir nicht wirkt heut abend. Er ist alles andere als ein Kommunikations-Elixir: wenn dir neun Zehntel deiner Freunde auf den Hammer gehen, weil einer von ihnen dich verliebt gemacht hat wie eine Verrückte, kannst du auch den Jahresbedarf eines ganzen Hippiestammes an Pot aufrauchen, die Lust, die Typen verduften zu sehen, bleibt dir garantiert.

Und es macht mich fast wütend, daß Rocco dagegen so sozioalternativ ist, so voll des guten Willens, bereit, anderen Leuten seinen eigenen Scheiß zu erzählen, Leuten, die zuhören und dabei sich Rauchwolken in die Lungen ziehen und lachen, daß es klingt, wie die Tonspur eines schlecht synchronisierten Woodstock-Aufgusses. «Ich möchte ein bißchen mit dir zusammen sein», hauche ich ihm ins Ohr, unter dem Vorwand der Droge, die frei macht.

«Aber du bist ja bei mir, Porcellina. Du bist sogar beinah auf mir drauf», sagt er mit der typischen künstlichen Unschuld, wie sie die Leute immer dann zur Schau tragen, wenn sie dich klein machen wollen, indem er in diesem Fall darauf anspielt, daß ich jetzt den Kopf auf seinen Knien liegen habe.

«Hör zu, ich kann dich nicht ausstehen, wenn du dich dumm stellst, Rocco. Es geht nicht darum, daß ich deine Schenkel mit meiner Kopfhaut berühren will, ich möchte mit dir schlafen».

Keine Antwort. «Und außerdem gibt mir dieser Abend hier überhaupt nichts, mit all dem Lärm und den Typen, die alle verrückt spielen.» Aber ich hätte genausogut den Mund halten können. Ich habe, wie man so sagt, eine gute Gelegenheit zu schweigen versäumt, denn wenn es etwas gibt, was Rocco wirklich haßt auf dieser Welt, ist es mein sogenanntes «trauriges und lebensmüdes Gesichtchen», wie er es nennt. Kurz, ich dürfte eigentlich nie sagen, daß X ein Arschloch ist und daß Y sich einbildet, die Welt läge ihm zu Füßen, weil es dann gleich heißt, ich sei «snobistisch» oder «überheblich» oder «kalt», oder ich müsse immer «das Haar in der Suppe suchen».

Rocco ist praktisch der netteste Junge der Welt, aber er hat einen verdammten Fehler: er ist so etwas wie ein Heiliger. Er könnte zwanzig kleine Mädchen und zwei Nonnen schänden und wäre doch immer noch ein Heiliger. Er will nett zu den Menschen sein wollen. So hat er es beschlossen, und es ist klar, wenn du beschlossen hast, jemanden gern zu mögen, macht es dir nicht mehr viel aus, ob er bescheuert ist oder nicht, ob er dir etwas vormacht, ob er wirklich von nichts eine Ahnung hat oder ob er intelligent und sympathisch ist. Vielleicht wünscht er in seinem Innern allen miteinander Pest und Hörner. Aber sowie ich ihm sage, daß ich mit ihm auch mal zusammen sein möchte ohne ein paar Kordons militanter Genossen von der Liga für alternative Freundschaft, schnappt er sofort ein. Aber Herrgott, Rocco, wenn wir vor höchstens drei Stunden beschlossen haben, zu heiraten und eine noch unbestimmte Zahl von Kindern zu kriegen, warum fängst du dann jetzt wieder mit der Komödie vom «Kommunismus in der Zweierbeziehung» an? Ich weiß ja nur zu gut, auch du möchtest, daß wir allein sind, nur wir beide, ich und du, und du möchtest mich zärtlich abschlecken und mir Wörter sagen ohne Sinn . . .

Das einzige, was ich in dieser Situation machen kann, ist aufzustehen und mit Lisa in die Küche zu gehen. Ein Chor von mißbilligenden Äußerungen: manchmal kann auch «Feministin» wie eine Beleidigung klingen. Alles eine Frage des Tons.

Wie auch immer, und nicht um die Welt in Geschlechter aufzuteilen und eines davon (das männliche) zu diskriminieren, aber von Lisas Intelligenz können alle diese Kindsköpfe doch höchstens träumen, nehm ich an. Lisa hatte nach ein paar Blicken genau kapiert, was in meinem Kopf vorging, während ich so dasaß, an Rocco gelehnt, aber in Wirklichkeit Meilen von ihm entfernt. So habe ich ihr nichts erklären müssen.

Wir haben den Kühlschrank aufgemacht, eine Dose Essiggemüse geknackt, gegessen und von «Witzbolden» drinnen geredet.

Als Rocco kam, war ich schon viel fröhlicher und hatte plötzlich Lust, ihn wegzuschicken.

«Ich bin *stoned*», hat er gesagt, weil Lisa und ich plötzlich mäuschenstill wurden bei seiner Ankunft und er natürlich eifersüchtig und verlegen war. Dann hat er mich bei der Hand genommen und hat mich gefragt, ob ich ihn zum Lulumachen begleite.

Zu zweit im Klo stehend, nach dem Klick des im Schloß gedrehten Schlüssels, mit den Gerüchen von Puder und Schuhcreme und der Erinnerung an damals, als Laura seinen Schwanz in die Hand genommen und ihm die Schamhaare geleckt hat und so weiter, und so weiter, in der Pause bei der Übertragung der Tennismeisterschaften in Wimbledon – unmöglich, nicht ein bißchen gehemmt zu sein. Ich kichere, aber er lächelt mir zu und setzt sich auf den Rand des Klobeckens, spreizt die Beine und breitet die Arme aus. Zwei Schritte, und wir umarmen uns, ich stehend und er sitzend, das Gesicht in meinen Bauch gegraben, diesen verflixten runden Oberbauch, der ihm so gefällt, auch wenn ich ihn mir gern scheibenweise wegschneiden würde.

«Warum vernachlässigst du mich?» frage ich zu seinem gebeugten Kopf hinunter, der gerade damit beschäftigt ist, auf meinem Speck zu weiden. Er antwortet, indem er mir die Jeans aufknöpft. Der Reißverschluß ist verhext. Er geht nicht rauf noch runter. Ein zwischen zusammengebissenen Zähnen hervorgepreßter Fluch. (Soll ich mich dran stoßen? Ach was, du bist so schön, wie du mir da so zärtlich und aufmerksam in meinem Busch herumstöberst.) Moment, mein Lieber, hörst du, die Hose zieh ich mir lieber selber aus, so, als ob du nicht da wärst, ich zieh mir sie runter bis auf halbe Schenkelhöhe; der Pulli reicht bis zu den Flanken, und die Hose und der Slip beginnen bei den Knien: es ist, als wären meine Schenkel und die Möse im Bildausschnitt.

Rocco hat ganz glänzende Augen und sagt: «Los, mach.» Die Vorstellung vom Pornoshop gefällt ihm, er ist ein bißchen bekifft, hat Lust, sich zu vergnügen, und sagt es auch, und ich komme mir ein bißchen wie eine Nutte vor. Wie immer, wenn ich bei Sex an etwas anderes als an einen der Liebesriten denke.

«Na, wird's bald, du Dumme!», sagt er und hält mich halbnackt zwischen seinen Beinen eingeklemmt. «Wir wissen doch beide, du und ich, daß wir uns gern haben, und wenn du für mich die Hure spielst, bist du deswegen noch lange keine Hure für mich, es ist Liebe, es ist ein Spiel.» Also, konzentrieren wir uns: er sitzt ganz und gar angezogen auf dem Klobeckenrand, eine erloschene Zigarette zwischen den Lippen, und sieht mich an. Besatzungstruppen, die die Contessina gefangengenommen haben. Das Klo verwandelt sich in eine Folterkammer: hier also, hinter den geheimen Marmorwänden, reißen sie ihnen die Nägel aus, den Deserteuren, den Feinden, den Verrätern. Aber die Contessina ist schön, wie schön sie ist, die Contessina! Und der Oberst ist für weibliche Reize seeeehr empfänglich. «Zieh dich aus, Contessina, ich will dich nackt sehen!» Sie öffnet sich das indische Hemd mit zitternder Hand, die Contessina, und zwei runde hohe und leicht gespreizte Titten knallen knackige jugendfrische Selbstsicherheit vor die verblüfften Stielaugen des Offiziers. «Komm her, ich will dich anfassen», befiehlt der Oberst, und die Arme schlurft ein paar Schrittchen vor, ganz unbeholfen mit ihren Hosen, die jetzt an den Beinen runtergerutscht sind und sie an den Knöcheln behindern, so daß die kleine Contessina beinahe der Länge nach hinschlägt. (Es ist schauderhaft, sich so von einem bekleideten Mann anschauen lassen zu müssen. Aber wie brav Rocco ist, er lacht nicht und umarmt mit seinen großen Händen meinen Po und schubst mich mit gespreizten Fingern zu sich ran.) Mit geschlossenen Lippen zupft der Oberst die roten Schamhaare der Contessina, er saugt einzeln daran und schnüffelt vorsichtig dran rum und reibt auch dabei die Stirn an meinem straffen Bauch, dann kommt er mit der Zunge rauf, ganz rauf zum Nabel, und läßt sich dort in einer winzigen Penetration hineinplumpsen, während die Finger zwischen den Arschbacken hin und her patrouillieren («Lach nicht, Contessina, lach bloß nicht!»), indem sie sie auseinanderziehen und knautschen, um ihnen so Spaß zu bereiten. Aber als ein Finger, nur einer, der längste, in die Vagina schlüpft, fängt die Contessina wieder an zu lachen und geht in die Knie, und jetzt sind wir alle beide am Boden, lieber Rocco, mein Rocco, nimm den Finger raus, sonst werde ich wahnsinnig, ich bin klitschnaß, nein, hör zu, zieh dich aus, ich krieg deinen nicht aus der Hose raus, ich flehe dich an, Gott, sind die Fliesen kalt . . . Rocco zieht sich eilig aus, so schnell, daß er sich mit den wenigen noch nicht abgeknabberten Nägeln kratzt, wie ist er doch schön, nicht mehr ganz weiß und unbehaart. «Hör zu, diesmal möchte ich nicht, daß du unten bist und so weiter, wie sonst immer. Versuchen wir's mal anders», sagt er etwas keuchend zu mir, als ob er dreimal die Treppe rauf- und runtergelaufen wäre.

Und wir machen's von hinten. Ich mit der Stirn am Beckenrand (kalt und weiß), die Knie gebeugt, die Fesseln gespannt, und er, der mir den Schwanz einführt mit äußerster Sorgfalt, wie ein Hausmädchen eine Nadel einfädeln würde, ihn mit der Hand haltend (ich seh's zwar nicht, aber ich spür's), während er ihn das unsichere Terrain meiner unzähligen Löcher ertasten läßt. Der Arsch und die Spalte. Ich weiß nicht warum, aber ich muß fast lachen, alle unsere Kinderspiele kommen mir in den Sinn, so Spielereien auf der grünen Wiese, mit Huckepack am Sonntag und so, und alles unter den wohlwollenden Blicken der Mütter.

Ich weiß nicht, wie ich mich bewegen soll, wenn ich den Körper anspanne, geht sein kostbares kleines Dings aus mir raus, und es entgleist, flutscht raus, wenn ich ganz brav hocken bleibe, ohne mich eng oder weit zu machen. So wird auch die Liebe zur Gymnastik, eine Art Seilziehen zu zweit, bei dem zu allem andern beide siegen müssen. Wenn ich jetzt lache, wird er wütend, unsicher, hat womöglich Angst, nicht im vollen Besitz seiner Phantasien zu sein. Also bleib ich ernst, aber der Orgasmus will nicht kommen. Ihm auch nicht, weil er sich zu sehr anstrengt, ein schwitzender Athlet.

Ich möchte gern wieder nach unten und ihn oben lassen, dann ginge es uns beiden gut. Ich sag es ihm, wobei ich den Kopf nach hinten drehe wie ein Maultier, das sich die Fliegen verscheucht. Ich fühle mich auch, wenn du's genau wissen willst, ein bißchen gedemütigt. Jawohl, ich komme mir vor wie ein Schoßhündchen, wie ein Dienstmädchen, wie irgendwas Schlimmes, und dann kann ich dir auch nicht in die Augen schauen, kann nicht sehen, ob du mich lieb hast. «Aber natürlich hab ich dich lieb, Porcellina, und es ist so schön, dich von hinten zu packen, als ob wir ein Liebespaar wären, das . . .».

Er leckt mir den Hals, den Nacken, streift mir die Haare zur Seite, schiebt meine Hände weg, um mir die Brüste zu massieren, die in dieser Haltung wie zwei Birnen herunterhängen. Er fängt an zu schieben, erst sacht, dann immer stärker, von seiner Machtposition aus, und ich flehe im Scherz: «Gnade, Herr Hauptmann, Erbarmen, Kamerad, ich fühle mich geschändet», und nie hatte ich einen so schönen Schmerz, so schön wie dieses Aufgespießtwerden von hinten, von etwas, das ich nicht sehen kann. Der Schweiß verklebt mir die Haare auf der Stirn, und mit den Händen klammere ich mich an den Rand des Klobeckens. Ich möchte ihn jetzt liebkosen, Rocco, mein süßer Rocco mit den Ringellöckchen, aber ich kann ihn nicht sehen, ich hör nur seine Glückseligkeit, wie sie mir entgegenkeucht.

11. Ich glaube, unsere Liebe ist im Arsch

Und wieder mal hier, auf dem Bett des ersten Mals – und der vielen folgenden Male.

Ich weiß nicht, warum sich Antonia immer so hat mit ihrer Vampirin, dabei geht die doch anscheinend immer extra weg, wenn wir vögeln wollen. Es muß daran liegen, daß sie ihre Mutter ist. Im übrigen ist die heiße Schokolade, die sie mir regelmäßig anbietet, so Spitze, daß es mir dabei schon fast kommt! Aber lassen wir das, wenn ich auch nur einen Ton davon sage und nur im Spaß, wird Antonia stinkwütend, wie eine Hyäne, und fängt an, eine endlose feministische Litanei runterzuleiern. In den Büchern heißt es immer, wenn sie böse wird, beginnt er ihm zu stehen, und je wütender sie wird, um so strammer steht ihm seiner, und dann veranstalten sie einen Drei-Stunden-Fick durch das ganze Kamasutra, bis zur Stellung dreiundsiebzig und retour. Mir passiert das nie. Einmal hab ich gesagt, nur so, «Baby, ich mag es, wenn du böse wirst», und da hat sie mir beinahe eine Ming-Vase auf dem Schädel zerschlagen. Aber im Grunde gefällt es mir ganz und gar nicht, wenn sie böse wird, und ich fühl mich dann immer ein bißchen so wie früher, als Kind, wenn sie mit mir geschimpft haben. Einerseits möcht ich ihr dann eine kleben, andererseits fühl ich mich blöd, und so weiter. Nun ja, auf jeden Fall wird jetzt gebumst. Immer, wenn ich schon vorher weiß, daß wir am Nachmittag vögeln können, werde ich schon beim Mittagessen ganz fickerig, so fickerig, daß ich mir am liebsten gleich einen runterholen würde, was ich dann aber doch bleibenlasse, weil ich Angst hab, daß er mir hier dann nicht ordentlich funktioniert. Trotzdem, ab und zu ist es schön, sich einen abzuwichsen. Ob das normal ist, weiterhin zu wichsen, wenn man eine Freundin hat, mit der man vögelt und das alles? Ich muß dran denken, Marcello zu fragen, der weiß es bestimmt. Andererseits – wen juckt das schon. Das einzige Problem ist das Timing. Bei mir müssen zwischen einmal wichsen und einmal vögeln mindestens zwei Stunden vergehen, besser noch drei. Ich glaub, ich bin ein bißchen schlappschwänzig. Manche machen anscheinend glatt drei, vier Ficks hintereinander. Das letzte Mal, als Antonia gesagt hat, machen wir's noch einmal, während ich noch dalag wie im Koma unterm Sauerstoffzelt, da bin ich mir vorgekommen, wie wenn sie dich zwei Tage hintereinander in Griechisch prüfen. Ich hab meine Colitis bemühen müssen. Aber ich glaub, die kriegt das auch langsam spitz, daß ich sie ab und zu ein bißchen mit meinem Dünnschiß bescheiße. Warum sie wohl bloß jedesmal vorher stundenlang im Bad rumplätschert? Los, Hübsche, worauf wartest du noch? Hab ich sie vielleicht mit meinem Dünnschiß angesteckt? Heut möcht ich mal ganz verrückte Sachen machen. Manchmal denke ich, daß wir nicht sehr einfallsreich sind. Was das wohl für hundert Stellungen sind – ich kenn nur zwei oder drei. Aber wenn ich ehrlich bin, Ideen hätt ich schon. Nur, wie zum Teufel fang ich's an? Ich kann nicht sagen: «Schätzchen, warum lutschst du mir nicht mal anständig die Eier.» Oder: «Jetzt steck ich ihn dir mal in dein Honigplätzchen da hinten.» Und vielleicht ekelt es sie ja auch vor manchen Sachen. Ja, ich glaub wirklich. Sonst würde sie's von sich aus machen. Da kommt sie. Jetzt küssen wir uns. Ganz lang, sonst könnte es häßlich wirken. Manchmal find ich es auch schön, damit anzufangen, und vielleicht hätte ich sogar Lust, nur das zu machen. Ein andermal kommt es mir dagegen nur unehrlich vor: wenn du in Wirklichkeit an nichts anderes denkst, als ihn rauszuholen und ihr in die Hand zu geben (gleich so, zum Auftakt), mußt du dich aus Höflichkeit erst einmal ganz zärtlich und leidenschaftlich zeigen. Manchmal kommen mir furchtbare Sachen in den Sinn, zum Beispiel, sie aufs Bett zu schmeißen, Höschen runter, und rein ins Arschloch, daß sie brüllt. Ich schäme mich sehr bei solchen Pornoheftgedanken, aber sie sind trotzdem da. Ich muß Marcello fragen, ob das auch normal ist. Ich weiß ja, für ihn ist alles normal. Zuerst gibt dir das Sicherheit, aber wenn du mit der Zeit dahinterkommst, daß er auch dann sagt, es sei alles normal, wenn du ihm zum Beispiel erzählst, du hast auf der Straße ein Nashorn getroffen und du hast dich von ihm in den Arsch ficken lassen, nachdem du ihm seinen schuppigen Schwanz gelutscht hast, also wenn er dir dann erzählt, daß auch das ganz normal ist, dann schöpfst du allmählich Verdacht, daß er einen etwas seltsamen Begriff von Normalität hat. Diese Intellektuellen! Vielleicht können wir jetzt zu den Titten übergehen. Zwischen dem ersten Kuß und der Votze muß mindestens eine Viertelstunde vergehen. Ausnahmen sind erlaubt, sie bestätigen die Regel. Wie es als gute Regel gilt, bekleidet anzufangen. Dann gibt es zwei Möglichkeiten, entweder die fortschreitende Entkleidung, so ein Stück nach dem andern, jedes mit seinen eingebauten Schwierigkeitsgraden, oder der plötzliche Sprung und das schlagartige Ausziehen auf einen Rutsch, aber schnell bitte, sonst geht die leidenschaftliche Atmosphäre zum Teufel. Ich fühle mich blöd und gemein, wenn ich solche Sachen denke, vor allem, wenn ich es denke, *während* wir es grad treiben.

Ja, streichle auch du mir die Brustwarzen, du weißt, ich bin ganz verrückt danach. Sie werden dir schon ganz hart. Jetzt küß ich sie dir, und dann küßt du sie mir. Nein, ich leck sie dir und knabber sie dir auch ein bißchen. Alle beide zugleich, dann ist es erst richtig schön. Du hast so ein kleines Händchen, daß du es nicht schaffst. Aber du könntest eine mit dem Mund und die andere mit der Hand nehmen. Er ist hart wie Stalin. Wann faßt du ihn endlich an? Jetzt zieh ich mich aber aus. Los, ziehen wir uns aus. Wie schön du bist, so ganz nackt. Ich bin auch nicht schlecht, was? Vor allem mit dieser Rakete auf der Rampe von Cape Kennedy.

Was mir beim Vögeln für dämliches Zeugs einfällt! Am Ende denk ich noch an das Zeug in den Sexmärchen. Legen wir uns hin. Ich komm aber nicht über dich.

Nicht gleich. Zuerst machen wir noch etwas anderes. Ja, gut so, küß mir die Brust. Jetzt geh ein bißchen tiefer. Den Bauch, den Nabel. Wenn ich jetzt schnaufe und mich ein bißchen winde, vielleicht kapiert sie dann, daß es mir gefallen würde, wenn sie mir den Pimmel küßt. Aber nein, sie kommt wieder hoch, verflixt. Küß mich noch mal, das kann ich ihr sagen. Noch mal auf den Bauch. Warum geht sie nicht ein bißchen runter? Jetzt leg ich die Hand auf ihren Kopf, streichle ihr das Haar, von oben gegen unten, ein kleiner Schubs also, aber es darf sich nicht danach anfühlen. Wenn sie will, versteht sie es schon. Sie hat verstanden. Bravo, Antonia. Ja, ja – rund um den Schamhügel rum, so groß ist das Areal nun auch wieder nicht. Und jetzt geh tiefer. So, jetzt küß ihn. Auch die Eier, gut so. Verstehst du, daß ich fast sterbe vor Lust? Ich glaub, ich mach's dir noch verständlich. Aber wird sie ihn auch in den Mund nehmen? Wär schön, wenn sie mich in ihrem Mund kommen lassen würde, aber ich glaub, das macht sie nicht. Aber in den Mund genommen hat sie ihn. Und suckelt auch dran. Was macht sie jetzt? Ach, sie lag unbequem, die Arme. Sie kommt rittlings über mich. Und lutscht immer noch weiter. Ihre Dingsda ist jetzt direkt vor mir. So gesehen, macht sie mir ein bißchen Angst. Und hat einen seltsamen Geruch. Ich weiß nicht, ob ich ihn mag oder ob mir davor ekelt. Vielleicht beides zugleich. Und vielleicht müßte ich jetzt auch langsam was tun. Vielleicht das, was sie bei mir grade macht. Die Idee erheitert mich nicht sehr. Aber ich muß, zum Teufel, auf jeden Fall. Wahrscheinlich steht sie ja auch nicht besonders drauf, mir meinen Zuckerhut zu lutschen, und doch macht sie's. Ein Küßchen, mal sehen, was das abgibt. Na, es ist auszuhalten. Jetzt geb ich ihr einen Schlecker. Ganz ordentlich. Ja, ich werde sie lecken, ich habe es beschlossen. Und vielleicht steck ich ihr dabei einen Finger in den Arsch und mit dem anderen berühr ich ihr Knöpfchen. Was für ein raffinierter Liebhaber ich bin! Ein chinesischer Großmeister. Sicher, es riecht immer mehr. Aber sie macht weiter, und vielleicht läßt sie mich doch drinnen kommen. Es fehlt nicht mehr viel. Nein, jetzt hat sie aufgehört. Sie muß gemerkt haben, daß nicht mehr viel fehlt. Jetzt wird sie sich umdrehen. Bleib so, Antonia. Sie hält inne, und ich zieh mich unter ihr heraus. Vielleicht denkt sie, ich will es so machen, wie damals bei Simona. Jetzt bin ich hinter ihr.

Ich reib den meinigen ein bißchen gegen die ihrige, aber rein tu ich ihn nicht. Mal sehen, ob ich die andere Sache da machen kann. Wenn sie was sagt, hör ich sofort auf. Ich nähere die Spitze dem anderen Loch. Sie sagt nichts, ein gutes Zeichen. Ein bißchen stärker. Noch ein bißchen. Jetzt haben wir's, jetzt hab ich's sicher erwischt. Langsam, langsam, ich tu dir nicht weh. Wie eng das ist, verdammt, ganz langsam, immer mit der Ruhe. Bloß jetzt nicht kommen. Der Schwanzkopf muß wenigstens richtig drinnen sein. Das Schlimmste ist geschafft. Jetzt wird geschoben. Was ist los, warum beschwert sie sich. Ich bin doch soweit.

Auf und ab jetzt. Das heißt: rein und raus. Paß bloß auf, daß er jetzt nicht rausflutscht. Ich arschficke sie. Ist dir das klar, daß du sie arschfickst? Phantastisch, sehr gut, herrlich! Du fickst ein Mädchen in den Arsch, ist das nicht wunderbar? Ich glaube, die Vorstellung gefällt mir noch besser als die Sache selbst, wirklich, die Idee ist wahrhaftig eine tolle Sache. Ich vögle sie in den Arsch, ich arschficke sie, ich zerfetze ihr den Arsch.

Jetzt bin ich gekommen. Ich kann aber nicht auf ihr hocken bleiben, bis ich wieder zu Sinnen komme. Runtersteigen ist nicht gut. Ich hab ihr nichts getan. Ich hab sie nicht mal kommen lassen. Vielleicht hab ich ihr doch weh getan. Vielleicht hat's ihr überhaupt keinen Spaß gemacht. In den Porno-Comics sagt sie dann immer: «Ja, ja, mach weiter, bohr mich durch und durch.» Nichts davon. Kein bißchen. Ich glaub, ihr hat's echt keinen Spaß gemacht. Was nun, vom Gesicht her weiß man nie, wie man dran ist. Ich werde sie auf jeden Fall ein bißchen hätscheln. Ich hab dich ja *soo* gern, mein Zwiebelchen. Ich hab dich ja *soo* lieb. Ich geb dir *soo* viele Küsse. Du bist ja *soo* süß.

Unseren täglichen Fick gib uns heute. Und so weiter: sich vorbereiten gehen mit indifferentem Blick à la «Ich pudre mir nur schnell das Näschen», und sich hier drinnen, bei verschlossener Tür, immer mit der Angst, daß der Schlüssel nicht sperrt und einer dich dabei sieht, ganz schnell das Dings waschen, indem du es ein bißchen mit seifigen Fingern betupfst, damit es nicht Roccos ersten Grapscher eine glatte Abfuhr erteilt. Uff.

Wer weiß, warum unsereins nicht seine Gerüchlein seelenruhig und in Frieden behalten kann, man hat mit der Votze schließlich noch keinen vergiftet. Wird wohl die Zivilisation sein. Es zu tun, wenn man sich zuvor gewaschen hat, scheint eine sauberere Sache zu sein – zum Beispiel. Anzuraten allen denen, die an einem Übermaß an Schuldkomplexen leiden.

Und solche Lust, zu vögeln, hab ich heute gar nicht. Beinah würde ich lieber hierbleiben und mit dem Finger im Schlitz auf und ab fahren, mit warmem fließenden Wasser und gespreizt angewinkelten Beinen – ich könnte an eine schöne Mantel-und-Degen-Geschichte denken und rittlings auf dem Bidet sitzend losreiten. Ich geh jetzt besser raus, mir paßt es nicht, daß er denkt, ich veranstalte hier irgendwelche sonderbaren Vorbereitungsriten. Glaub ja nicht, daß ich sie mir deinetwegen so schrubbe, mein Kleiner. Also: konzentrieren wir uns, und vor allem ziehen wir uns wieder an, denn die Welt funktioniert nun mal so, und ich muß angekleidet aus dem Klo kommen, damit er was zum Ausziehen hat, sonst könnte es irgendwie häßlich wirken.

Hier bin ich: mit einem Parfum, daß man glauben könnte, ich mach das in Paris patentierte Lulu N° 5. Au, was für 'n Sado-Maso-Blick! Soll ich mich ausziehen oder du mich? Wenn ich mir jetzt die Kleider vom Leib reiße, seh ich aus wie so eine, die es in der Mittagspause treibt, mit dem Eßnapf voll aufgewärmter Spaghetti in der Hand und auf einem Gerüst balancierend. Wenn ich mich mit katzenartigen Bewegungen entkleide, hab ich Angst, lächerlich zu wirken, wie ein Teddybär auf Besuch in einem Porno-Shop auf der Reeperbahn in Hamburg. Wenn ich ihn machen lasse, landen wir geradewegs in der Woody Allen Corporation, zumindest aber macht er mir mit seiner Uhr 'ne Laufmasche in die Strümpfe, und dann dauert's noch 'ne halbe Stunde, bis wir den gesunden Yankee-Widerstand meiner Jeans gebrochen haben. Und so weiter. Bloß das nicht. Also, bloß keine Hemmungen, soll's eben schnell gehen. Schon nackt? Goldmedaille im Schnellstehen. Er sieht hübsch aus, wenn er nackt ist. Aber sachte, bitte, my darling, wenn du meine Brustwarzen kaust, ich bin nicht aus Plastik, verstehst du? Nein, du, ich schaff's nicht, deine beiden mit einer Hand zu erwischen, zwecklos, wenn du mich zwingen willst, auf dem Klavier hab ich mit Müh und Not eine Oktave gegriffen. Es irritiert mich, wenn du meine Hand lenkst, als ob ich bescheuert wär, darf ich wenigstens ein bißchen kreativ sein? Und dann werd ich immer verlegen, du weißt es, und kuck mir doch in die Augen, du Affe, nicht auf die Hände, kuck mir ins Gesicht, nicht meinen Körper anschauen, wenn du meinen Körper anschaust, komm ich mir vor wie . . .

Was ist denn nun los, warum steigt der Dummkopf jetzt

nicht auf mich drauf? Hat er vergessen, wie's geht? Nein, was anderes schwirrt ihm im Kopf herum. Sicher was Verrücktes. Und ich? Panik. Wenn ich stillhalte und tot spiele, muß ich sicher weinen, ich fühl mich in solchen Fällen immer als Opfer. Manchmal möchte ich mit einem Gelähmten schlafen, lieber Gott, mach, daß ihn der Schlag trifft, daß er für immer mit den Händen an meinen Arschbacken klebenbleibt mit dem Blick gen Himmel. Nichts, er kuckt mich an, als ob er eine Parallelenübung machen wollte. Ich hab eine einzige Chance, um nicht in Schluchzen auszubrechen: ich muß selber die Initiative ergreifen. Wenn ich die Dinge mache, kommen sie mir überhaupt nicht mehr dreckig vor, das heißt viel weniger, und vor allem hab ich keine Angst dabei. Ich gleite an seinem Körper hinunter, Küßchen für Küßchen, ein Lutscher in den Nabel (kleine Penetration), die flauschigen Fusselhärchen (Mutter Gottes, gib mir die Kraft, in der Nähe seines Schwanzes zu bestehen). Ach, und dieser Schubs soll wohl eine Liebkosung sein? Warum bist du so heuchlerisch? Du könntest mich genausogut am linken Ohr packen und mich mit dem Kopf zu deinem Dings hinzerren. Da ist es dann ja gar nicht mehr notwendig, sich den Pfad der Leidenschaft zu suchen. Aber wenn man mich schubst, werd ich eisig, ich haß ihn und gefrier zum Eisblock, und dann haß ich ihn noch mehr, und dann werde ich noch mehr Eisblock, und was soll denn dann das Ganze noch? Mir ist es im Prinzip auch ganz egal, ob Rocco mich für eine ausgefuchste Hure hält (wie weiß er ist, wie haarlos). Es ist eben nicht mehr das erste Mal, und jetzt genügt es schon, daß mir ein verdammter Hemdknopf aufgeht, um ihn nervös zu machen. Nein, Rocco, ich lieb dich überhaupt nicht, und nicht aus Liebe leck ich dir den Schwanz. Da, grad fahr ich mit der Zunge über seinen Schwanzkopf, und dann nehm ich ihn in den Mund (wie mutig). Der verdient's gar nicht. Aber vielleicht kann ich dem Ganzen etwas Geschmack abgewinnen, wenn ich's auf die Spitze treib. Es ist ein edler Wettstreit. Mit mir. Übrigens, entweder ich tu's, oder ich schlaf ein. Oder ich steh auf und geh. Oder ich mach den Mund ganz fest zu mit diesem heißen Ding drin, beiß die Zähne zusammen und rupf es ihm mit einem Ruck ab, oder aber ich vervielfältige die Liebkosungen und versuch ihn gern zu haben. Na, so doll ist das nun auch wieder nicht ... Bist du verrückt nach mir, Kleiner? Mach ich dich nicht schon ganz wahnsinnig? Ich werde einen Krampf kriegen. Sie sehen hier die berühmte Hure als Verrenkungskünstlerin, während sie einem Kunden einen bläst. Bevor ein Krampf die Leidenschaft in mir tötet, setz ich mich, wenn's dir nichts ausmacht, rittlings auf dich, mein Lieber. O Gott! Was macht er da? Er leckt mir die Dingsda? Der ist wohl durchgedreht ... wie das kitzelt ... hab ich mich wohl gewaschen? ... Killekille ... feuchte Muschi ... Die wird ja wohl nicht giftig sein, die Flüssigkeit, die da von weiß Gott woher rauskommt. Riecht nach gezuckertem Eisen, nach oxydiertem Zucker. Ob er sich wohl aus Liebe in diese Kollapsposition begeben hat? Um den raffinierten Liebhaber zu spielen? Ich versteh nicht, warum wir uns nicht liebhaben und es so wie sonst immer machen können, wo er dann immer «Ja, ja, ja» sagte, sobald er kam, und wo sein Gesicht über meinem war und ich ihn auf den Mund küssen und beide Arme ganz fest um seinen Hals schlingen und ihn ganz tief drinnen in mir und ganz nah spüren konnte und mich selber fühlen konnte, als ob wir nur ein einziger Körper wären, aus Mann und Frau gemacht. Schluß jetzt. Nimm den Finger von da weg. Willst du es wohl verstehen, daß ich mich auf diese Weise vergewaltigt fühle? Zwei Jahre hab ich gebraucht, um die Schenkel ohne Angst zu öffnen, und jetzt willst du mich hinten aufreißen. Ich haß es, dich im Rücken zu spüren. Und wenn du's wissen willst, ich schäm mich auch. Na gut, lassen wir ihn machen. Morgen laß ich dich ohnehin stehen, mein Lieber. Heuchler, wenn du mich schon arschficken mußt, beeil dich wenigstens. Versuch wenigstens, brutal zu sein. Los! Du machst mich noch wütender, wenn du die Spitze von deinem Dingsbums so Stückchen für Stückchen eintauchst, wie zwei Finger ins Weihwasserbecken. Nichts: nicht ein Fitzchen Vergnügen. Er könnte mir wenigstens die Klitoris streicheln mit der Hand, so unterm Bauch durch.

Nichts zu machen. Es ist ihm echt scheißegal ... Au, aua! Was machst du? Willst du mich für immer ruinieren? Was für eine Schande. Ich werde bluten. Ich habe eine zweite Jungfernschaft verloren. Verlier sie gerade. Damals mit Carlo ... Da war ich noch klein und hatte Lust, sie zu verlieren, aber da war es eine unvermeidliche Sache, auf jeden Fall so, wie sich die

Haare abzuschneiden. Oh, ich bitte dich, halt ein, merkst du denn nicht, daß ich nichts empfinde? Das ist ein nekrophiles Vergnügen, was du dir da machst. Und außerdem tust du mir weh, und ich seh nicht einmal dein Gesicht, und ich kann mir gar nichts Schönes dabei vorstellen. Nichts Schönes geschieht hinter meinem Rücken. Ich kann nur dem Kissen zulächeln. Nein, im Gegenteil, ich muß weinen, und ich beiß in das Kissen, das macht man, damit man nicht heulen muß, wenn sie einem weh tun. Vor und zurück, auf und ab, was bist du nur für ein Kerl! Ich glaub, ich hab dich nie auch nicht ein bißchen lieb gehabt.

12. Maternalismus

Ja, Mamma, Rocco und ich treffen uns heute. Nein, Mamma, ich hab keine Trauermiene. Wer hat dir gesagt, daß wir miteinander nicht mehr klarkommen? Dein kleiner Finger? (Sie hat einen kleinen Finger, der schlimmer ist als Elsa Maxwell.) Na schön, also wenn wir beschließen, uns zu trennen, laß ich dir eine ANSA-Meldung zukommen, damit du deine Phantasie nicht umsonst strapazieren mußt. Okay? Aber ich bin doch gar nicht unhöflich, ich bin ein zuckersüßes Schätzchen. Aber klar geb ich dir einen Kuß. Nein, nichts ändert etwas daran, daß ich noch dein Kindchen bin, das garantier ich dir. Nur, ich kann mich dir doch nicht mehr gut auf den Arm setzen – das kommt mir dann doch ein bißchen übertrieben vor. Nein, nicht daß ich die erwachsene junge Dame spielen möchte, natürlich bin ich noch ein kleines Mädchen, und natürlich weiß ich noch nichts vom Leben, und natürlich lebst du schon länger als ich. (Warum rühmt ihr euch bloß so sehr, schon länger zu leben. Ich finde, es ist nicht gerade ein großes Verdienst, schon so alt und immer noch so blöd zu sein. Ich hab immerhin noch dreißig Jahre vor mir, um einen klaren Kopf zu kriegen.) Ich finde nicht, daß ich unverschämt bin. Und du stellst dir doch nicht etwa vor, daß ich dich nicht gern habe, vor allem nicht aus dem unsinnigen Motiv heraus, daß ich nur Rocco gern hätte . . . Au, jetzt hab ich mich verraten, und die Vampirin hängt sich mir an den Hals und saugt mich aus bis zum letzten Tropfen intimer Vertraulichkeit. Mamma, ich bitte dich . . . sie hört auf keine Begründungen, sie ist drauf und dran, zu weinen. Bleib jetzt bloß hart! Bitte, Mamma, ich krieg die Gelbsucht. Also gut, ich bin mit Rocco verkracht. Aber sicher weiß ich, daß «er ein soo lieber Junge ist». (Vielleicht ist es ja gerade das, was mir auf den Magen schlägt, vielleicht hab ich mir immer einen fröhlichen Ziegenficker gewünscht.)

Eifersüchtig? Daß ich nicht lache! Dann schon eher andersherum. (Ja, doch, und nicht um mich aufzuspielen, aber im Zweifelsfall wäre derjenige, der Grund hat zur Eifersucht von uns zweien, immer noch er, wenn du erlaubst.) Nein, ich hab nichts Unkorrektes getan, oder vielleicht doch, ein bißchen unkorrekt ist es vielleicht schon gewesen, nichts, ein paar Koketterien, und ich hab Carlo wiedergetroffen. Klar ist Rocco tausendmal besser (wenn er sonst nichts ist, so mindestens kein so verbissener Marxist-Leninist), aber man kann doch nicht immer mit demselben Typ beisammen sein, und deswegen ist man noch lange kein Flittchen, mir kommt es vor, als ob ich ersticke, wenn ich immer nur ihn sehe, immer nur ihn und nichts anderes als ihn. *Dio santo*, Mamma kannst du nicht *einmal* eine Zigarette zu Ende rauchen? Du zündest dir fünf auf einmal an, du übersäst das Haus mit Zigaretten. Statt der Zugehfrau solltest du dir stundenweise einen Feuerwehrmann anheuern . . . Und von der, die du da grad ausdrückst, hast du, ich schwör's, höchstens drei Züge geraucht – schau, wie sie sich krümmt, zum Erbarmen, eine fast noch ganze Zigarette! Denk doch mal, wie viele Landstreicher auf der ganzen Welt nichts zum Rauchen haben! Das macht mich wahnsinnig an meiner Mutter: sie zündet sich Tausende von Zigaretten an und wirft sie fast ungeraucht weg, ein deutliches Zeichen von Nervosität, das Provinzschauspieler als Kniff verwenden, wenn sie einen werdenden Vater mimen. Aber wenn ich sie darauf aufmerksam mache, dann bin ich diese «irrsinnig nervöse Person», wie sie es nennt, «die es nicht aushält, jemanden in Ruhe rauchen zu sehen». Man könnte verrückt werden. Zumal der unmittelbar darauf folgende Punkt der berühmte Nervenzusammenbruch ist.

Wenn's nach meiner Mutter geht, hab ich den Nervenzusammenbruch schon, seit ich fünf bin, ja, ich hab sogar schon auf die Entwöhnung «schlecht reagiert». Sie ist der einzige Mensch auf der Welt, der überzeugt ist, daß ich ein Bündel gefährlicher Neurosen bin. Sie sagt, das hab ich von ihr. Und daß wir «furchtbar sensible» Frauen sind, und so 'n Scheiß. Nein, wenn ich Rocco sausen lasse, nehm ich keine Vitaminpillen.

Auch kein Kräftigungsmittel, mir geht's ausgezeichnet, und wenn sich Rocco verkrümelt, wird's mir sogar noch besser gehen. Ja. Also gut, irgendwem muß ich's schließlich erzählen. Mamma, ich hab genug von Rocco. Er hat mir nichts getan, aber ich hab ihn satt. Es ist schwer zu erklären, seit einiger Zeit kommt es mir so vor, als ob er immer die gleichen Witze machen würde, ja, genau, immer diese vulgär-gefühlvollen wie «Liebling, küß mir den Pimmel!» (Mamma, wenn du willst, daß ich dir's erzähle, darfst du nicht gleich entrüstet tun und schlucken. Entweder ich rede, oder ich rede nicht!) Und dann auch der Sex. Ich will jetzt nicht in Einzelheiten gehen, sonst stößt du dich daran. Ja, ich weiß, daß du für die freie und unentgeltliche Sexualität bist und so weiter, daß du einmal bei Adele Faccio zum Tee warst, daß du für die Abtreibung unterschrieben hast, für das Recht auf Scheidung warst, Geld für Beratungsstellen gespendet hast, aber ich weiß auch, daß du immer noch meine Mutter bist . . . genau das, daß du immer noch meine Mutter bist, und gerade das ist es, was . . . Entschuldige, aber ich kann nicht in Einzelheiten gehen. (Uff, wie soll ich ihr das erklären? Mir kommt es in gewissem Sinne so vor, als ob ich in der Kirche Lulu machen würde . . .)

Nun ja, seit einiger Zeit hab ich das verdammte Gefühl, daß Rocco zu gern mit mir bumst. Nein, damit wir uns da nicht mißverstehen, ich weiß sehr wohl . . . das sexuelle Verständnis zwischen Ehepartnern, und so weiter und so fort. Ja, ich habe die Nummer von «Duepiù» gelesen, die du mir hingelegt hast. Aber es ist etwas anderes. Ich glaube allmählich fast, daß es ihm mehr an dem gelegen ist, was er alles mit mir machen kann, als an mir als Person. Das heißt, der Ort, wo er glücklich mit mir ist, ist hauptsächlich das Bett. Im Kino steckt er mir die Finger überall rein. Er . . . er wird immer fordernder, und wenn ich Lust habe, mit ihm zu reden oder spazierenzugehen, kürzt er den Weg ab und versucht mich in die nächste dunkle Ecke zu zerren, um Sex zu machen. Ich hab Angst, er liebt mich nicht mehr.

Mamma, warum machst du so ein finsteres Gesicht? Was ist los? Warum stehst du auf, gerade jetzt, und gehst weg? Jetzt, wo ich angefangen habe zu reden . . . Ja, ich weiß, daß ich nicht weiß, was es heißt, eine Mutter zu sein, ich hab keine Tochter in meinem Alter. (Da müßte ich ja auch ein Phänomen sein, die Frau mit der außerirdischen Vagina.) Und deshalb weiß ich nicht, was es heißt, «drinnen» in sich zu fühlen, «drinnen» bei sich zu wissen, daß dein Kindchen eine Frau geworden ist (*wo* drinnen, in *was* drinnen, was ist das für ein «drinnen», und warum kriegst du jedesmal diese Märtyreraugen, wenn du davon sprichst?) Mamma, nicht *ich* hab dich gebeten, mit mir zu reden, ich war ganz allein für mich traurig.

Es ist nicht wahr, daß du nicht anders kannst, als mir zu helfen, wenn du mich traurig siehst. Es gibt zwei Arten von Traurigkeit. Damals, als die Polizei unseren Genossen ermordet hat, hatte ich auch eine Trauermiene, rote Augen und so weiter. Aber da ist dir nichts aufgefallen. Es hat dir gar nichts ausgemacht, damals hast du mich nichts gefragt. Oder höchstens hast du gefragt, ob ich ihn kannte. Ich kannte ihn nicht, ich hab es dir gesagt, und du hast mir gesagt, ich soll mir keine grauen Haare wachsen lassen. Du meinst, es ist etwas anderes, sich von seinem *boy-friend* zu trennen? (Zunächst einmal: einen *boy-friend* haben vielleicht die Töchter deiner Freundinnen, Rocco ist mein Mann, nicht der Verlobte, der Macker, das Verhältnis, der Junge oder sonst was in dem Stil. Der Mann. Und Schluß. Und ich bin eine Frau.) Und wenn du lachst, bist du blöd. Und wenn ich nicht schreien darf, will ich erst gar nicht reden. Ich will nicht reden, wenn ich nicht schreien kann. Weil – ihr wollt immer, daß wir reden, aber es ist immer ein anderes Reden. Eins mit Regeln. Und für mich ist das kein Reden. Und es ist doch gar nicht wahr, daß ich nicht begreife. Hör auf, immer zu sagen, daß ich nicht begreife. Wenn du jetzt noch weiter sagst, daß ich nicht begreife, gehe ich. Mamma, ich bin nicht eingebildet, ich will gar nicht um jeden Preis recht haben. Ich will nur um jeden Preis angehört werden, oder aber man soll mich in Frieden lassen. Ich undankbar? Und warum? Wofür soll ich denn dankbar sein? Weil «viele Mädchen» froh wären, wenn sie «so eine Mutter» hätten. Warum bietest du mir Zigaretten an? Ja, ich weiß noch, meine erste Zigarette hast du mir angeboten. Ich weiß auch noch, daß du mir erklärt hast, wo die Kinder herkommen. (Du hast es mir schon erklärt, als ich es überhaupt noch nicht wissen wollte – ihr verhaut euch ja immer mit dem Timing.)Und ich weiß auch noch, daß du mich verteidigt hast, als Papa mir damals die Ohrfeige gegeben hat. Ich weiß, daß du mir wie ein Schatten folgst, daß du dich bemühst, meine Generation zu verstehen. Aber wenn du «deine Generation» so sagst, als ob es eine kollektive Geschlechtskrankheit wäre, die man beizeiten erkennen und heilen muß, indem man den Kontakt meidet . . . Nein, ich mach absolut keinen Scherz. Ich weiß, was du durchmachst. Nein, nicht weinen. Nein, hör zu, bitte nicht weinen. Weinen wollte ich. Es ist schrecklich von dir, daß du jetzt weinst. Da, schau, meine Mutter – da sitzt sie auf dem Waschbeckenrand und schluchzt, umgeben von lauter ausgedrückten Zigaretten. Meine Mutter. Das Gesicht ganz ins Taschentuch eingetunkt, schluchzt sie hemmungslos und weint, als ob man ihr die Augen ausgerissen hätte. Und dabei sagt sie sich immer wieder vor, daß ich sie nicht verstehe, daß ich sie nicht begreife – immer wieder, mit ihrer nassen Stimme. Wer muß hier denn wen verstehen? Wenn ich keine Frau bin, wie soll ich dann überhaupt verstehen, und wie kann ich eine Frau sein, wenn ich nicht verstehe?

Es wäre besser gewesen, ich hätte geschwiegen. Sie wollte nur wieder so weit kommen, daß sie weint, wie immer, um mir Schuldgefühle zu machen. Jetzt geh ich aber wirklich. Nein, ich tröste dich auch nicht. Es wird nicht wieder damit enden, daß wir uns einen Kuß geben, daß du mir versprichst, Papà nichts zu sagen, daß ich verspreche, Vernunft anzunehmen, daß «die Menschen doch alle gleich sind, mein Kindchen», daß man Geduld mit ihnen haben muß und sie nicht verurteilen darf, «weil sie nun mal so sind, wie sie sind». Es wird nicht damit enden, daß du mir einen Pulli kaufst. Und es wird auch nicht bei den üblichen Nervenzusammenbruchsgeschichten enden und mit deinem «Du mußt dich immer deiner Mutter anvertrauen . . .»

Nein, ich rufe Rocco nicht an, und ich mach auch nicht Frieden mit ihm. Auch nicht, wenn er «ein guter Junge» ist, es ist einfach nicht wahr, daß eine Frau nicht allein sein kann.

13. Auch in diesem Schwanz schlägt ein Herz

Innen. Tag. Antonias Zimmer. Rocco umarmt mit strahlendem Lächeln, nachdem das unmißverständliche Summen des Lifts das Fortgehen der Mutter angezeigt hat, Antonia, und fast gleichzeitig knöpft er sich die Hose auf, stellt den Plattenspieler an (Cat Stevens) und küßt sie ins linke Ohr und leckt und kitzelt wie zufällig das Ohrläppchen. Antonia schiebt ihn mit der Hand von sich. Ein harter Blick von ihr, ein fragender von ihm. Dann kauert sie sich auf dem Bett zusammen, den Kopf zwischen den Knien, und er sinkt, während sein Lächeln erlischt, blaß und schlaff auf einen Stuhl. Stille. Nur Cat Stevens fährt ahnungslos fort, das zarte, süße, melodische West Coast zu singen.

«He, Antonia, was ist denn jetzt los? Bist du mir böse? Hab ich dir was getan? Warum zum Teufel antwortest du nicht, du weißt, daß mich das verrückt macht. Hast du mit deiner Mutter gestritten?»

(Stille vor dem Sturm.)

«Antonia, ich bitte dich, ich flehe dich an auf Knien, wenn da etwas ist, was auch immer, sag's mir. Wenn du noch einen Augenblick so still dasitzt, platz ich. Das garantier ich dir.»

«Hör mal, es ist vielleicht wirklich besser, wenn du jetzt gehst.»

«Nein, jetzt erklärst du mir erst mal, was du hast.»

«Was weiß ich, es hat mich so erwischt, so ganz plötzlich gepackt, daß ich nicht mehr mag.»

«Was magst du nicht mehr?» fragt er (aggressiv, entschlossen, wobei er aufsteht und in methodischen konzentrischen Kreisen durchs Zimmer läuft).

«Bleib stehen, sonst krieg ich die Panik.» (Halbes Lächeln.) «Entschuldige, es liegt daran, daß ich nicht mit dir sprechen kann, wenn du mich nicht ansiehst.»

(Rocco, voller Hoffnung, setzt sich neben sie, dreht sie zu sich her wie eine kostbare Puppe, drückt ihr ein Küßchen zwischen die Augen und wartet geduldig unter Liebkosungen, daß sie aufhört, auf seine Schulter zu schluchzen, während sie unartikulierte Laute ausstößt, zwischen denen, bruchstückhaft, aber doch verständlich, immer wieder die Sätze vorkommen: «Du hast mich nicht mehr lieb!» und «Ich bin nicht nur ein Loch!» Es folgt, der Reihe nach, das Angebot einer Zigarette, eines Taschentuchs und der bestmöglichen Liebe.)

«Und jetzt sei lieb, und sag mir, was los ist» (väterlich).

«Es war letztes Mal, aber es geht schon eine ganze Weile so. Das heißt, ich kann jetzt nicht klar sagen, was es ist, schon weil ich mich so hundsmiserabel fühle. Aber daß du mich von hinten nehmen wolltest – es ist nicht die Sache an sich, das hätt mir möglicherweise sogar noch Spaß gemacht, aber ich hab den Eindruck gehabt, daß du die ganze Zeit, während wir im Bett waren, nichts anderes getan hast, als in deinen Schwanz hineinzuhorchen, an dein eigenes Vergnügen zu denken, und so weiter, und darauf zu warten, daß ich bestimmte Bewegungen mache, damit du wie ein Irrer abspritzt, und auch wenn ich dabei ausgestiegen wäre, hätte es dir nichts ausgemacht, und das ist bis zum Schluß so gewesen. Mir ging's ziemlich schlecht, ich habe schon darauf gewartet, daß du danach womöglich auch noch einschläfst, ich schwör dir, das hätte mich gar nicht gewundert. Im übrigen ist es in der letzten Zeit tatsächlich so, als ob du schläfst, auch wenn du wach bist. Wirklich, du bist schlampig, langweilig, gewöhnlich, alltäglich, immer der gleiche, als ob wir seit zweiundzwanzig Jahren verheiratet wären, als wenn du mich ein für allemal erobert hättest, als ob ich deine kleine Ehenutte wäre, die man, wenn es im Fernsehen nichts Rechtes gibt oder wenn das Kind die Masern hat, bei allen Löchern hernimmt, die ihr die Natur gegeben hat. Du bist ein Arschloch, aber seit wenigstens zwei Wochen bist du ein Ungeheuer! Und ich bin es leid, weil es nun mal so ist, daß ich ab und zu Lust habe, zu quatschen oder zu singen oder blinde Kuh zu spielen und nicht nur immer auf ein Bett hingefläzt zu liegen und mich von dir bumsen zu lassen!»

(Rocco senkt den Blick mit zerknirschter Miene, er scheint wirklich gedemütigt zu sein.)

«Du hast recht, du hast vollkommen recht. Weißt du, ich hatte auch schon so etwas Ähnliches gedacht, ich habe mich an dem Tag neulich sehr blöd gefühlt und auch andere Male schon. Aber wenn du mir diese Sachen sagst, dann bin ich durchaus imstande, es nicht mehr so zu machen, es alles anders zu machen, verstehst du? Mir ist es wirklich egal, ob wir es so oder anders machen. Wir könnten es auch überhaupt nicht machen, und es würde mir nicht das geringste ausmachen. Komm, Antonia, du weißt genau, daß ich dich mag und nicht nur deine Löcher. Mach mir nicht solche Schuldgefühle.»

«Von mir aus kannst du dich fühlen, wie du willst. Wichtig ist, wie ich mich fühle, wie ich mich immer fühle, nicht nur heute. Heute sitzt du da wie ein geprügelter Hund, weil dir was schiefgegangen ist. Und wenn ich mich jetzt rumkriegen lasse, läuft ab morgen wieder alles gut. Aber willst du denn nicht kapieren, daß eine Beziehung etwas Tieferes ist als ein paar Küßchen, ein Fick und samstags abends alle bei Simona beim Joint? Also gut, nehmen wir zum Beispiel den letzten Samstag: um mit dir allein zu sein, hab ich mich von dir im Klo einsperren und von hinten bumsen lassen müssen. Ich wollte mit dir allein sein, um zu spielen, um von der Zukunft zu sprechen, schon hab ich mir im Kopf die Wohnung eingerichtet, dachte an die Aussteuer . . . Zugegeben, alles Blödheiten, so groß wie der Mond, okay, aber es kann auch sein, daß sie für eine Frau wichtig sind, sonst kriegt sie vielleicht den Horror vorm Älterwerden. Da kriegst du es mit der Angst, daß, wenn dir aus irgendeinem Grund die Möse verwelkt, du Rocco das letzte Mal gesehen hast, oder gesetzt den Fall, du kommst unter den 47er-Bus und beide Beine würden dir abgetrennt, daß du dann Rocco vergessen könntest . . . Kurz, eine Beziehung, die nur auf Vergnügen aufgebaut ist, und noch dazu nur auf deinem Vergnügen, ist mir zu unsicher . . .»

«Wie soll ich das verstehen, auf meinem Vergnügen aufgebaut, du hast doch . . .»

«Jetzt will ich nicht sagen, daß ich immer kalt und unbeteiligt daliege, im Gegenteil, auch mir macht es Spaß, mit dir zu schlafen, aber nur, wenn ich fühle, daß es eine Art Zusammensein ist, nicht wenn ich den Eindruck habe, daß man nur Liebe mit Schwanz und Loch macht. Da vergeht mir dann auch die

Lust, mitzumachen, ich hab das Gefühl, daß es sowieso egal ist, was ich tu, daß ich bloß die Beine gespreizt lassen muß . . . und daß du, du Protz, immer mehr willst, von vorn, von hinten, von der Seite, und Gott sei Dank, daß du nur einen Schwanz hast, sonst würdest du mir wahrscheinlich sämtliche Löcher verstöpseln, und ich wüßte nicht mehr, wo atmen, schwitzen oder pissen. Nein, im Ernst, Rocco, so kannst du nicht weitermachen, auf die Dauer ist das langweilig, du gibst mir nicht das Gefühl, daß ich lebe, sondern nur, daß ich Gymnastik mache und Orgasmen sammle. Es ist nicht immer so gewesen. Am Anfang warst du ein bißchen schüchtern und sehr zärtlich, jeder Kuß brachte tausend Worte mit sich, und nach dreißig Worten hatte ich jedesmal Lust, dir einen Kuß zu geben, du hast mich noch nicht ferngelenkt, mir nicht die Hand gesteuert mit deinen Gedanken, und hast versucht, mich ganz lieb zu streicheln, und ich war froh, daß ich es spürte, ich fühlte das gegenseitige Bedürfnis, daß es uns beiden gut ging, und jetzt bist du oft lieblos, und ich langweile mich ein bißchen und hab ein bißchen Angst, daß ich nicht alle deine Lüste befriedige. Kurz, ich bin erledigt. Ich hab genug von dir. Du bist wie alle anderen, unsensibel, egoistisch, egozentrisch, ein Organisator der Lust, oberflächlich und geistig verblödet wie alle Männer!»

«Komm, komm, Antonia, fang bloß nicht mit diesem idiotischen feministischen Scheiß an! Und dann sprich mit mir und nicht mit irgendeinem anderen. Ich bin kein Mann, das heißt . . . ja, ja, ich hab mich versprochen, ich wollte sagen, ich bin Rocco, und fertig. Dein Rocco mit den Ringellöckchen, verstanden? Und dann, warum mußt du immer übertreiben? Diesen Fehler hast du ein bißchen, weißt du? Wenn man dir so zuhört, könnte man meinen, wir tun nichts anderes, als ihn ständig reinzustecken. Und du weißt ganz genau, daß das nicht stimmt. Wir machen hunderttausend Dinge miteinander. Und gerade du willst nie was unternehmen, und alles hängt dir immer zum Hals raus. Du hast doch praktisch erreicht, daß wir uns vom Kollektiv absetzen. Man sieht es von einer Meile, daß dir nicht viel dran liegt, mit den anderen zusammen zu sein. Du bist nicht ein einziges Mal gekommen, um mich Fußball spielen zu sehen . . .»

«Zunächst einmal spül dir den Mund aus, ehe du von Feminismus sprichst! Du hast überhaupt nichts kapiert. Du hast nur Angst, wie alle, und deshalb bist du aufgeregt und glaubst (zumindest tust du so), daß du ein anderer bist, einer, der ist, wie er ist, und nicht so, wie man durch die anderen wird. Du kannst dich jetzt nicht hinter deinen Ringellöckchen verschanzen. Es gibt auch Arschlöcher mit Ringellöckchen, verstehst du? Und dann, was hab ich schon für ein Vergnügen davon, dich in Unterhose als Supermacker mit noch zehn anderen Trotteln auf dem Fußballplatz rumlaufen zu sehen? Wenn du es genau wissen willst, ich hab alles satt von der Alten Welt, aber auch wirklich alles, auch den Sport, den lieben alten Zeitvertreib einer gesunden und entfremdeten Generation. Kommunist bist du doch nur im Kollektiv, wo du mit den Fingern in der Nase popelst und den Mädchen unter die Röcke kuckst, dir dabei aber wahnsinnig links vorkommst, bloß weil du dort bist. Ich dagegen will das Glück gleich erobern, und zwar ein ganz anderes als das, was sie uns vorgeschlagen haben. Und bitte hör auf mit dem Gerede, daß ich nicht mit den anderen zusammen sein will. Ich will nur nicht mit ihnen zusammen sein, weil sie blöd und unberechenbar sind und weil da ständig Blödsinn verzapft wird – seit fünf Jahren hat es kein ernsthaftes Gespräch mehr gegeben, und wenn einer nicht Lust hat, blödes Zeug zu reden, kucken sie ihn an, als ob er Antennen hätte, oder aber sie kommen zu dem Schluß, daß es ihm schlecht geht, und dann fallen alle über ihn her, und es wird nach den innersten Angelegenheiten geforscht, und Ratschläge werden erteilt mit dem Dünkel des großen Psychoanalytikers von Weltruf und von der Klugheit eines Waschweibs. Ich möchte mit den anderen zusammen sein, aber auf eine andere Art, nicht nur aufeinander hocken, aus Angst, allein zu sein. Mit Frauen passiert das manchmal . . . Lach nicht! Mit Lisa zum Beispiel, nur um einen Namen zu nennen. Wir haben es nicht nötig, ins Kino zu gehen oder wie wahnsinnig rumzuflippen, um den Abend auszufüllen!»

«Bitte, Antonia, versuch dich zu beruhigen und klar zu denken, denn jetzt würfelst du alles durcheinander und sagst einen Blödsinn nach dem andern. Erst sagst du, du willst mit mir spielen, mit mir darüber sprechen, wie wir unsere Wohnung streichen und unser Kind anziehen wollen, und dann machst du auf streitbare Feministin und weißt genau, daß das nicht stimmt. Mal sehen, was du demnächst noch alles erfindest. Und dann versteh ich auch wirklich nicht, warum wir in dieser schizophrenen Art und Weise miteinander reden und uns gegenseitig zerfetzen müssen, als ob man sich die Dinge nicht in Ruhe vornehmen und versuchen könnte, sie gemeinsam zu lösen, ohne darüber auszuflippen.»

«Du, hör mal, wenn du den großen Medizinmann spielen willst – nicht mit mir! Wenn ich dich nicht in die Lehre genommen hätte, wüßtest du doch gar nicht, wo man den Schwanz reinsteckt! Und jetzt machst du auf großen Liebhaber! Wollen wir mal nicht vergessen, daß du genau der achte Mann bist, den ich mir grad halte, und immerhin hab ich dich als halbe Jungfrau aufgefischt, mein liebes Pimmelschwänzchen, wenn du jetzt glaubst, du kannst hier auf Marquis de Sade machen, bist du an der falschen Adresse!»

(Rocco, sichtlich irritiert und dramatisch errötet, kann sich nur mit Mühe beherrschen. Er steht äußerst erregt auf und geht ab durch die Tür: gedemütigt, erschöpft, verwirrt, als ob die ganze Schlechtigkeit des Menschengeschlechts ihren Einzug in sein Leben gehalten hätte mit Antonias letztem Satz. Antonia, halb reumütig, ruft ihn zurück.)

«Jetzt nützt es nichts mehr ... das heißt, ich glaube, ich hab's übertrieben, und das liegt nur daran, daß ich es nicht vertragen kann, wenn Leute, statt mir zu antworten, sagen, ich soll mal in Ruhe nachdenken. Wenn es etwas gibt, was ich ums Verrecken nicht ausstehen kann, ist es dieses väterliche Getue – da werde ich zur Furie. Macht alles mit mir, prügelt mich meinetwegen, aber kommt mir bitte nicht damit, daß ich in Ruhe nachdenken soll. Es gibt nichts, was mich ...»

«Na gut, mach nur weiter so: zerfetzen wir uns, wenn du's so willst, wenn's dir Spaß bringt.»

«Es bringt mir keinen Spaß, aber es macht auch keinen Spaß, immer so zu tun, als ob alles bestens wäre, als ob du in dem Augenblick, wo du die Hose runterläßt und eine Freundin heiratest, einen Augenblick des Sozialismus verwirklicht hättest.»

«*Porco dio*, Antonia, willst du mir endlich erklären, was zum Teufel du willst? Nur das möchte ich wissen: sag mir, was du willst! Was soll ich tun, was soll ich nicht tun, also, was willst du? Und wenn du genug von mir hast und mich nicht mehr liebst und das alles, sag es klar und deutlich, und red nicht lange drum herum. Ich liebe dich nämlich, hast du verstanden? Ich liebe dich, und auch wenn die Sachen, die du sagst, alle wahr wären – was noch zu beweisen ist, und das wird schwer sein –, ändert das nichts daran, daß ich dich liebe, und sogar sehr.»

«Ich liebe dich auch und sogar sehr, Rocco. Auch wenn ich nicht so richtig weiß, was das heißen soll, jetzt. Auf jeden Fall, das ist auch nicht der Punkt.»

«Was heißt das, das ist nicht der Punkt? Was ist denn dann dieser beschissene Punkt?»

«Es ist, daß es nicht geht. Daß es nicht funktioniert. Ich kann dich noch so sehr lieben, aber es ist die Zweierbeziehung, verstehst du, die Zweierbeziehung als Institution, die mir all die Sachen von dir, die mir nicht entsprechen, riesig vorkommen läßt, die mich zu einer Art Rebellion treibt. Na ja, wie es mit fünfzehn Jahren gegen die Familie passiert, so passiert es eben mit sechzehn gegen den Freund, mit zwanzig gegen den Verlobten und mit fünfundzwanzig gegen den Ehemann! Es ist unvermeidlich.»

«Also?»

«Ja, ich weiß da auch nicht viel weiter als du . . .»

«Na, in puncto Schwänzen bist du mir doch scheint's ein bißchen voraus, wie du mir diskret zu verstehen gegeben hast . . .»

«Ich hab dir schon gesagt, daß ich übertrieben habe. Wenn du willst, entschuldige ich mich auch. Siehst du, ab und zu kommt es sogar vor, daß man grausam und blöd wird . . .»

(Pause. Äußerste Stille. Rocco kommt es so vor, als ob Antonia furchtbar geräuschvoll atmet, und Antonia kommt es so vor, als ob Rocco lauter schnauft als eine Dampflokomotive. Sie ist es, die schließlich die erste unsichere Liebkosung fertigbringt. Weitere folgen, schon geordnetere, etwas seltsame. Die Körper bleiben getrennt, und es ist fast ein wenig lächerlich anzusehen, wie Rocco und Antonia weit weg voneinander auf dem Bett sitzen und die Arme nacheinander ausstrecken, um sich zu streicheln.)

«Rocco, ich glaube, das beste ist, wir trennen uns erst mal für eine Weile. Ich tu es vielleicht auch deshalb, weil ich mich ein bißchen erstickt davon fühle, daß ich immer mit dir zusammen sein will und daß du immer mit mir zusammen sein willst. Ich hab Angst, die Welt läßt uns aus ihrem Karren fallen, ich hab Angst, irgend etwas zu versäumen. Vielleicht ist es nicht wahr, aber diese Angst läßt mich anspruchsvoll werden, so als ob es nur dich auf der Welt gäbe und als ob ich über dich alle meine Vergnügungen und meine Bekanntschaften und all meinen Kram suchen müßte. Vielleicht, wenn wir uns ein bißchen fernhalten voneinander, vielleicht können wir uns dann wieder besser lieben . . .»

«Nicht gerade eine fröhliche Aussicht, oder?»

«Nein, für mich auch nicht. Aber so wird's gemacht, im Ernst.»

«Wie du willst, Antonia».

14. Mir geht's gut, und dir?

Rocco streunt unheimlich gelangweilt in der Gegend rum, streift immer wieder in meiner Nähe hin und her, und nur um vorzutäuschen, daß er mich nicht bemerkt. Wir hatten beschlossen, uns für eine Weile zu trennen, und sind nun doch alle beide hier. Ich bin auf diese Fete gekommen, obwohl ich wußte, daß er da ist. Er ist gekommen, weil er wußte, daß ich da bin. Ich glaube sogar, daß ich vor allem deshalb hergekommen bin, weil er da ist und weil ich ihn nur so mal sehen wollte, ohne aber die Abmachungen zu brechen. Ich hätte Waffenstillstand machen und ihm Küßchen geben können. Geschlafen würde ich wohl nicht mit ihm haben, aber Küßchen hätte ich ihm schon gegeben, und wir hätten ein bißchen von uns zweien reden und beide leiden und tieftraurig seufzen können, wie man es in solchen Fällen tut, aber ganz intim, weil wir uns ja Dinge erzählen, die nur wir beide wissen und die nur uns angehen, alle anderen schließen wir aus, und vielleicht reden die anderen auf der Fete hier über uns, weil es immerhin ein Abenteuer ist, wenn man sich von einem Mann trennt und ihn dann wiedersieht, das ist eine von den Sachen, über die Schlager geschrieben werden.

Möglicherweise kapiert er nicht und spielt weiter den Heiteren und Gleichgültigen. Nur sieht man es dir an, verstehst du? Aha, du willst also Krieg? Wirklich? Ich bin aber stärker als du, weil ich schön bin heut abend. Sieh dich doch nur an, du Idiot, du tust mir aufrichtig leid, wenn du den harten Macker spielst. Laß es doch bleiben. Scheißfete. Eigentlich wollte ich gar nicht herkommen, aber wenn ich mich so hübsch rausgeputzt im Spiegel sehe, finde ich es doch besser, daß ich gekommen bin. Wie tödlich langweilig es ist: zwecklos, daß er mit lauter Stimme vom Kongreß der Democrazia Cristiana spricht. Du denkst an mich und nicht an Zaccagnini. Zaccagnini würde dich nur stören, wenn ich auf seinem Schoß säße. Warum versteckst du dich hinter so einem dämlichen Getue à la Ciao, Kleine, alles okay, und du? *Porco cazzo*! Ich würde dir am liebsten einen Kinnhaken geben! Schaut ihn euch nur an, wie er den Superlässigen spielt, der es wie eine lauwarme Dusche genießt, seine Ex-Freundin unter Beschuß von ein paar fremden Schwänzen zu sehen. Du Witzfigur. Na komm doch ran, was ist? Ich beiß dich nicht. Aber vielleicht ist es dem wirklich scheißegal. Diese Sorte mietet eine Seele tagweise, und wenn der Termin abläuft, gibt sie sie wieder an den Verleih zurück. Möglich, daß ich für Rocco so was wie ein halb abgerissenes Kalenderblatt geworden bin. Gut. Ich bin nun ja auch nicht gerade Beute meiner Leidenschaft, ich meine, er ist hübsch mit seinen Ringellöckchen und allem andern, da kann man nichts zu sagen, auch süß, sympathisch und absolut nicht blöd, aber übertreiben wir's mal auch nicht. Er ist nicht Lenin. Er ist unreif. Entschieden unreif. Auch dieser Streit neulich: reine Kacke. Hätt ich's doch gesagt – oder er –, daß das alles nur wegen diesem tragischen Fick war. Aber nichts. Stur und behämmert haben wir uns immer wieder vorgelabert, daß die Zweierbeziehung eine institutionalisierte Form der Liebe ist, genau wie die Ehe, und daß man aus diesem Grunde damit brechen muß, denn, verstehst du, ich mag dich, aber du radikalisierst mich, ich mag dich, aber du langweilst mich, ich mag dich, aber meine Freiheit . . . ich mag dich, aber . . . leck mich doch am Arsch. Da haben wir's, jetzt ruinier ich mir den ganzen Abend. Ich hatte beschlossen, daß Schluß ist. Also Schluß damit (Bestimmtheit). Ein bißchen Einsamkeit, es ist nicht das erste Mal, daß ich allein dasteh, nicht? Und da sind ja auch noch die anderen – wenn du immer nur einen einzigen Typen im Kopf hast, einen Rocco oder wer es auch sei, siehst du nicht einmal den Grafen Wronskij, wenn er unter deinem Fenster vorbeigeht.

«Sie langweilte sich auf den Festen, weil sie sehr vergeistigt war.

Sie liebte nicht die Dinge dieser Welt.

‹Mein Gott!› dachte sie. ‹Wenn Graf Wronskij mich doch bemerken würde!› Er jedoch, stolz und schweigsam, schritt langsam in seiner steifen Uniform einher, indes er blinzelnd verhaltene Blicke in die Spiegel warf. Sie schmachtete inmitten ihrer Spitzen und Rüschen, sie welkte dahin, der Nachttau, den Mutter Natur ihr auf den nackten Leib gesprüht hatte, vermählte sich zwischen ihren Schenkeln mit den Säften ihrer unstillbaren Begierde ...

Wronskij, Aristokrat (düster und scheu), Gardeoffizier, den langen Degen phallisch und hart im amarantfarbenen Futteral, trunken oft von Wermut, Cognac, Absinth und anderen Liqueurs, von den Frauen geliebt wegen seiner brüsken und reizbaren Art, von den Männern aus den nämlichen Gründen gefürchtet, gehaßt von einer Schar verschworener Feinde, ängstlicher und intriganter Widersacher.

Veronica, schön und mit einem leicht bebenden Herzen in der Brust, gewandt im Vortäuschen schneller Ohnmachten, zum Sterben verliebt in Wronskij, verweigert sich vorteilhaften Partien und österreichisch-ungarischen Stattlichkeiten, Scharen von Gardeoffizieren, die in blinder Leidenschaft zu ihren kleinen, mit Stiefeletten bekleideten Füßen liegen, bereit, ihre rosigen, von Tüll und Seidenstrümpfen verhüllten, mit Blicken und Gedanken enthüllten oder zwischen geheimnisvollen Dessous erspähten Knie zu küssen.

Wronskij schenkt Veronica keine Beachtung. Er liebt in Wahrheit seinen Reitknecht, einen jungen Burschen von edlem Äußeren, über dessen Vergangenheit Wronskij (vergebens) Nachforschungen anstellt, da er sich aus dem niederen Handwerk des Jungen keinen Reim zu machen versteht. Gleichgeschlechtliche Dienstbotenliebe, vollzogen vielleicht in einem Reitstall oder in einem Versteck, im Schutze einer Fuchsjagd.

Veronica entdeckt den schändlichen Bund mit Hilfe einer venezianischen Kammerzofe, die ihrerseits in den Reitknecht verliebt ist. Hin und her gerissen zwischen widersprüchlichen Wünschen (Wronskij töten? Sich selbst das Leben nehmen? Oder den unvorsichtigen Reitknecht beseitigen?), schmachtet Veronica dahin.

Wronskij vergeht sich tagtäglich an seinem Reitknecht wider die Natur. Ihrer beider Komplice ist die Dunkelheit. Der Reitknecht aber – o weh! – entdeckt seine Liebe zu der Kammerzofe. Und die Zofe entdeckt – o weh! – ihre Liebe zu dem Reitknecht. Veronica entdeckt den schändlichen Bund mit Hilfe ihrer Amme (einer begehrlichen und neugierigen Frau), und hin und her gerissen zwischen widersprüchlichen Wünschen (Wronskij den Betrug aufdecken? Sich den Reitknecht zu Willen machen? Die Liebe der beiden fördern? Den unvorsichtigen Reitknecht beseitigen? Die Magd beseitigen? Sich selbst das Leben nehmen? Wronskij töten? Die begehrliche und neugierige Amme beseitigen?), schmachtet sie dahin.

Als Veronica schließlich nur noch ein Schatten ist, wird Wronskij ihrer endlich gewahr! Er liebt sie geschwind auf dem Kanapee. Ihrer beider Komplice ist die Komplicenschaft (gerade haben sie gemeinsam die Kammerzofe und den Reitknecht beseitigt, der Amme die Kehle durchschnitten und dem Volk neue Steuern auferlegt, um sich solcherart zu zerstreuen).

Doch es ist zu spät: schon welkt Veronicas Teint, ihre Leber entzündet sich, und ihre Seele entschwebt. Wronskij, wie durch ein Wunder der Rache des Herzogs von Blablanien (des wahren Vaters des vermeintlichen Reitknechts) entgangen, schmachtet hin und her gerissen zwischen widersprüchlichen Leidenschaften dahin.»

Geschichten schreiben auf Papierservietten, bei Simona, am Samstagabend, nach nur zwei Zügen aus dem Joint, zwischen Platten vom lieben alten Dylan, süßem Spumante, Sangria, die wie Orangeade, und Appetithäppchen, die wie Seife schmekken, und mit gebrochenem Herzen.

Ich habe es Marco zu lesen gegeben, der riesig wie ein Bär umherging, mit einem Gesicht, als ob er nur zufällig hier wäre, weil Simona so was Ähnliches wie die Schwester des neuesten Verlobten seiner Frau ist (er 27, sie 25, keine Kinder, wenig Streitereien, offene Zweierbeziehung, absolut offene, fast aufgelöst). Marco hat gelacht. Woody Allen, sagt er, hätte eine ähnliche Sache in einem Drehbuch gemacht, das letztes Jahr in Amerika erschienen ist.

«Ich hab's nicht gelesen», sage ich steif. Er lacht väterlich. Er entschuldigt sich. Er wollte mich nicht des Plagiats beschuldigen, sagt er, im Gegenteil, es war ein Kompliment. Ich kuck ihn etwas genauer an und finde, daß er so fett nun auch wieder nicht ist, daß er im Grunde ein hübscher Junge ist. Und daß vielleicht meine Vorstellung von der Transpiration derer, die über achtzehn sind, absolut ungerecht ist. Weil sie der Grundlage entbehrt.

Es ist eine Tatsache: wenn mir ein Mann irgend etwas Nettes sagt, einerlei was, auch wenn es was Theoretisches ist, krieg ich Lust, seinen Schwanz zu sehen (und wegen der Geschichte mit Rocco wird die Lust zur Manie). Bei so einem «Großen» werde ich gleichzeitig innerlich fast wahnsinnig vor Angst: weiß der wohl, daß ich klitoral bin? Emanzipiert? Bekifft, halb alkoholisiert, wenigstens eine Nacht im Monat schlaflos, daß ich oft Schlafmittel nehme, leicht Alpträume kriege (ich notiere sie in einem Heft: willst du sie sehen, meine Träume?) und daß meine Psyche total durcheinander, daß das Unbewußte bei mir in Fetzen und eine Verlobung soeben in die Brüche gegangen ist?

Ich versuche mir beiläufig klingende Sätze zurechtzulegen, und das Gehirn schwitzt mir vor Anstrengung. Ich möchte viele Gedanken hineinkriegen, aber wenn du auf einen Mann Eindruck machen willst, geht's dir mit den Gedanken wie mit der Frisur: man muß das Resultat sehen und darf nicht die Lockenwickler vermuten. Lässigkeit in der Intelligenz, wilde Schönheit: schau, Lieber, auch wenn ich gerade erst aufwache, bin ich schon so. Wehe, wenn man sich in die komplizierten Mechanismen der Verführung hineinsehen läßt, dieses tierischen Wettlaufs darum, geliebt zu werden (das Maximum an Passivität erfordert ein Maximum an Aktivität): wir können es nicht, aber sie. Die Männer können auf äußerst aktive Weise aktiv sein, alle ihre Lockenwickler sehen lassen – sie sind nicht gezwungen, Naturlocken zu haben, vor Anstand gelähmt zu sein. Ich und Marco am Samstagabend zum Beispiel: ich versuche ihm begreiflich zu machen, daß ich Probleme mit der vaginalen Sensibilität habe, schwere Störungen, sekundäre Frigidität. Kurz, mir geht's schlecht, weil die Welt gemein ist. Ich sage «Nein, danke» zum Teewagen mit den Pralinen (die ich so gern mag) und stürze mich (unerschrocken) auf die Superalkoholika (Stock 84 als Grundlage und dann zwei Fingerbreit J & B, darüber – zusätzlich zu dem üblichen Alquermess, der nur für Torten richtig gut ist), alles mit einem Blick, als ob ich sagen wollte: «So ist das, versuch nicht, mich zurückzuhalten, ich habe beschlossen, Schluß zu machen mit der Angst.» Er futtert sich seelenruhig voll wie ein Schwein, rülpst ein paarmal, schleckt sich die Sahne von den Fingern, als ob sie Schwänze wären, lächelt, sagt bedeutungsloses Zeug und nimmt schließlich, gleichgültig, fett, siebenundzwanzigjährig, nicht im geringsten verliebt in mich, meinen Kopf mit zwei riesigen Händen, küßt mich auf den Mund, ohne sich die Brille abzunehmen, und deponiert mich wie einen Sack auf dem (grauen) Teppich. Ich reagiere nicht. Er quetscht mich mit der Tonnage eines Flugzeugträgers. Er riecht säuerlich (an der Schwelle der Dreißiger muß der Magen schon gelöchert sein wie ein Minigolfplatz). Er lächelt mich an, während er mir den Pulli hochschiebt. Er hat es nicht mal nötig, besoffen zu spielen (wo hat er sein Schamgefühl gelassen), fängt an, mir die Titten zu massieren, mit der Fertigkeit eines Bäckers, züngelt an meinem Hals rum, während die anderen plaudern und rauchen, in den Ecken knutschen, sich langweilen, so tun, als ob sie sich langweilen, so tun, als ob sie knutschen, und sich dabei langweilen, so tun, als ob sie sich langweilen, und dabei knutschen. Letzteres trifft auf mich zu: ohne Zweifel. Plötzliche Aufwertung des ulzerösen Siebenundzwanzigjährigen.

Er hat mehr Arme als ein Polyp, mehr Spucke als ein Trompeter und einen Eifer, den nicht einmal von Aschenbach übertroffen hätte, wenn es ihm gelungen wäre, Hand an Tadzio zu legen. Er spricht nicht, aber im Augenblick, in dem sich mitten in einem Hals-Nasen-Ohren-Kuß unsere Augen begegnen, um das Hindernis unserer Nasen zu überspringen, lächelt er mich gefällig an. Er flucht nicht über den Jeans-Stoff, um sich aufzuspielen, er streift mir die Strumpfhose mit der Geschicklichkeit und der Zärtlichkeit ab, mit der eine Mutter ihr fünftes Kind aus den Windeln wickelt. Ich möchte ihm sagen, er soll mich in ein Bett bringen, in ein Zimmer, in einen irgendwie für die Liebe geeigneten Raum. Ich weiß jetzt schon, daß Lisa mir morgen vorwerfen wird, ich hätte mich exhibitionistisch in eine öffentliche Umarmung mit dem wichtigsten Mann auf dem Fest eingelassen. Sie wird mich in unserer kleinen Gruppe verteufeln oder mich gar in eine Lage bringen, daß ich nicht schweigen kann (ich kenne die verhaßte Dynamik der Selbstanklage: der Gruppe zuvorkommen, um die Schuld herunterzuspielen). Wenn Lisa und Valeria nicht hierwären (Ornella ist schon mit einem Rattenschwanz von Liebhabern in irgendeinem Loch verschwunden), wär ich fast glücklich dabei, diesen Salonteppich zu entehren. So jedoch nicht. Ich versuche es ihm zu sagen. Er läßt mich nicht reden. Er lächelt und tunkt seine Eselszunge in meinen Mund, leckt mir die Zähne und den oberen Gaumenbogen (wie das kitzelt). Wenn ich es fertigbrächte, mich ganz und gar zu entspannen, wär ich fast glücklich. Kaum habe ich das übliche Leistungsprinzip-Problem eliminiert, da entspricht mein Körper auch schon mit allen Schauerchen und Zuckungen der Situation – ich habe keine Angst mehr, eine blöde Figur zu machen. Somit ist die schlimmste Klippe überwunden. Bleibt die Angst vor Lisa und Valeria: das schlechte Gewissen. Seine Hände streichen mit leichtem Druck an meinen Flanken entlang. Ich bin eine Puppe aus Fleisch und Blut. Ich bewege mich nur noch durch orgastische Muskelkontraktionen. Ich kann mich zu keinen Gesten mehr zwingen, Marco lenkt ganz allein diese improvisierte Umarmung, und ich bin, falls ich ein Objekt bin, sicherlich ein leicht zu handhabendes Objekt: er streichelt mir die Schamhaare, wie man netten Kindern die Haare zerzaust. Keine Gewalt. Und deshalb auch keine Scham. Als ich seinen Schwanz in die Hand nehme, tu ich es fast aus Dankbarkeit – ich drücke ihn, um ihm zu zeigen, daß ich zufrieden bin, nicht um ihm zu demonstrieren, daß ich Macht über ihn habe, weil ich seinen Schwanz in der Hand halte und er sich von mir höchstens die Haut meiner Brüste krallen kann. Ich nehme seine Eier in meine hohle Hand. Ich bin schon halb verliebt, weil er noch nicht versucht hat, mich zu pfählen und in der verhaßten Penetration die Apotheose des Erfolgs zu feiern.

Hergenommen, hingelegt und gefickt, ehe die Platte zu Ende ist.

Seine Finger wiederholen im feuchten Fleisch zwischen den großen Schamlippen (um es wissenschaftlich auszudrücken) die Bewegungen seiner Zunge in meinem Mund. Und so beginnt mein Körper sich als ein Ganzes zu fühlen, ein Ganzes vom Kopf bis zur Spalte. Ein neues Gefühl. Ein schönes Gefühl. Danke, Marco. Aber jetzt reicht's, bitte, verziehen wir uns in ein Bett, ich hätte Lust, das Ganze mal klarer zu sehen, und hier kann ich mich nicht mal umdrehen, hier unter aller Augen, mit dir auf mir und dem Teppich unter mir und mit dem

Aschenbecher neben meinem Kopf und der Platte, die abgelaufen ist, aber keiner dreht sie um, weil er nicht über unsere stürmische Liebe klettern will. Verdammt! Der Herr will also hier konsumieren: mit der Fertigkeit eines Krippenfigurenschnitzers führt er mir sein Riesendings ein. Kontrolliert mit der Hand, ob auch alles funktioniert (zuviel Routine, mir stinkt's langsam). Er sieht mich mit lachenden Augen an und hat noch immer die Brille auf der Nase. (Offenbar ist er einer von denen, die die Brille auch im Schwimmbad nicht verlieren.) Auch ich lächle. Und das ist der Startschuß: Bahn frei! Marco, siebenundzwanzig Jahre, Assistent für ich weiß nicht was an der Uni, glücklich gepaart in einer freien Zweierbeziehung, zeitweilig auch ziemlich homosexuellen Praktiken hingegeben (er ist ein Theoretiker der Rückkehr zum Pansexualismus), legt los in ungebremstem Penetrationsrhythmus. Traubenweise entweichen mir die ersten Seufzer. Ich möchte stumm bleiben, aber er hält mir einen Finger auf die Klitoris, während er mit dem Schwanz seine Pflicht als wohlausgestattetes Männchen tut, so daß es ihm gelingt, nicht nur den vaginalen Teil, sondern auch den anderen zu befriedigen, und der Orgasmus ist so schrecklich nahe, daß ich schlucken muß, um nicht zu schreien, und dann schreie ich, um nicht zu ersticken, und er lacht wie ein Verrückter und versiegelt mir den Mund mit der flachen Hand und fällt dann mit seinem ganzen Gewicht auf mich drauf.

Ich bin absolut sicher, daß alle mitgekriegt haben, daß ich mit Marco auf dem Teppich gevögelt habe. Daß es sogar ein geglückter Fick war. Daß er dann aufgestanden ist und sich in den Sessel gehievt und sich die Hose zugeknöpft und die Pfeife angezündet hat. Daß ich erschöpft liegengeblieben bin, mit gebrochenem Rückgrat, mit der Strumpfhose auf Halbmast und mit geschlossenen Augen, in der irren Hoffnung, ich könnte so tun, als träumte ich, ich könnte mich und die anderen die Bordellbrutalität dieser Szene vergessen lassen. Ich bin auch überzeugt, daß Rocco nichts entgangen ist. Und das ist schlimm. Ich weiß nur zu gut, was es heißt, mit einem «Großen» vor einem «Kleinen» zu vögeln, der sowohl mich als auch den «Großen» liebt, wenn auch letzteren vielleicht nur, weil er groß ist. Und außerdem hat er einen kleinen.

Cazzo, warum bin ich überhaupt hergekommen. Ich möchte wirklich wissen, was mich veranlaßt hat, zu diesem Scheißfest zu kommen. Und das Schlimmste ist, daß ich genau weiß, warum ich hergekommen bin: damit sie nicht wieder sagen, ich wollte Antonia nicht über den Weg laufen, daß es mich stört, sie so frei zwischen den anderen rumlaufen zu sehen, daß ich eifersüchtig bin und all diesen Scheiß. Und alle sind sie sofort da wie die Hyänen mit ihren schakalhaften ironischen Spitzen über den possessiven *latin lover*. Vorneweg natürlich ihre dämlichen Freundinnen. Und diese Arschlöcher von meinen Freunden gleich hinterdrein. Was wissen die schon! Und was macht es mir schon aus, was die quatschen. Aber offensichtlich macht es mir was aus, wenn ich auf dieser halluzinierenden Fete gelandet bin. Unnötig zu sagen, daß ich höchstens eine Viertelstunde bleibe und dann wieder abhaue. Er ist geflüchtet, er hat's nicht gepackt. Der Arme. Na gut, aber er ist auch blöd. Ja, ja, ich weiß, aber er tut einem doch leid, so verliebt, wie er ist. Die sollen doch scheißen gehen. Das Problem ist, den Gleichgültigen zu spielen. Ich schaff's noch, bei Gott. Die Begrüßung ist so schlecht nicht gelaufen, trotz der zwanzig wie zufällig auf uns gerichteten Augenpaare. Hallo, *bello*, wie geht's? Hallo, *piccolina*, ganz gut, und dir? Und dann nichts wie ab ins wilde Getümmel. Sozusagen. Das übliche Drum und Dran, das als tolle Atmosphäre herhalten soll. Der übliche Scheißimbiß, weil es nicht genug links aussieht, wenn man den Leuten was Anständiges zu fressen gibt. Freie Sender als Geräuschkulisse. Komm, stell den 105er ein, das ist der beste, nicht den 103er, die sind reaktionär. Ich könnte sie alle ohrfeigen. Was die blöde Kuh wohl schreibt. Und dann auch noch auf Papierservietten. Die ist nicht zufrieden, wenn sie nicht auf originell machen kann. Nicht herschauen, Idiotin. Hör auf das, was der Schwachkopf neben dir sagt. Wenn er jetzt noch einmal Gegenkultur sagt, beiß ich ihm Ernesto ab. Mir kommt es so vor, als ob jeder mich fragt, wie's mir geht. Ist aber vielleicht ja ganz normal, und ich hab Verfolgungswahn. Mir geht's bestens, sieht man das nicht? Ich versteh, daß sie jetzt verrückt spielen muß, aber warum ausgerechnet mit diesem Speckfaß, das gerade wegen Überschreitung der Altersgrenze aus dem Altenheim entlassen worden ist. Weil er der Mittelpunkt der Fete ist, bestimmt! Weil er groß, weil er erwachsen ist. Der Reiz des Intellektuellen, ein reifer Mann. Ja, ich hab verstanden, daß wir nicht weiterhin Konzerte veranstalten können, als ob wir eine Agentur wie jede andere wären. Die Probleme, die's beim letzten Konzert von Don Cherry gegeben hat, sind mir noch deutlich in Erinnerung. Ich tu deswegen in der Nacht kein Auge zu und denke ständig über eine alternative Form musikalischer Veranstaltungen nach. Ich würde ihm am liebsten Evaristo auch noch abbeißen. Sieh einer an, die falsche Kröte, sie lehnt glatt die Pralinen ab! Pralinen! Wenn sie allein wär, würde sie einen ganzen Koffer davon fressen. Der Schokoriegel. Nein, nicht daran denken. Sie lehnt ab. Sie zieht ihr Repertoire wirklich bis zum Ende durch. Mir scheint, der Vollsuff fehlt noch. *Macbeth*, dritter Akt, fünfte Szene. Wenn sie bloß nicht wieder ihren melancholischen Rausch kriegt! Wenn sie bloß nicht ankommt, um sich bei mir auszuheulen! Ich würde ihr ein paar runterhauen. Oder vielleicht nicht. Vielleicht würde ich sagen: «Denk nicht mehr dran, *piccola*, ich bin ja bei dir.» Aber ganz leise, denn wenn das einer von diesen Idioten hören würde, wär's das Ende. Ich würde zu ihr sagen, wein nicht, mein Liebling, ich hab dich immer lieb, und ich würde sie wegbringen von hier, irgendwohin, und ich würde sie mit Küssen bedecken, und ich würde ihr sagen, daß sie immer glücklich sein soll, weil ich sie immer lieb haben werde. *Cazzo*, was für'n Scheiß denk ich da wieder, was zum Teufel macht dieses Bison denn da drüben? Warum macht der sie so an? Was glaubt der eigentlich, wer er ist? Rodolfo Valentino? Warum sagt sie ihm nicht, er soll's bleiben lassen. Ganz im Gegenteil, die fährt voll darauf ab, die alte Hure. Tu, was du für richtig hältst, mich geht's nichts an. Wir sind ja so frei, nicht wahr? Aber wenn wir schon so frei sind, warum haben wir dann diesen Exhibitionismus nötig? Ich glaube, die macht das absichtlich. Absichtlich, um mich wahnsinnig zu machen. Und das Schlimme ist, daß es ihr gelingt. Die sollen glauben, was sie wollen, ich geh. Nein, tu ich nicht, ich bleibe, bis dieses schöne Fest zu Ende ist. Ich stürze mich in die Konversation und in die Mondänität. Soll ich mir wen aufreißen? Aber wen? Außerdem würde ich ihn jetzt nicht mal mit dem Wagenheber hochkriegen. Liebling, hast du dein Dings zu Hause vergessen? Wo hast du ihn immer, in der rechten oder in der linken Schublade? Ach, Scheiße. Ich geh. Ich will sowieso keinen von diesem Scheißhaufen hier je wiedersehen. Roberto hat verstanden. Man sieht, daß er kapiert hat, wie beschissen ich mich fühle. Roberto, bring mich weg von hier, bitte mich, flehe mich an, daß ich dich nach Hause begleite, weil du Dünnschiß hast. Aber sag es mit lauter Stimme. Was bist du für eine Idiotin. Was bist du für ein Idiot, Rocco. Du hast überhaupt nichts begriffen. Du tust immer so, als ob du alles begriffen hättest, aber dann bist du immer wieder da, wo du vorher warst. Trotzdem, was bist du für eine Idiotin. Was, dir ist schlecht, soll ich dich nach Hause begleiten? Danke, Roberto. Na ja, einerseits tut's mir leid, so zeitig wegzugehen, aber wenn dir schlecht ist . . . Für einen Freund muß man auch mal ein Opfer bringen. Ich sage ihr beim Weggehen irgend etwas Abscheuliches. Danke für das Schauspiel. Am besten hat mir der dritte Akt gefallen. Nein, ich sage ihr nichts. Ich müßte beim dritten Wort schon weinen. Addio. Addio. Auf bald. Komm, Roberto. Aber das Moped fährst du.

15. Rocco & Roberto und Antonia & Lisa

«Es hat keinen Sinn, es hat wirklich keinen Sinn. Roberto, *porco dio*, verstehst du nicht, daß es keinen Sinn hat? Erklär mir, was das alles soll, daß es dir sechzehn Jahre lang dreckig geht, dann findest du ein wunderbares Mädchen, du flippst fast aus, bemühst dich wie ein Verrückter, sie zu erobern, dich mit ihr zusammenzutun, und hoffst verzweifelt, daß dir der Schwanz im rechten Augenblick auch funktioniert, und dann klappt's auch noch und du erlebst unwahrscheinliche Augenblicke, du schaffst ein paar Ficks, daß du fast wahnsinnig wirst, so schön ist es, und dann auf einmal, zack, die ganz dicke Scheiße. Verstehst du nicht, das ist doch idiotisch, weil du sie immer noch liebst und weil sie dich immer noch liebt (sagt sie), aber das ist doch Scheiße, und vielleicht ist bald alles im Arsch . . .»

«Rocco, verdammt, hör endlich auf, du kannst nicht beim ersten Problem, bei der ersten beschissenen Krise durchdrehen. So was gibt's überall siebenmal im Jahr. Also komm, es ist einfach unmöglich, daß du dich so aufführst.»

«O Gott, wie ist das möglich, daß du das nicht begreifst? Ich fühl mich erzbeschissen, als ob mir der ganze verdammte Wohnblock auf den Kopf gefallen wäre. Weißt du, das Irre ist, daß ich vor Antonia allein war, okay? aber im Grunde machte es mir nichts aus, weil ich gar nicht wußte, was es heißt, nicht allein zu sein. Aber jetzt weiß ich es, verstehst du? Jetzt weiß ich es, ich kann nicht mehr allein sein, weil ich weiß, wie es ist, mit ihr zusammen zu sein, sich rundherum glücklich zu fühlen, ganz verrückt vor Glück. Früher ging ich abends ins Bett und hatte niemand, an den ich denken konnte, niemand, der an mich dachte, ich wichste mir einen runter, schlief ein, und alles war in Ordnung. Das heißt: beschissen, aber trotzdem irgendwie in Ordnung. Und jetzt geh ich ins Bett und weiß, wie es ist, an sie zu denken, und daß sie an dich denkt und daß sie morgen früh hier unten ganz verschlafen mit ihrem Mofa vorbeifährt, sich aufregt, weil ich am Morgen immer unausstehlich bin. Dann regt sie sich wieder ab, und dann frühstücken wir zusammen, und dann bleiben wir immer beisammen, und wenn ich down bin, tröstet sie mich, und wenn sie down ist, tröste ich sie. Und jetzt ist alles nichts, und du mußt wieder anfangen, an niemand zu denken, dir einen runterzuholen vorm Einschlafen, weil du wieder allein bist.»

«Hör zu, und paß auf, weil ich sonst nämlich wirklich stinksauer werde. Und da kaufst du dir besser ein Tonbandgerät. Wenn ich nur dazu da bin, daß du an mich hinredest, und ich sonst zu nichts tauge, dann kauf dir einen tragbaren Philips. Klar, ich hab's kapiert, daß Antonia Antonia ist, und ich sage nicht, daß du ohne sie glücklich und zufrieden sein sollst, aber *cazzo*, du kannst doch nicht einfach sagen, ich bin allein, wenn du nicht ganz vertrottelt bist. So, und ich geh jetzt nach Hause und schlafe, das ist sowieso besser.»

«Nein, hör zu, ich wollte dir gerade sagen, wenn du bleiben willst, kannst du hier schlafen, mein Bruder ist nicht da. Los, ruf an, und wenn sie meckern, sag ihnen meinetwegen, ich krepiere und ich hätte Schlaftabletten genommen. Komm, bitte, heut abend könnte ich wirklich fast welche nehmen. Aber du verstehst, was ich meine, du oder Paolo oder Luca, auch wenn er in Mailand ist, ihr seid alle wichtig – und ob ihr wichtig seid! –, aber das hat nichts mit dem Gefühl, allein zu sein, zu tun. Das heißt, doch, natürlich, aber auf eine andere Art. Wenn ihr auch nicht da wärt, dann würde ich mir eine Kugel durch den Kopf schießen, gut, aber auch wenn ihr da seid, fühle ich mich doch trotzdem allein, in einer bestimmten Weise. Und gilt für dich denn nicht das gleiche? Du hast es mir sicher schon siebzigmal gesagt, und außerdem, wenn du deprimiert bist, bist du deprimiert, und das vergeht dir sicherlich auch nicht, wenn ich dabei bin.»

«Ja, zugegeben, weil ich genau so ein Idiot bin wie du. Weil man nur bei einem Mädchen weint, nur von einem Mädchen läßt man sich hätscheln und streicheln, nur bei einem Mädchen fühlt man sich geborgen und geliebt und das alles. Nur bei ihr, und mit den anderen nichts, alles Stückwerk, die falschen und vernünftigen Gespräche, die großen Theorien, aber wenn's dir mal beschissen geht, nützt dir das alles nichts. Legen wir uns schon mal ins Bett? Immer müssen wir die Rolle des Sicheren und Gefestigten spielen, sonst frißt dich womöglich einer auf, oder du verlierst das Gesicht! Und mit einem Mädchen ist da keine Gefahr – sie ist ja die Mamma, und bei der Mamma braucht man sich doch nicht zu schämen, nicht wahr? Spaß beiseite, wir zwei kennen uns nun schon so viele Jahre, und trotzdem, wann sind wir jemals auf eine echte Art zusammen gewesen, ich meine so richtig mit Liebe und Hingabe und Zufriedenheit?»

«Nein, das ist höchstens in bestimmten Augenblicken so. Aber wenn's dir gutgeht, dann gelingt's dir auch, irgendwie mit deinen Freunden zusammen zu sein, etwas von dir zu geben. Aber wenn's dir schlechtgeht, scheint es, als ob sie alle zu nichts gut wären – sie sind nicht dein Glück, die Freunde. Vielleicht weil du in Wirklichkeit nie genau weißt, wie sehr sie Freunde sind, wie sehr sie dich um dessentwillen, was du bist, akzeptieren, alles und auch ganz wirklich akzeptieren, nicht nur die Gespräche und die Maske, die du aufhast, sondern auch deine Wahnvorstellungen oder dein Kindsein. Roberto, weißt du, was? Jetzt, in diesem Augenblick, würde es mir gefallen, wenn du zu mir in mein Bett kämst, aber denk nichts Sonderbares dabei, nachdem ich dir die Geschichte mit Marcello erzählt habe. Ich möchte dich nur nahe bei mir haben.»

«Spinnst du? Was soll ich denn Sonderbares denken? Mir gefällt es auch, da zu dir reinzukommen. Aber mach bitte nicht solche Augen, wie ein Kalb beim Schlächter. Los, sei ein bißchen fröhlich, ich bin schließlich auch noch da.»

«Ich hab solche Lust zu heulen . . . Umarme mich ganz fest, wenn du magst.»

«Natürlich mag ich. Und wenn du weinen willst, dann weine. Wenn nicht, schlafen wir so. Ich halt dir den Schwanz, und du schläfst ein, in Ordnung?»

«Ja, in Ordnung. Und ich halt dir deinen, dann kannst du auch einschlafen.»

«Oh, aber wach ja zeitig auf und jag mich ins andere Bett, sonst findet uns deine Mutter morgen früh so hier vor.»

«Weißt du, was ich dir sage? Wir scheißen darauf!»

Er ist weggegangen, stinkwütend und mit dieser plumpen und idiotischen Ausrede.

Er hätte sich auf dem Sofa die Pulsadern aufschneiden, Marco die Fresse einschlagen, sich mit allen anlegen können, die so auf «Sie wissen wohl nicht, wer ich bin» machen, er hätte mich schlagen und dabei «Du Hure, du verdammte Hure!» schreien können. Das alles wäre weit besser gewesen, als dieses grünliche Dünnschiß-Gesichtchen aufzusetzen und mit gesenktem Kopf abzuziehen, als ob er das Gewicht der Hörner nicht tragen könnte, und mir die Rolle der treulosen Idiotin zuzuschieben. Da spiele ich lieber die unwiderstehliche elisabethanische Kokotte, oder die geistesschwache späthollywoodianische Lulu oder die Supersinnliche à la Geheimnisse des kaiserlichen Japans, aber nicht so: er der an Dünnschiß Leidende und ich das Dummchen. Das ganze Kollektiv wird mich unter Anklage und ihn unter Mitleid stellen.

Und zu allem Überfluß ist auch noch Sonntag, und wenn dich die Gewissensbisse an einem Fernsehkrimisonntag plagen, mit einem Vater, der durchs Haus pantoffelt und alles mit Langweile ansteckt, und einer Mutter, geladen mit «Was macht dieser Herr in unserem Haus», da denkst du doch, eine Kugel in den Mund oder eine Schlinge um den Hals wär die einzige vernünftige Alternative. Was für'n Mist, was für'n Scheiß! Langeweile! Ich hasse dieses Zimmer. Ich würde am liebsten meine Teddybären von früher, als ich klein war, fressen, die Vorhänge runterreißen, die Tapete mit den Fingernägeln runterkratzen, diese ewige griechische Strohmatte fressen und all diese blöden Posters, halb Jugendstil, halb Che Guevara, die schon seit sieben Jahren da hängen und hasta la victoria siempre dort hängen werden, ohne sich von der Wand zu rühren. Es ist jetzt drei, und um drei ist es immer zu früh oder zu spät, um irgend etwas zu machen. (Sartre: *Der Ekel? Die Mauer?* Oder vielleicht ist es gar nicht Sartre. Na gut. Auch noch ungebildet außer nuttig und sommersprossig.) Und so auf dem Bett liegend kann ich es gerade eben noch aushalten, aber in sechs, sieben Minuten wird mir das vertraute Tellergeklirr und Geschepper von Besteck ankündigen, daß ich, wenn ich nicht aufstehe, häuslichen Hochverrats angeklagt werde. Und so zerbricht auch der Zauber dieser stoischen Sonntagsnachmittagsruhe mit allen ihren autoerotischen Möglichkeiten. Aber vielleicht hätte ich heute nicht einmal Lust. Ich hasse mich, das heißt, ich hasse mich nicht einmal, ich fühl mich lächerlich, fehl am Platze und unwichtig. Ich würde mich nur berühren, um mir die Muskeln müde zu machen und um endlich einschlafen zu können. Wie heiter!

Und dann, damit wir uns nichts vormachen, Antonia P., so übel hat dir der Signor Marco ja nun auch wieder nicht gefallen. Nicht um mich in ethischen Spitzfindigkeiten zu verlieren, aber die Tatsache, daß ich mich Rocco gegenüber schuldig fühle, schließt nicht aus, daß ich, wenn Marco anriefe, mehr oder weniger den Himmel mit den Fingerspitzen berühren würde.

Du unmoralische Person, du bist doch gar nicht verliebt, du machst es nur aus Prestigegründen, aus Koketterie und so weiter. Hör zu, liebes Über-Ich, leck mich am Arsch. Ich möchte dich mal sehen, wenn *du* der Teil von mir mit den Titten und den Haaren und der Haut wärst, wenn du das Fleisch, die Materie, der für die anderen sichtbare Teil wärst, du würdest der Versuchung nicht widerstehen, dich von einem wie Marco lieben zu lassen, ich sage MARCOOOO, von einem Siebenundzwanzigjährigen, der einen Job hat, eine richtige Arbeit, wie mein Vater. Idiotin, ich bin ja vielleicht nur eine innere Stimme, aber du bist eine Idiotin. Warum? Weil der dich doch überhaupt nicht liebt. Und lies lieber ein anständiges Buch, als dein Hirn mit solchen Phantastereien zu verbrauchen – wenn du so weitermachst, hast du mit dreißig Hängetitten und eine leere Birne. Mein Gott, es ist schließlich Sonntag, und es stürzt sicher die Welt nicht ein, wenn man mal ein bißchen ausspannt. Okay, gestern hab ich nicht gerade viel geleistet, aber was soll's, morgen stell ich mir den Wecker auf sechs ... und außerdem bin ich verliebt. Nicht in Rocco, in Marco. Irre, wie er mich genommen hat, ganz selbstsicher und vor allen anderen. Ich weiß, daß er nicht in mich verliebt ist. Trotzdem, auch wenn ich mir heute zum zwanzigstenmal die «Quaderni Vicentini» vorknöpfe (einen Aufsatz, wie es das Schicksal will, über Erdöl), werde ich seiner trotzdem nicht schlagartig würdig. Ich weiß, daß er eine Freundin hat, die für Zeitungen schreibt (sie soll bescheuert sein und gefärbte Haare haben), eine Frau, die halb Holländerin ist, und einen ganzen Schwarm von jungen Sekretärinnenanwärterinnen für besondere Aufgaben. Ganz im Ernst, daran liegt es, daß er mir gefällt. Er ist ein Mann. Worin unterscheidet sich Rocco von mir? Durch den Schwanz, das ist alles. Davon abgesehen sind wir gleich. Schüler. Linke, was so aufregend und heroisch nun auch wieder nicht ist. Wir sind zwei, über die alle sprechen, weil alle von den jungen Leuten sprechen – bloß wir nicht. Wir haben nicht das Wort. Man stellt uns mal da- und mal dorthin, man spricht in pompösen Reden von unseren Bedürfnissen.

Nein, ich spiel nicht das Klageweib. Und wenn ich jetzt zu lesen anfange, ändert sich beileibe nicht alles. Wenn's nach dir geht, mein liebes Über-Ich, muß man die Dinge nur wollen. Aber es gibt auch die Realität, die so ist, wie sie ist. Und in der Realität zählen wir, Rocco und ich, null plus null, wir sind gerade gut genug, Blue jeans zu kaufen, gut genug, die Hitparade der Singles mit zu entscheiden, wenn's hochkommt. Nein, ich glaube nicht, daß Marco nur deshalb anders ist, weil er an der Universität unterrichtet. Aber er ist einer, der reden kann. Dem man zuhört. Ich kann nur das liebe Zuckermäuschen sein, das schnuckelige, das doofe. Und da laß ich mich dann halt ficken. Yes Sir. Erst laß ich mich ficken, und dann les ich die «Quaderni Vicentini».

Und ich sage dir, wenn Marco nicht anruft, dann nicht deshalb, weil ich nicht die neueste fundamentale Ausgabe von «Rinascita» gelesen habe. Im übrigen, wenn ich die neueste fundamentale Ausgabe von «Rinascita» lesen würde, dann nur, um mich von Marco wieder anrufen zu lassen – was würdest du für einen Stunk machen, meine liebe Seele, ich darf gar nicht dran denken!

Hör mal, muß sich eine arme Frau wirklich vom Autoritätsprinzip, nein, vom Leistungsprinzip, von der Zivilisation, vom Tod und von was weiß ich noch allem hetzen lassen? Kurz, von diesem heimlichen Unterdrücker, der ununterbrochen dreinredet, mir ständig sagt, berühr dich hier nicht, berühr dich da nicht, und warum bist du mit dem ins Bett gegangen, und warum hast du dich nicht glücklich gefühlt wie ein Bolschewik bei der Kundgebung gegen die Regierung, und warum hast du Rocco die Hörner aufgesetzt, und warum hast du nicht gelernt, du weißt genau, daß das schon Gramsci gesagt hat. Da hast du's: es ist, als ob ich meinen Vater plus meine Mutter plus meine Volksschullehrerin verschluckt hätte, diese miese Person, die mich immer in den Nacken geschlagen hat.

Wenn man eine Stimme töten könnte, wenn ich etwas töten könnte, was in mir drin ist, ohne mich selbst zu töten, würde ich dich für immer zum Schweigen bringen und Marco anrufen. Weil ... nun ja, weil's mir paßt und weil Frühling ist.

Dieses Herumschleichen um das Telefon und es anzuschauen, als ob es von einem Augenblick zum andern die Zähne fletschen und den Finger verschlingen wollte, der gespannt darauf wartet, die Nummer zu wählen, und dabei zur Zerstreuung altbackenes Brot und kalte Bockwurst zu futtern, das ist die traditionell weibliche Art, wie ich das Problem angehe: «Entweder ich melde mich jetzt, oder ich warte, daß er die Initiative ergreift.» Im allgemeinen (ich meine, bei meinen ersten sieben Schwänzen) hab immer *ich* gewartet, und ich muß sagen, ich hab nie viel länger warten müssen, als Sabina Ciuffini auf der Autostrada del Sole beim Autostoppen warten müßte.

Er hat mich gevögelt, als ob er ein Glas Wasser getrunken hätte. Ohne vortäuschen zu wollen, daß er auch nur ein bißchen verliebt ist. Ohne irgendwelche Umstände, ohne vorher ein Röhrchen Halspastillen runtergeschluckt zu haben, um mich auf dem Umweg über Freunde wissen zu lassen, daß er sich aus Liebe zu mir umgebracht hat. Wie Carlo es vor zwei Jahren gemacht hat, ehe er mich entjungferte (wer weiß, ob sich das gut macht, von einem Rothaarigen entjungfert worden zu sein), und es fertigbrachte, daß ich meinen ersten Fick wie einen chirurgischen Eingriff an seinem schwärenden Herzen erlebte. Ich liebte ihn ganz und gar nicht. Er stotterte ein bißchen. Er konnte nicht schwimmen und mimte den organischen Marxisten-Leninisten vom Schlage «Ich fühl mich in den Massen wohl wie ein Fisch im Faß».

Im Bett jedenfalls (zwischen Fischen und Massen) fühlte er sich sauwohl. Zum einen, weil er stumm war, oder besser gesagt, weil er den Mund nur auftat, um mir schrecklich nette Sachen über meine Haare oder über meinen Po zu sagen (für ihn gab es so ungefähr nichts anderes als die Haare, den Po und den Marxismus-Leninismus). Lisa behauptet, daß neun von zehn Orgasmen direkt damit zu tun hatten: mit dem klinischen Hintergrund, den er durch seine «Operation Lakritze» geschaffen hatte. Nicht daß ich nicht wüßte, daß man, um sich mit Halspastillen umzubringen, sich die Eingeweide mit dem rostigen Blech des Pastillenröhrchens durchlöchern müßte, aber das Gefühl, daß ich ihn mit meiner Liebe, durch eine intensive Ficktherapie, retten sollte, ging mir nicht aus dem Kopf. Zu unseren «Intimbeziehungen» (und sie waren häufig) kam es stets nach einer seiner depressiven Krisen, die sich im rechten Moment einstellten und auf die ich mit süßer Stimme und mit ein paar späthollywoodianischen Schwachsinnigkeiten reagierte, wobei ich mich ganz fürchterlich als die süße, aber harte Joan Crawford fühlte oder, wie man so sagt, als die Frau mit den Hosen an. Dann nahm ich seinen Kopf zwischen die Hände und streichelte ihn, wobei ich langsam von der Zärtlichkeit zur Leidenschaft überwechselte, um dann, Küßchen für Küßchen, wieder zur Zärtlichkeit zurückzukehren, auch wenn ich mich gerade bei seiner Schwanzspitze befand und er sich zu erregen begann, indem er einen Augenblick aus seiner Leichenstarre erwachte, um sich stöhnend aufzubäumen und mich mit der Kraft eines kommunistischen Bauarbeiters zu umarmen, der zur Bewachung des Leichnams von Berlinguer abkommandiert worden ist.

Es war ein Augenblick. Das *post coitum* spielte er wieder auf die makabre düstere Tour. Er richtete den Blick ins Leere, und wenn ich nicht von mir aus sagte: «Was hast du?», tat er alles, um mich dazu zu bringen, es zu sagen. (Seufzer, Grimassen, plötzliches Herzklopfen, Anfälle von Nervosität, die höflich unterdrückt wurden, aber auch wieder nicht so, daß sie nicht das Bett mit der Vorstellung eines hysterischen Ausbruchs erfüllten.) Und so fragte ich ihn denn immer «Was hast du?» oder sogar «Was hast du, Liebling?» (die Formel hing ausschließlich mit meinem mehr oder weniger vorhandenen Wunsch zusammen, den Irrenarzt zu spielen), und er ließ eine zähe Minute des Schweigens vertropfen und gab dann irgendeine destruktive Banalität von sich, die ideologisch zwischen Leopardi und Leo Ferré, zwischen Pace/Panzeri und Mozart angesiedelt war. Die ersten Male ging es gut, und es gelang mir auch (Gott allein weiß wie), mich wieder zu erregen. Die Errettungszeremonie wiederholte sich mit mehr Gesten und weniger Schweigen. Ich konzentrierte mich, indem ich die Augen über all den in einem Londoner Museum gesehenen Folterinstrumenten schloß – von dem Besuch dort kann ich mich an nichts mehr erinnern als an meine ersten vor Sex nassen Höschen (ich war zwölf damals und hatte meinen ersten sadistischen Orgasmus). Ich dachte an gezähnte Räder, mit Stacheln besetzte Gürtel, blutige Zangen, an ausgerupfte Fingernägel und von der neunschwänzigen Katze zerfetzte Häute. Ich sah Blut und aufgerissene Adern, unfreiwillige Tränen, krampfartig zuckende Muskeln, sezierte Frösche, die noch lebten und einen ganz erstaunt aus ihren herausquellenden Äuglein ankuckten, mit weißen, vom Skalpell in feine Streifen geschnittenen Bäuchen. Bei solchen Phantasien nahm ich ganz fest sein beschnittenes pulsierendes Dings in die Faust. Und dann legte ich mich in Pilgerstellung unter ihn, zog sein ganzes Gewicht über mich, das nach dem Orgasmus, wenn er abschlaffte, noch schwerer wurde, und gab ihm gewaltige Beckenstöße und stellte mir dabei vor, daß diese warme Flüssigkeit in mir Blut war, Blut, das ich ihm aussog. Und wenn mir die Vagina brannte und der süßliche, vom Bett aufsteigende Geruch mir Ekel verursachte, war es noch besser. Mir gefiel diese ganze Krankheit irgendwie. Carlo liebte mich wie ein Kretin und wußte von nichts bei dem rhythmischen Gequietsche des Bettes (meines schmalen Bettes) und den Schäferstündchen nach dem obligatorischen Anruf beim Argentina-Theater, Schäferstündchen, die bei Vorstellungsschluß zu Ende sein mußten, und zwar pünktlich, und dann horchten wir mit gespitzten Ohren auf die Geräusche außerhalb der verschlossenen Tür, auf den Schlüssel, ins Schloß gesteckt von meinem Vater, dem aufgeklärten Kommunisten, der bereit ist, sich für die sexuelle Befreiung der kämpfenden Polynesierinnen zu schlagen, wenn er nur die seiner eigenen Tochter verhindern kann.

Um nach jedem Doppelfick (der zweite gefiel mir immer besser als der erste, weil das Gefühl des matten Wohlbehagens, des Aufgewühltseins, des Schwitzens und der Gewalt beim Aufeinanderfolgen von zwei Orgasmen verdoppelt wurde) seine Überlegenheit wiederherzustellen, schrieb Carlo in ein schmieriges Notizbuch die Termine für den nächsten Tag.

Vierzehn Uhr: Flugzettel für die Fabrik abziehen. Sechzehn Uhr: Sitzung Arbeiter-Ausschuß. 21 Uhr: Diskussion über die Cinethek. Eine Stunde Freizeit zu haben, kam für ihn einem Raubüberfall auf die Sparbüchse einer Witwe gleich. Eines der verwerflichsten Verbrechen. Auch mit mir zu schlafen war für ihn eine Art Arbeit, derer er sich mit dem nötigen Einsatz entledigte. Zwischen einem und dem nächsten Fick gab's natürlich ein Luftloch – und deshalb die Panik und gleich darauf die Tröstung und so weiter und so fort. Er fühlte sich wirklich nicht wohl, aber nur weil er nicht bei einer Sitzung war und nicht Abmachungen über zukünftige Verpflichtungen treffen konnte. Es gelang ihm nicht, die Volksmassen in sein Bett steigen zu lassen, und das verursachte ihm eine Art moralische Labyrinthitis: Verlust des seelischen Gleichgewichts. Wenn er nicht gemerkt hätte, daß sich meine Schenkel mehr oder weniger gerade kraft seiner geistigen Abwesenheiten öffneten, hätte er wahrscheinlich versucht, diesem Mißstand dadurch abzuhelfen, daß er für die gesamte Dauer des Orgasmus an Vertragserneuerungen oder sonstwas gedacht hätte. Aber ganz blöde war er keineswegs. Auch wenn er erst achtzehn und seine Lieblingslektüre «Stella rossa» (Roter Stern) war.

Er hatte die typisch männliche Schlauheit: Intelligenz in allgemeinen und Borniertheit in besonderen Dingen. Gebrauch des Allgemeinen, um das Besondere zu umgehen. Verwendung des Besonderen, um das Allgemeine zu beweisen (das er überdies noch im voraus theoretisiert hatte). Und Ausnutzung all dessen und sämtlicher Kategorien, um mich reinzulegen, mich, die Vierzehnjährige, die man leicht über den Haufen vögeln konnte, die Sadomasochistin, die mit den – wie allgemein anerkannt – «schönsten Knien des ganzen Mamiani-Gymnasiums» und dank Familientradition verfügbar zum Verstärken der Fäden der permanenten Revolution.

Ich hab ihn nach sieben Monaten stehenlassen, weil er Zahnweh bekam und das in klarem Widerspruch stand zu meiner Art, Seelenschmerzen zu verstehen. Er hat mir nie Briefe geschrieben. Nur eine Karte vom Roten Platz (Moskau oder Leningrad?) in diesem Sommer, als er durch irgendeine gewerkschaftliche Hintertür in die Sowjetunion fahren konnte. Ich hab die Briefmarke der Tochter der Hausmeisterin gegeben und die Karte dann weggeschmissen. Den Text hab ich mir in mein kleines Horrornotizheft geschrieben: «Mit geballter Faust unter lauter Revisionisten. Dein Carlo (Towarischtsch).» Ich hab's nicht ausgehalten. Schlimmer noch als diese miese Geschichte mit den faulen Zähnen.

Kurz und gut: Carlo ist ein typischer Fall von partiellem alternativem Schwanzgebrauch gewesen.

Außer dem Schwanz und meinen Phantasien nichts. Schluß mit Joan Crawford, und bis zur nächsten coito-analytischen Sitzung nichts. Man könnte sagen, daß ich sieben Monate lang mit Joan Crawford und der verblichenen, unscharfen und überbelichteten Fotografie von Gary Cooper in der Rolle, wo er sagt: «Es ist nur ein Kratzer, Puppe!», ins Bett gegangen bin.

Trotz der drei Jahre Altersunterschied und obwohl meine Spalte noch im «Milchzahnalter» war, hat Carlo mir nie Angst machen können.

Seinetwegen hab ich das Telefon nie so angekuckt, als ob es mich beißen wollte.

Nun läut schon, verdammtes Ding! Wozu bist du da, wenn nicht, um mir die Stimme von Marco herbeizuklingeln, der das «R» rollt und ganz gedehnt spricht und immer so geistreiche Sachen von sich gibt, als wären sie ihm gerade so eingefallen, ohne daß er darüber nachgedacht hätte und ohne daß er jemanden beeindrucken wollte. Richtig, wenn ich mit Carlo vögeln wollte, ging ich ans Telefon und rief ihn an. Nur einmal hat er nein gesagt: das war damals, als er Zahnweh hatte.

Und mit Rocco? Nun, mit Rocco weiß ich nicht. Vielleicht nein. Vielleicht war es da schon eher eine Frage der Liebe. Und Liebe macht, wie man weiß, schüchtern.

«Du mußt mich nicht unbedingt vor Lust beißen», habe ich wütend zu ihm gesagt. Marco hätte gelacht. Da bin ich mir ganz sicher, Marco hätte gelacht. Schade, daß ich mich nie trauen würde, so etwas zu Marco zu sagen. Ich kann nur bei denen witzig sein, auf die es mir nicht so ankommt, und wenn es mir nicht drauf ankommt, ob ich witzig bin oder nicht.

Wenn ich's drauf anlege, witzig und intelligent zu sein, dann warte ich mit ein paar tiefgekühlten Scherzkonserven auf, mit Zeugs, bei dem man meilenweit riecht, daß es aus irgendeinem Buch geklaut ist, und mache prompt eine blöde Figur.

In so einem Augenblick weiß ich: es bleibt mir nichts mehr anderes übrig, als mich ficken zu lassen. Der Arsch, die Titten, die Augen, die Haare, die Beine, der Bauch und die Votze bleiben wenigstens immer dieselben. Man darf sich die Haare waschen, sich die Haut bräunen oder sich den Busch einparfümieren, aber Sätze aus Büchern rausstehlen, das zumindest darf man nicht. Auch am Samstag bei Simona, zum Beispiel, war das so: ich hab versucht, ihm einen Seelenzustand in ein paar Takten zusammenzufassen, und ich mußte die Beine breit machen, damit er mir nicht davonlief, weil ihn meine Seele ungefähr so wenig interessierte, wie mich Carlos Seele interessierte – so wenig, daß sie nicht einmal zwei faulen Zähnen standhielt. Eines ist sicher: ich ruf ihn nicht an. Und er wird es nicht tun, weil, wie meine Mutter sagt, «ein Mann, wenn er erreicht hat, was er wollte . . .» Die ist gut: was hätte ich ihm geben sollen, wenn er nur das eine wollte? Eine Probe meiner Kunst, Blumen in der Vase zu arrangieren? Laut Lisa hab ich ihn mit den Albernheiten auf der Papierserviette erobert, mit der tragischen Geschichte vom Grafen Wronskij und so weiter. Ich hatte sie eigentlich für sie geschrieben, für Lisa, und außerdem, um der Versuchung zu widerstehen, aus meinen Schnürsenkeln ein texanisches Lasso zu knüpfen und Rocco im Flug zu erwischen und in meine Arme zurückzuziehen.

Hätte ich die erotischen Horizonte erahnen können, die sich mir eröffneten . . . Aber im Grunde, was kümmert mich Marco (und doch bin ich mittlerweile schon zum sechzehntenmal um das Telefon herumgekurvt, ich nütze das Parkett ab). Meine Mutter beschattet mich wie immer mit ihrem rosigen runden Gesicht, das so aufgeräumt aussieht in seiner adretten Hausmacherart. Und wie immer fragt sie mich nichts (sie ist die hinterlistigste Frau der Welt), aber sie geht aus der Küche ins Schlafzimmer und schießt zurück in die Küche, alles zu dem edlen Zweck, am Telefon vorbeizugehen und schräge Blicke auf ihre Tochter zu schleudern, die an einer Wurst kaut, als ob das Vorzimmer eine ideale Wiese zum Picknicken wäre. Nein, danke, ich möchte kein Marmeladenbrot (nur einem Wilden kann man Marmelade zur Wurst anbieten). Anscheinend hab ich nichts zu lernen. (Laß mich doch mit deinen Fragen in Ruhe, blöde Kuh!) Nein, ich bin nicht ausgegangen (erkenne gefälligst die offenbaren Tatsachen an – noch sind wir keine parapsychologische Familie). Nein, ich hab auch keine Lust, auszugehen. Ja, ich warte auf einen Anruf. Ich antworte nicht einsilbig. (Kannst du Silben zählen, du verdammte Schnüfflerin?) Was soll ich dir denn erzählen? Wer erzählt hier wem was nicht richtig? Nein, nein, ich will nicht frech werden. Und ich hab auch keinen Nervenzusammenbruch noch weißen Ausfluß, noch roten, noch gelben. (Findest du es sehr elegant, in anderer Leute Unterhosen rumzuspionieren?)

Da sind wir wieder am selben Punkt angelangt: die Gefühlsvampirin wetzt sich die Zähne für die große Wochenenddepression. Morgen heißt's dann wieder: «Schnell, schnell, zehn Tropfen Valium!» Und ich werde keine Platten spielen dürfen. Die Fensterläden werden unerbittlich geschlossen bleiben, und ich «mit meinem unmöglichen Charakter» werde schuld an allem sein. Ich muß mir eine vertrauliche Geschichte ausdenken, die ich ihr erzählen kann. Ich kann ihr schließlich nicht sagen, daß ich schlicht und einfach den Anruf eines Halbschwulen erwarte, der noch dazu zehn Jahre älter ist als ich und dick, und der mich ohnehin nicht anrufen wird, weil er mich schon gevögelt hat.

Antonia ist wütend.

«Sieh mal, Lisa, wenn Rocco so ist, kann ich ihn echt nicht ertragen.»

Es ist schön, mit einer Freundin spazierenzugehen und sich aussprechen zu können, und Antonia legt sich mächtig ins Zeug. Sie hat dunkle Ringe um die Augen, sie hat nicht geschlafen, Lisa hat es sofort begriffen, als sie sie nach der Schule getroffen hat. Sie haben beschlossen, sich zusammenzutun, Antonia, um zu reden, Lisa, um zuzuhören und besänftigend gute Ratschläge zu geben, aber auch um sie auszuschimpfen wegen ihrer so unschuldigen Liebschaft, die nun schon an die vier Monate dauert, und das, meine Liebe, ist wirklich zuviel in dieser Welt und in diesen Zeiten. Schön hier im Villa Borghese-Park, heute morgen, ein frischer, sonniger Märztag mit diesem wunderbaren Geruch nach Morgen. Ein tolles Gefühl der Freiheit, einfach nicht zur Schule zu gehen, aber auch nicht im Bett zu versauern, ein Gefühl der Verantwortlichkeit und der Liebe, dieses Erzählen vom eigenen Leben und das Zuhören, das Entscheiden, ob es gut oder schlecht ist, ob man es ändern muß oder nur einen Moment innehalten und prüfen sollte, ob es gut läuft.

«Hör zu, ich bin wirklich bald am Ende! Und dabei ist es so kindisch, ich meine, ich halte es nicht mehr aus, dieses Gefühl, ihn verwaisen zu lassen, jedesmal, wenn ich wieder in einem anderen Zimmer lande. So ist es auch bei Simona gewesen.»

«Ja, ja, bei Simona, aber hör zu, meine Liebe, da hast du wirklich übertrieben, und das wäre nicht nötig gewesen, nein, ehrlich, das wäre nicht nötig gewesen. Du hättest es auch vergessen können.»

«Gott, Lisa, gerade du mußt mir das sagen, du, die auch ohne Mann auskommt. Man muß dem Mann jeden Schlag mit einem Gegenschlag zurückzahlen, und wenn er noch nicht zugeschlagen hat, muß man ihn trotzdem schlagen, weil er dir ohnehin, früher oder später, irgendein Leid antut . . .»

Sie setzen sich ins Gras, zu Füßen eines etwas feindlich wirkenden Baumes, und kauen schweigend an einem Grashalm, um einmal nicht in der Stadt zu sein – an einem Schulmorgen reißen sie aus, um über die Ferien zu reden, und Rocco wird vergessen, weil man jetzt eine lange gemeinsame Flucht ausheckt, ich und du, Lisa, frei, wirklich befreit, wie wir es nur untereinander sind. Als Frauen. Also wohin gehen wir?

«Ich mach bald den Führerschein.»

Den Wagen wird Lisa steuern, wenn sie sie nicht bei der Fahrprüfung durchfallen lassen, aber es ist unmöglich, Lisa durchfallen zu lassen, Lisa kennt sich aus. Sie werden nach Frankreich fahren mit einem Fiat 500. (Mit dem von deinem Bruder? Ist der Vogel immer noch bei dieser dämlichen ML-Gruppe?) Wir werden an den Mautstellen um Benzingeld betteln, wir tun so, als ob man uns ausgeraubt hätte. Und außerdem sind wir ja auch zwei dufte Frauen, oder nicht? Sprich für dich, Antonia, ich hab einen Hängearsch. Aber du hast die schönsten Augen der Welt. Ein bißchen Verlegenheit. Antonia hat Lisa ein Kompliment gemacht. Lisa hebt erstaunt den Blick, sie hat Angst, auch nur die kleinste Freude zu zeigen. So kommt ein Blick heraus: ein bißchen streng, ein bißchen zu streng, auch wenn die Sonne diese tiefen und weit auseinanderstehenden Augen wie bunte Steine erglänzen läßt und die Brauen ihre Schatten werfen. «Warum kuckst du mich so an?»

«Nichts. Nur so. Es war kein bestimmter Blick. Fast gar kein Blick. Tatsächlich! Also, in Frankreich . . . ich erinnere mich an wellige Straßen und an eine Stelle, wo Pferde am Strand entlanglaufen, frei und ganz nah am Meer.»

Lisa lacht: ein Bild wie auf Pralinenpackungen. Auch Antonia lacht, trotzig: wenn du lachst, lach ich auch.

Und so kommt man, noch einmal, auf Rocco zu sprechen, und Lisa mit ihren geduldigen Augen wartet darauf, etwas Unsympathisches, aber leider Richtiges zu sagen, was sich Antonia gern anhören will, um sich dann von einem ordentlichen Gewissensbiß weichkriegen zu lassen. Ja, ja, du hast recht, liebe Lisa, es ist wahr, ich bin eine Exhibitionistin, ich hab's getan, um mich zu produzieren und um ihm weh zu tun, um Schluß zu machen, genau gesagt, um endlich mit ihm zu brechen – und das ist die sicherste Art. Ich versichere es dir. Und eigentlich war es Marco, fett, imponierend, ein wichtiger Mann und mit diesem seltsamen Akzent, starrköpfig und bereit, über Dinge zu lachen, über die sonst niemand lachen würde. Er hat Antonia mit Vergnügen genommen, ganz vergnüglich, um sich zu vergnügen. Er hat gedacht, was für ein hübscher Fratz, die Kleine, und auch noch witzig, kreativ, schreibt Geschichtchen auf Servietten, und wie sie versucht, Eindruck auf mich zu machen, indem sie zwei Fingerbreit minderwertigen Whisky kippt, den Kopf nach hinten, die Flasche schräg am Mund, aber ohne wirklich runterzuschlucken – sie will mich glauben machen, das Tröpfchen sei ein kräftiger Schluck, genug, um den Kopf zu verlieren. Schön der Hals, weiß die Schultern, magere Jungmädchenknie. Natürlich ist es Marco gewesen, aber Antonia fühlt sich schon ganz pervers. Gnade für Rocco, der zuschaute und es nicht fertigbrachte, ein bißchen Herr zu sein, sich wie ein Mann zu benehmen, das heißt, so zu tun, als wäre nichts, sich wie ein Mann zu benehmen, das heißt, sich ein anderes Mädchen aufzureißen, ganz zufällig, irgendeine, vielleicht Laura oder Cinzia, oder was weiß ich wen, und sich sofort in einen amourösen Racheakt zu stürzen, gleich dort auf dem Teppich, zwei Schritte von ihr und Marco entfernt.

«Mein Gott, Lisa, wie konnte ich nur so grausam sein, so

blöde. Ich meine, niemand hat das Recht, einem andern so etwas anzutun, auch nicht, wenn er ihn nicht mehr mag. Und wenn ich Rocco nicht mehr mag, hätte ich ihm auf jeden Fall nie so etwas antun dürfen.»

«Aber Marco gefällt dir. Im Ernst: gefällt er dir, oder ist es nur eine Prestigesache?»

«Ich glaub, ich bin weder verliebt noch sonstwas, zudem hat er sich bis jetzt nicht gemeldet, nicht mal mit einem halben Telefonanruf, ich glaub, es wird wohl Neugier sein, das heißt, der Kitzel dabei, verstehst du? Ich war noch nie mit so einem zusammen, und er hat mich gewaltig angetörnt. Er hat alles mit einer Selbstverständlichkeit getan, als ob er einer von denen wäre, die, wenn die Ampel rot ist, aussteigen und die Dame im Mini Cooper nebenan schon durchgefickt haben, ehe es wieder grün geworden ist. Er hat mir in gewisser Weise gar nicht die Zeit gelassen, die Sache ernst zu nehmen . . .»

Und wieder verteidigt sich Antonia, denn, okay, sie will ihre Schuld ja zugeben, aber übertreiben wir's nicht, und, darum geht's zwar nicht, aber der muß auch ganz schön geil gewesen sein. Hat mich wahrscheinlich schon länger im Visier gehabt, junges Fleisch und so, seine Frau dürfte fünfundzwanzig sein oder älter, und in dem Alter retten sich wenige vor der Zellulitis.

«Hör mal, Tony, ich kann dich nicht ausstehen, wenn du angibst.»

«Schon gut, aber warum nennst du mich Tony?»

Spöttisches, leicht provozierendes Lächeln, man sagt, Lisa sei ein bißchen lesbisch, könnte ganz lustig sein, ganz hübsch, mit ihr ein bißchen zu flirten. Natürlich weiß Antonia ganz genau, daß Marco ein verzweifelter Fall von Chauvinismus ist, ein eingebildeter Dickbauch, ein Intellektueller, ein Heteroterrorist, einer von der Sorte «Ich hab den längeren, weil ich mehr gelesen hab als du», und so weiter, in diesem Stil. Also? War dann das Ganze ein Witz? Man kann den Moralismus nicht neu erfinden. Ich hab Spaß dabei gehabt (eine neue Provokation), und außerdem fickt er gut, er fickt, ich schwör's dir, als ob er das ganze Leben nichts anderes gemacht hätte, als ob er mit einer Vinylpuppe trainiert hätte. Gut war ich. Auf Lisas Gesicht zeichnet sich ein anderes Gesicht ab, die tiefen, wunderschönen Augen senken sich leicht nach unten, und ein Schweigen fällt herab, das ein einziger Tadel für Antonia ist, die immer die gleiche bleibt, sich nie ändern wird, die frivole Antonia, das Superweibchen, immer bereit, zwischen ihren Schenkeln nach ihrer Existenz zu suchen.

Aber es ist unmöglich, an einem Tag wie diesem zu streiten, an einem solchen Morgen, wenn die Luft noch frisch ist, ohne Schule, wenn man über so wichtige Dinge spricht, mit der Seele an der Oberfläche der Haut, mit der Bereitschaft, sich Ratschläge zu geben, sich auszusprechen, wo keiner dich zwingt, die Schönere zu sein. Wir zwei, du und ich ganz allein, Lisa. Denn natürlich hast *du* recht, es stimmt, ich bin unbelehrbar, ich werde mich nie ändern, ich sage dir, manchmal möchte ich ein Loch in die Erde graben und darin verschwinden, um nicht mehr herumlaufen zu müssen, damit mich niemand mehr sieht. Und dann möchte ich siebenhundert Jahre später aufwachen und eine ganz andere geworden sein, besser, intelligenter, so wie du vielleicht, entschieden und so weiter, kurz, eine Feministin, eine richtige. Die letzten Worte, «eine Feministin, eine richtige», sagt sie auf eine komische Art, ganz zärtlich und tief bekümmert, voller Reue ob all ihrer Schuld, und Lisa lacht, ihre Augen werden wieder rund und weit, und Rocco, der arme Rocco, der bei der schändlichen Szene auf dem Teppich zugegen gewesen ist, ohne sich wie ein Mann zu benehmen, wird augenblicklich vergessen, sein Schmerz und sein gutes Recht darauf, menschlich zu sein, werden verschlungen von den Straßen Frankreichs («Klar, wenn wir wenigstens einen Kombi hätten, könnten wir außer dem Zelt auch noch einem Kocher und Töpfe und alles, was dazugehört, mitnehmen»), von Phantastereien über rein zufällige, wunderschöne Bekanntschaften. Und natürlich, wenn Marco mich anriefe, würde ich den Hörer auf die Gabel knallen.

16. Antonia errötet reuig und verwirrt

«Lieber Rocco, ich schreibe Dir einen Brief, auch wenn es zwischen uns nicht mehr viel zu sagen gibt.»

Du mein Schreck, was zum Teufel schreibe ich da! Die Verlegenheit macht einen ganz blöd. Oder die Liebe. Oder die Schuldgefühle. Meiner Meinung nach schreiben die Leute nur dann gut, wenn sie nichts zu sagen haben. Versuchen wir's noch einmal.

«Rocco, ich sitze in der Schule, und es ist eine Affenhitze. Ich habe nicht gelernt, und diese blöde Kuh schaut mich an, als ob sie jetzt schon den Plumps hört, mit dem ich aus den Schuhen kippe, sobald sie mich zur Physikprüfung aufruft . . .»

Lieb, wirklich, jetzt erzähl ich ihm schon die gesammelten Episoden meiner Schulzeit – eine gute Art, ihm die Lust zu vertreiben, mein Parfum auch nur von weitem zu riechen. Überleg mal, was es einem armen Teufel, der zwei taufrische Hörner auf dem Kopf hat und obendrein auch noch vor zwanzig Personen lächerlich gemacht worden ist, wohl interessiert, wenn die Schuldige, die ihn da doppelt bedient hat, ihm mitteilt, daß sie in Physik nicht vorbereitet ist. Möglich, daß er in einen Solidaritätsstreik gegen das Ausleseverfahren tritt. Also: «Mein geliebter Rocco.» Falsch und verlogen: meine Mutter hatte recht, ich hätte eine Kurtisane werden sollen. «Mein süßer Rocco.» Nein: doof. «Ciao, Rocco.» Schön, wie ich mich da aus der Affäre ziehe, ich könnte mir die Zähne einschlagen. «Mein lieber Rocco, dieser Brief will nicht anfangen. Ich hab schon drei Zettel mit verschiedenen Anreden weggeschmissen und bin ganz verschwitzt.» (Die Qualen des kleinen florentinischen Schreibers, aber machen wir weiter, vielleicht geht's danach leichter.) «Ich habe beschlossen, Dir zu schreiben, weil ich bestimmt nicht mit Dir sprechen kann, insofern als Du vielleicht nicht willst und ich nicht imstande bin.» (Weitschweifig, konfus: die Liebe macht einen auch noch zum Analphabeten.) «Die Tatsache ist die, daß ich es mit diesem Druck auf dem Magen einfach nicht mehr aushalte.» (Dieser Satz ist wenigstens echt, nicht sehr schön, aber echt.) «Letzten Samstag, bei Simona, hab ich mich wie eine Idiotin benommen.» (Ach was, Idiotin!) «Letzten Samstag, bei Simona, hab ich mich wie ein Dreckstück benommen, ein richtiges Dreckstück. Ich wußte, daß Du darunter leiden würdest, und ich hab's trotzdem getan, wie die schlimmste von allen Frauen.» (Und wenn er am Ende gar nicht darunter gelitten hat? Nehmen wir mal an, er hat überhaupt nicht darunter gelitten. Nicht alle verbringen ihr Leben damit, mir nachzutrauern, oder?) Also «richtiges Dreckstück», Punkt. (Nachher schreib ich's noch mal ab.)

«Ich weiß nicht, ob Du darunter gelitten hast, oder ob es nur ein bißchen so wie eine Demütigung war, jedenfalls, weil Du so schnell weggegangen bist, hab ich gedacht, daß Du vielleicht darunter gelitten hast, und da bin ich mir ungefähr so wie ein Scheißdreck vorgekommen.» (Schwierig für einen frisch Gedemütigten, sich mit einigem Vergnügen von seiner Demütigung erzählen zu lassen, es sei denn, er ist ein Dostojewskij-Fan. Aber irgendwas muß ich schließlich schreiben. Wenn ich mich bei jeder Zeile aufhalte, um sie zu prüfen, wird ein diplomatisches Dokument dabei herauskommen, aber niemals ein Liebesbrief.) «Ich verstehe, daß es absurd ist, wenn ich Dir all das schreibe, und vielleicht würdest Du lieber von meinem vorzeitigen Verschwinden im Rachen eines aus dem Zoo entlaufenen Krokodils in der Zeitung lesen.» (Ich sollte mir die Scherze wirklich sparen.) «Aber ich halte den Gedanken nicht aus, blöd und dazu noch gemein gewesen zu sein.» (So mache ich ihm klar, was ich denke: außer blöd und gemein bin ich auch egoistisch, zumal ich ihm ja nur schreibe, weil ich meine Gewissensbisse nicht aushalte . . .)

«Ich werde Dir egoistisch vorkommen, und vielleicht bin ich es auch, oder vielleicht liegt mir auch nur daran, daß Du nicht zu schlimm von mir denkst, aber ich möchte, daß wir uns noch einmal sehen. Ich möchte Dir einiges erklären. Dieser Brief ist eine Qual: ich bleibe bei jeder Zeile stecken und laufe ständig Gefahr, zu lügen. Wenn ich Dir mit meinen Fingern durchs Haar fahre, ist es vielleicht besser. Ich sage, besser für alle beide.» (Und wenn er davon nichts wissen will?)

«Vielleicht liegt Dir nichts daran, mir wieder ein Freund oder Genosse zu sein, aber gib mir wenigstens eine Chance, Dein Vertrauen wiederzugewinnen.» (Ergreifend.) «Wenn Du möchtest, können wir uns heute nachmittag bei mir sehen. Meine Mutter ist nicht da.» (Braves dummes Stück: jetzt sieht es so aus, als ob du alles mit dem üblichen Versöhnungs-Fick ausbügeln willst. Aber irgendwie muß ich ihm doch sagen, daß uns meine Mutter nicht ständig pesten wird, daß er ohne Zeugen brüllen und mich verdreschen und chinesische Vasen zertrümmern kann.) «Ich will damit nur sagen – versteh mich nicht falsch – daß die Vampirin uns nicht alle fünf Sekunden ‹eine schöne Tasse heiße Schokolade, Kinder!› anbieten wird, daß wir uns also in Ruhe aussprechen können. Im übrigen, wenn Du spazierengehen möchtest, können wir hinterher immer noch ein bißchen rausgehen.» (Da, schon wieder verlier ich mich in Einzelheiten wie ein Reiseführer. Vielleicht sollte ich ihm noch eine Liste der Bars machen, wo das Mineralwasser noch nicht teurer geworden ist. Ich muß einen Schlußsatz finden, bevor ich weiteren Blödsinn schreibe.) «Ich hab eine so schöne Erinnerung an Dich. Die Märchen, die Spielchen, das Kino und dieses Ich-und-Du-Sein, auch wenn viele Leute um uns herum waren.» (Braves blödes Stück, jetzt wirst du auch noch rührselig, dann verarscht er dich womöglich, und dann ist alles aus.) «Also, ich möchte nicht, daß der schlimme Abend neulich der Abend ist, an dem der Vorhang für immer gefallen ist. Auch wenn es meine Schuld war. Ich küsse Dich zärtlich. Antonia.»

«P. S. Wenn Du mich sehen möchtest, ruf in der Mittagszeit an.»

Innen. Tag. Antonias Zimmer. Ungemachtes Bett. Pathetischer Kontrast: Sex und Teddybären, eine Stoffpuppe mit gespreizten Beinen auf dem Fußboden. Rocco betrachtet äußerst verlegen seinen Unterbauch, er hat den Schwanz zwischen den Beinen versteckt und starrt mit verquollenen Augen auf das kleine Haardreieck, den Kinderbauch und die nicht allzu muskulösen langen Beine.

«Ich könnte eine Frau sein. Wär ich schön, wenn ich eine

Frau wäre? Dann könnte ich mir immerhin erlauben, blöd zu sein. Ich müßte mir nichts aus der Hose fummeln und brauchte nicht weiter als irgendwer pissen zu können.»

Wenn er eine Frau wäre, wäre er nicht wie Antonia. Antonia, die sich schlafend stellt (Feigling). Man hört ihren (unregelmäßigen) Atem. Laß den Blödsinn, Antonia, ich weiß, daß du wach bist. Frauen: mit Wörtern würden sie über alles reden, aber sowie dir deine Männlichkeit versagt, stellen sie sich schlafend. Geduld. Jedenfalls immer noch besser als der innige Ausdruck der Madonna der Impotenten.

Antonia ist wach, so wach, daß sie am liebsten sterben wollte. Sie wollte einen schönen Abgang haben: letzte herzzerreißende Liebesumarmung vor einer langen Europareise (um zu vergessen). Die Wirklichkeit geht immer ihre eigenen Wege. Die Wirklichkeit will es, daß dieser Idiot mit seinem Pimmel spielt, statt mich zu lieben, mit mir zu reden, mich anzuspringen. Wie üblich der bloße Scheißdreck: «Kein Mitleid, mein Lieber, aber du bist halb schwul.» Wenigstens an Exorzismen denken. Böses denken. Schlimmes denken. Rechts denken. Antonia weiß es, die Penetration zu wollen ist eine schlimme Gewohnheit (eine bürgerliche, eine kolonialistische). Die männliche Unterdrückung drückt sich aus im Schwanz, der mir steht, der mir nicht genügend steht, der mir steif wird, der mir nicht genügend steif wird, im «Ich komme gleich», im «Ich komm nie», darin, daß ich es nicht schaffe, daß sie kommt, darin, daß ich einen so kleinen hab. «Aber wenn ich's nicht geschafft hab, heißt das, daß sie mich nicht mehr mag.»

Wut und Unsicherheit: soll ich mich rächen oder ihn trösten? Antonia zittern die Augenlider: ich muß schlafen, friedlich und ruhig. Als ob es nicht meine Schuld wäre.

Rocco betrachtet seine Füße, still, mucksmäuschenstill. Er würde gern eine Zigarette rauchen, aber er könnte jetzt das Knarren der Sprungfedermatratze nicht ertragen. Kein Geräusch. Vom Geräusch zu den Wörtern ist der Schritt klein. Auch aufstehen und weggehen ist eine unmögliche Geste. Die Erde müßte sich auftun, ich müßte versinken, als ob es nicht meine Schuld wäre. Weil ich nicht existiere. Ich habe dieses Zimmer nie betreten. Ich habe Antonia nie kennengelernt. Ich habe sie wirklich nie gesehen. Und vor allem habe ich nie auf ihren Brief geantwortet, ihren verfluchten Brief, diese unwiderstehliche Versuchung: «Wenn du mich sehen möchtest, ruf in der Mittagszeit an.»

«Entschuldige, Antonia, ich glaub, die Aufregung ist daran schuld. Ich war so aufgeregt bei dem Gedanken, dich wiederzusehen.»

«Du brauchst dich nicht zu entschuldigen, dazu besteht kein Grund. Wo denkst du hin, ich laufe doch nicht mit einem Orgasmometer rum. Aber, bitte, geh jetzt weg. Ich möchte schlafen.»

17. Eine kleine Gruppe – eine große Liebe

Lisa hat eine Flasche Spumante mitgebracht. «Es ist nicht gerade der beste, aber es war nur der da – ein bißchen zum Feiern, weil wir hier sonst immer so zusammenkommen, als ob wir uns nur nicht trauten, nicht zu kommen.»

Das stimmt natürlich nicht ganz, und Cinzia entrüstet sich und sagt, das ist doch überhaupt nicht wahr. «Uns geht's bestens, und nur du bist die übliche Scheißdefätistin.» Für sie ist die Gruppe so wichtig, daß sie bereit wäre, sich umzubringen um sie aufrechtzuerhalten. Ich will damit sagen, wenn du so dick bist wie Cinzia, wird der Feminismus zu einem verdammten Ausweg aus der Einsamkeit und den Komplexen, eine Sache, für die du dir glatt ein Ohr abschneiden lassen würdest. Lisa bleibt hartnäckig: «Entweder hast du keine Augen im Kopf, oder du willst es nicht sehen. Es ist hier alles so müde geworden in der letzten Zeit. Ich sage nicht, daß das immer so war, aber jetzt ist es jedenfalls so.» – «Für mich ist der Mittwochabend der schönste. Ich fühl mich wohl bei euch, ich erzähl euch von meinen Träumen und von meiner Kindheit und von meinem Vater und von meiner Mutter und den ganzen Rest.» (Cinzia ist den Tränen nahe.) «Hör zu, es ist überflüssig, daß du uns wieder mit der alten Leier von den Freuden der Selbstbewußtwerdung kommst. Wir wissen sehr gut, wie wichtig das ist. Daß es verdammt wichtig für uns alle war.» – «Was ist, machen wir die Flasche auf?» sage ich beschwichtigend. Aber mittlerweile ist der Begrüßungsschluck eine Frage des Prinzips geworden. Es herrscht Spannung. Keine trinkt. Tullia sitzt da und spielt mit ihrer Halskette im Mund rum. Sie ist immer seraphisch. Mich dagegen packt eine absurde Angst: ist es die Möglichkeit! In einer Art Zyklus sagen wir uns bei unseren Treffen hier, daß es früher einmal besser war, daß wir einander nicht mehr genug gern mögen, daß es ein größeres

Vergnügen für uns sein müßte, zusammenzusitzen, und so weiter. Und wieder nehmen wir uns vor, daß wir mal eine Fete ganz für uns, ohne die Jungens, machen. Und wieder stellen wir fest, daß es nicht genügt, miteinander zu reden, daß wir uns schon alle über ein Jahr kennen. (Nur Tullia ist nicht mit uns auf der Schule. Sie arbeitet als Sekretärin.) Und jedesmal ist es Lisa, die anfängt.

Sie ist so eine, die nie zufrieden ist. Ich habe sie nie auch nur länger als eine Sekunde lächeln sehen. Sie nimmt alles ernst, sie hat ein Ziel noch nicht erreicht, da peilt sie schon das nächste an. Man sieht es ihr auch im Gesicht an: sie hat so weit auseinanderstehende und so dunkle Augen, daß es dich verlegen macht, sie anzuschauen. Sie könnte schön sein, wenn sie wollte, aber es liegt ihr nicht wirklich daran. Sie hat den Körper einer Ringkämpferin. Immer Jacken und Hosen. Bei den Männern entflammt sie und zieht auf Eroberung aus, als ob es sich um den Heiligen Gral handelte. Sie ruft an, sagt, was sie will, schämt sich vor nichts. Solange sie es nicht geschafft hat, brennt sie vor Leidenschaft, und es ist irre, sie so schwärmen zu hören – sie, diese robuste Frau. Aber sie macht es nicht wie Laura, sie ist nicht auf den Schwanz aus, sie will nicht genommen werden. Jetzt könnte sie aber auch langsam mit dem Gequatsche aufhören, die gute Frau! Trinken wir mal das Zeugs hier. Und lassen wir die üblichen Seufzerchen darüber los, wie uns diese sexistischen Scheißmacker massakrieren. (Ich für mein Teil krieg das schon eine ganze Zeitlang zu spüren, und was das betrifft: Cinzia auch.) Und dann gehen wir alle wieder nach Hause, denn wenn ich zu spät komme, bleibt mir eine nette Bemerkung über den «Feminismus als Brutstätte syphilitischer Lesben» und «Nest schmutziger Verirrungen» nicht erspart. Seitens des alten schamhaften Togliatti-Anhängers! Nichts zu machen! Wenn Lisa erst einmal in Fahrt ist . . . Sie kuckt mich an, und Anklagen regnen auf mich herab.

«Du zum Beispiel: ständig hast du diesen verdammten Ausdruck der Selbstgefälligkeit, als ob man nur eine Formalität erledigen, sich irgendeinen Paß für das Paradies der Autonomie holen müßte, man kann ja nie wissen, sollen wir gleich stehen bleiben, oder was?, aber man sieht, daß du es eilig hast und ganz fahrig bist, dich gar nicht an der Diskussion beteiligst. Du sitzt hier, aber deinen Körper hast du vor der Tür gelassen.» – «Wenn ich meinen Körper vor der Tür lasse und du dein Hirn, dann gleicht sich das ja aus.» (So nicht, meine Liebe, sonst werde ich ernstlich wütend.) «Sprich dich aus», sagt sie trokken, hart, sie sieht fast aus wie ein Naziweib mit diesem kantigen Gesicht und dem dunklen Haar – wie eine Nazisse mit dunkelgefärbtem Haar. «Ich will damit sagen, daß du zuviel willst und damit alles kaputtmachst. Genügt es nicht, daß wir uns einmal in der Woche treffen und versuchen, uns gegenseitig ohne falsche Scham zu erzählen, was in uns drinnen ist, statt von Jungens zu quatschen?» – «Aber wir reden doch dauernd von Jungens. Merkst du nicht, daß diese verdammte kleine Gruppe immer mehr zu einem Salon der Vertraulichkeiten verkommt? Was ist es Neues für uns Frauen, über Schwänze zu reden, unseren Frust rauszulassen und zu jammern? Haben wir das nicht immer gemacht? Ich meine, historisch gesehen, haben wir das nicht schon immer gemacht, seit wir die Damen spielen?» Eins zu Null für sie, wie immer. Aber ich gebe mich noch nicht geschlagen, ich lasse mir Zeit, und dann erklär ich ihr, daß es bei uns in Wirklichkeit was anderes ist: wir sitzen nicht da und diskutieren darüber, wer von unseren Freunden den längsten hat, der Zweck des Ganzen ist doch, daß wir uns besser fühlen untereinander, daß wir weniger leiden. Tullia zieht einen ungeduldigen Flunsch.

Wir trinken schweigend und lächeln gequält. Lisa, leicht hysterisch, gibt sich jetzt heiter (tu nicht so blöd, man weiß, was los ist), und ihr wie zerbrechendes Glas klingendes Lachen kommt mir jetzt vor wie das Geschepper von Küchengeschirr. Meine kleine Erklärung hat wenig genützt. Die Flasche ist geleert. Ich werde reden. Offensichtlich erwartet Lisa das von mir. Also gut.

«Es war Samstag und diese tierische Stunde, in der du einen Anruf erwartest, der nicht kommt. Mein Vater und meine Mutter wollten sich gerade zu Tisch setzen, und da war schon die Angst vor dem Steh-auf-laß-nicht-immer-deine–Mutter-Aufstehen, hol das Brot, den Flaschenöffner, und rühr dich, du schläfst ja im Stehen ein, und so weiter. Als das Telefon klingelte, bin ich losgestürzt, als ob von diesem Klingeln meine ganze Zukunft als Frau abhinge. Es war Carlo.» Die Angeklagte ist geständig: nun ja, ich komme nun mal nicht ohne Männchen aus am Samstagabend. Schon ganz schön lange, daß ich Rocco nicht mehr sehe. Das heißt, ich hab beschlossen, Rocco eine Zeitlang nicht zu sehen, aber deshalb möchte ich mich nicht einmotten lassen. Auch wenn Carlo die schwarze Linie vertritt, die Marxisten-Leninisten, die Paläochauvinisten, auch wenn mir im Grunde an ihm mehr oder weniger so viel gelegen ist wie an der Meraner Pferdelotterie, ich hab ihn doch lammfromm zu irgendeinem anderen Schwachkopf nach Hause begleitet, der Poker spielte mit vier anderen Trotteln. Er hat uns nur einen flüchtigen Blick zugeworfen von der Sorte «klasse Braut, die du dir da abgeschleppt hast heut abend», und dann haben wir uns in sein (dreckiges) Bett geworfen in einem (verdreckten) Zimmer, und ohne große Umstände haben wir uns zweimal hintereinander gefickt, und dann ist er nach drüben gegangen, weil ich inzwischen so deprimiert war, daß ich mich beinah angekotzt hätte . . . Und – hört, hört! – der hat sich hingesetzt und Karten gespielt! Ich bin aus Trägheit liegengeblieben und eingeschlafen. Er hat mich geweckt, indem er mir seinen Zungenlappen in den Mund geschoben hat . . .

Nichts zu machen, trotz meiner lehrbuchartigen Übertreibungen gelingt es mir nicht, wieder etwas Leben in den Verein zu bringen. Lisa läßt sich sogar die Gelegenheit entgehen, mich zu piesacken. (Sensationell!) Ganz beiläufig läßt sie fallen, daß «es zwecklos ist, noch weiter für unser Frausein zu kämpfen, wenn der erstbeste Schwanz eine so unwiderstehliche Verlokkung darstellt». Cinzia macht mich darauf aufmerksam, daß ich Carlo verachte, daß er in den letzten zwei Jahren schlimmer geworden ist, sich zu einem langweiligen und aufreizenden Pathetiker entwickelt hat, der auf den Feminismus mit einem hysterischen Frauenhaß reagiert, daß er die Frauen demütigt und auch mich demütigt und doch vor einem Monat erst zu mir gesagt hat, daß er mich nur erträgt, weil ich nett und lieb bin . . .

Aber es ist ein etwas müdes Ritual. Lisas Standpauke lastet noch auf uns allen. Und alle starren wir abwechselnd auf die leere Flasche und denken an den schlechten Spumante, den keine von uns gern getrunken hat. Wir machen zeitig Schluß, mit dem Gefühl, nicht miteinander gesprochen zu haben.

«Warum bist du so komisch?» frage ich Lisa beim Gehen.

Lakonische Antwort: «Wenn nur ein einziger Mann dagewesen wär, nur ein einziger und meinetwegen sogar ein bescheuerter, hätten wir uns glänzend unterhalten, hätten gelacht und hätten so getan, als ob wir besoffen wären.»

Wenn ich mit dir reden könnte, statt wie ein hungriger Hund im Zimmer herumzulaufen.

Ich bin nicht zur Schule gegangen. Schwach und hysterisch, man sah es mir an, nicht mal die Vampirin hat den Mut gehabt, darauf zu bestehen. («Ich geh nicht zur Schule, weil ich nicht will.») Und sie nahm im gewohnten Emotionenjagdfieber meine Spur auf. Ich bin brutal gewesen: Mamma, es tut mir leid, aber ich kann jetzt nicht sprechen. Mach nicht schon wieder dieses Gesicht. Es ist nicht, daß ich dich nicht mehr gern habe (wenn überhaupt, dann habe ich dich wahrscheinlich nie gern gehabt). Auch sie hat sich zurückgezogen. (Ein Hoffnungsschimmer blieb in ihren Augen: früher oder später würde es ihr gelingen, mich auszuweiden, mir alle Geheimnisse zu entreißen, und sie wußte es, dieser Aasgeier der Gefühle. Laß dir Zeit, warte nur, mein Karren wird früher oder später unter deinen Brücken durchfahren.) Aber jetzt habe ich anscheinend einen falschen Schachzug gemacht: hier herinnen eingesperrt, werde ich schier wahnsinnig, es wär besser gewesen, wenn ich dich gesehen hätte, dich und deine Haare und deine Schulbücher und deine blaue Jacke. Ich möchte dir schreiben. Ich hab es tausendmal gemacht. Ich hab dir in der Schule geschrieben, ich hab dir Zettelchen ans Flurfenster gebracht. Aber der normale Gang der Dinge ist unterbrochen, das Leben ist unterbrochen, und ich flipp aus. Ich zerleg alles und schau's mir an, Stück für Stück: also, ich und du (unbequem, auch nur daran zu denken). Ich und du. Nein, du bist nicht da: also, ich und Lisa (ich geblümtes Kleid und sie Jäckchen und Jeans) sind von der kleinen Gruppe aus mit zu Tullia gegangen, gleich hinter der Piazza Navona, und unser Gezanke lastete auf uns, und wir waren ziemlich still. (Sonniger Spätnachmittag, wenn die Straßen sich gegen sieben zur Ruhe zu begeben scheinen.) Sie hat meine Hand zufällig gestreift, ich hab den Blick gehoben und mich zu ihr gedreht, und sie hat sich auch zu mir gedreht, und wir haben uns zugelächelt. Ich hab einen Hauch von Shampoo gerochen, als sie mir aus heiterem Himmel einen Kuß aufs Haar gegeben hat. Ich habe mich nicht geschämt, jemand hat gepfiffen, die üblichen doofen Bemerkungen flogen hin und her, aber ich hab sie gar nicht gehört. Irgendwer hat gelacht. Lisa und ich sind weitergegangen, mit diesem Kuß zwischen uns, zwischen ihr und mir, der uns zum Schweigen zwang. Sie hat mich schließlich wieder auf die Erde zurückgeholt, als ich schon dabei war, mich in zehn Antonias von verschiedenster Laune aufzuspalten, von Zärtlichkeit über Fröhlichkeit und Angst bis zum Selbstmord.

«Möchtest du mit zu mir nach Hause kommen? Es ist niemand da. Wir essen was und gucken uns im Fernsehen die Berichte über die Wahlen an.»

Lisas Wohnung hat auf mich immer einen besonderen Eindruck gemacht: jedes Möbel hat sein Pendant gegenüber, und alle glänzen, man spiegelt sich darin, und es gibt ein Empfangszimmer und ein Speisezimmer außer den anderen Zimmern. Die Polstermöbel und die Jagdszenen auf den Bezügen aus steifem Stoff vermitteln mir den Eindruck einer Versteigerung. Die Bibliothek ist vollgestopft mit Enzyklopädien, Filmheften und Kompendien, alles gut abgestaubt, und irgendwo liegen lackierte Plastikfrüchte rum. Mich stört das alles ein bißchen, aber ich hab es ihr noch nie gesagt. Gestern abend nun hab ich ein bißchen nervös gelacht und mich verächtlich geäußert über dieses Minibürgerzeugs, ich weiß selbst nicht einmal warum. Lisa ist böse geworden und hat mir eine lange zackige Rede gehalten. (Sie spricht sehr gut, wenn sie wütend ist.) Dabei hat sie mehr oder weniger gesagt, daß ich, statt die Bürger zu hassen, die Kleinbürger hasse und daß ihr Vater ein Proletarier war und daß mir Lauras Vater, der mit Almirante zu Abend gegessen hat, lieber sei, weil bei Laura zu Hause keiner seine Suppe schlürfe. Ich hab mich nicht verteidigt. Ich war froh, daß sie recht und ich unrecht hatte. Wie froh ich bin, daß sie zwei Jahre älter ist als ich und daß sie in der Schule besser und ernsthafter ist und in der kleinen Gruppe am meisten redet. Ich weiß nicht warum. Aber es kommt vor, daß ich glücklich und zufrieden bin, nicht etwa bei allen (Seelenadel gibt's bei mir nicht), mir passiert das eigentlich nur bei ihr. Also gut, auch das habe ich ihr gestern abend gesagt, während sie die Kartoffeln briet und ich das Brot schnitt (eine nicht zu steuernde Ruhe herrschte in dem Raum, eine Atmosphäre, daß du dir die Lippen befeuchten mußt, ehe du sprichst), und sie hat gelacht. Wir haben dann ein bißchen verlegen gegessen, ohne zu schwatzen – gesprochen haben wir natürlich schon, das ja, aber nicht dieses lässige und unaufhörliche Gequassel unter Frauen, wobei man ständig «ich» sagt und dann dies und das erzählt.

Während der ganzen Szene hab ich ihren Blick auf mir gespürt, und als sie meine Hand ergriffen hat, die müßig neben dem leeren Teller lag, als sie sie genommen und sich unter die linke Brust gelegt hat und sagte: «Fühl mal, wie es schlägt», da hab ich mich nicht gewundert, ich hab sie vielmehr lachend gefragt, was sie machen wolle. Sie hat mich lachend gefragt, ob wir wirklich so lange warten müßten, bis wir besoffen oder auf eine andere Art ausgeflippt seien, um uns ein bißchen zu streicheln. Und da hab ich, weil nun schon mal gelacht wurde, auch gelacht. Und weil ich lachte, hab ich keine Antwort gegeben. Und weil ich keine Antwort gegeben habe, hat sie mich aufstehen lassen, und wir haben dagestanden wie zwei Frauen, in der Küche mit dem gelben Tisch und dem Hirschgeweih an der Wand – als ob wir jeden Augenblick zu tanzen anfangen wollten, so haben wir dagestanden.

Wir sind gleich groß, und das hat mich von neuem zum Lachen gebracht. Ein kleines Lachen, das in der Luft hängenblieb. Lisa hat ihre beiden Arme um mich geschlungen, so eng, das sich unsere Gesichter ganz nah beieinander fanden, Mund auf Mund. Ich wußte nicht, ob ich die Zunge rausstrecken sollte oder nicht, ich hab noch nie einer Frau einen Zungenkuß gegeben. Sie hat ihren Mund fest auf meine Lippen gedrückt, so fest, daß ich ihre Zähne fühlen konnte. Als wir zum Ehebett ihrer Eltern gegangen sind, um uns darauf zu legen, hab ich starr auf den Wandschrank mit den Vorhängen aus japanischem Stoff geschaut. Sie hat ihre Hände unter meinen Pulli gelegt, und da hab ich's auch getan. Ich hab alle ihre Gesten nachgemacht, aber den Weg bahnte sie, und so überwand ich die Verlegenheit, weil ich bei Lisa vor allem Angst davor gehabt habe, einen falschen Griff zu tun, weil ich ja keine Modelle dafür hatte, abgesehen von den Lesben in den Schundheften, aber das sind Modelle, die mir nicht gefallen.

Auch Lisa schien sich ihrer Gesten nicht ganz sicher, und das hat es mir ermöglicht, wieder zu lachen. Sie war ganz ernst, aber sie hat gelächelt, hat gelächelt und mir dabei das Ohrläppchen geschleckt. Ich hörte sie leise lachen und sah einen Augenblick ihre schwarzen und weit auseinanderstehenden Augen, die richtig glänzten. Kein Laut war zu hören, kein Geräusch außer den Geräuschen, die wir machten. Als wir uns ausgezogen haben, ganz plötzlich und wie um uns einer Sorge zu entledigen, ist es mir vorgekommen, als ob sie nackt noch jünger aussähe und als ob es sie ein bißchen störte, ihre eigene rauhe und etwas behaarte Haut zu fühlen, so jedenfalls stand sie da mit ihren breiten Schultern, dem flachen Bauch und dem kurzen Jungenhaarschnitt. Dann hab ich ihre Brüste und ihren Busch angeschaut. Es ist ein bißchen so gewesen, wie wenn ich mich selber anschaue. Ich hab es ihr gesagt. Und sie hat gesagt, daß wir jetzt das tun könnten, was wir tun, wenn wir allein sind, und hat angefangen, sich zu masturbieren, die Hand auf den Schamhügel aufgestützt und der Finger angespannt darin rumstöbernd. Da hab auch ich mich auf den Rücken gelegt und hab dasselbe gemacht. Und sie hat die Augen geöffnet und den Kopf ein bißchen gedreht und hat mich angekuckt, wobei sie sich immer weiter gestreichelt hat. Ich hab vor lauter Scham aufgehört und hab gelacht, aber ich hätte vor Verlegenheit lieber geweint. (Konntest du die Augen nicht geschlossen lassen, verdammt, konntest du sie nicht zulassen?) «Ich schau dich an, weil du schön bist», hat sie gesagt, «mach weiter.» Ich hab die Augen wieder geschlossen und hab weitergemacht mit zusammengebissenen Zähnen, wie damals, als ich ein kleines Mädchen war und mir Mühe geben sollte, nicht zu weinen, um zu zeigen, «wie man sich benimmt». Aber, bei Gott, wie man sich benimmt, weiß ich in einer Situation wie dieser nun wirklich nicht, ich schwör's. Und so war ich zerstreut und ganz verängstigt und kam nicht, und die Hand tat mir fast weh, von dem vielen Anfassen, aber es passierte nichts, ich war trockener als ein gebügeltes Taschentuch, und zudem fühlte ich diesen Blick auf mir, und ich dachte bei mir: «Sieh mal einer an, wer hätte das gedacht, daß die gute Lisa ein Mittelding zwischen einem Spanner und Jacula, der Jungfrauen-Saugerin, ist.» (Ich muß es absolut fertigbringen, ihr einen Brief zu schreiben, oder ich werde nie wieder den Mut haben, ihr ins Gesicht zu sehen, ich werde die Schule wechseln müssen, die Stadt, ich muß abhauen. Ich könnte Missionsschwester in Polynesien werden und ein neues Leben beginnen.)

Das Schweigen hab ich als etwas wahrhaft Beängstigendes in Erinnerung und auch meinen Körper, der sich zu spannen beginnt. Nicht grad zum Bogen, aber sicherlich wie eine gespannte Saite: ein paar Seufzer begannen mir zu entweichen. Da hat Lisa mich umarmt, und sie legte sich auf mich und kam und rieb sich wie eine riesige Katze mit einem Körper gleich dem meinen. Ich weiß jetzt nicht mehr so recht, ob ich mich gut oder schlecht fühlte, weil man diese Empfindungen unmöglich voneinander trennen, sich unmöglich an sie erinnern und sie sich wieder ins Gedächtnis zurückrufen kann. Ich kann an Erinnerungen nur das dominierende Gefühl retten, und das war, wie wenn man nahe daran ist zu weinen, eine Mischung aus Zärtlichkeit, Angst und Gelöstheit, wie wenn man weint, ohne besonders traurig zu sein. Das Schlimme kam, als sie sich von mir losmachte und zur Seite rollte, neben mich. Nackt lagen wir da, Schulter an Schulter und ohne den Mut, einander ins Gesicht zu schauen. Mit pulsierender Vagina und einem Geruch am Leibe, der mein eigener war, aber hoch zwei. Wie wenn ich die Bettdecke hochhebe am Abend, nachdem ich mich gestreichelt habe und die vertraute süßliche Wärme mir ins Gesicht steigt. Es ist nicht unschön gewesen. Es war mir noch nie passiert, daß mein Körper sich ohne die Beihilfe meines Gehirns so untadelig verhielt. Aber Liebe ist es nicht gewesen. Also war's ein Schuldgefühl. Sich zu zweit masturbieren, zwei gleiche Wesen, keiner dringt in keinen ein: das ist Schuld und eine Sünde dazu. Schuld plus Sünde = Scham . . .

«Liebe Lisa, es ist das dritte Mal, daß ich versuche, Dir zu schreiben. Ich glaube, ich bin auf einen Schlag ein bißchen blöd geworden.»

18. Rocco versucht nachzudenken

Lieber Luca,
vielleicht nervt Dich diese Art von Ausbeutung. Tatsache ist, daß mich die Lust, Dir zu schreiben, vor allem dann – und, um die Wahrheit zu sagen, immer nur dann – überkommt, wenn ich eine Beichte abzulegen oder eine Rede zu halten oder ein Briefdrama zu verfassen habe. Ich habe das dunkle Gefühl, daß unsere Beziehungen etwas unausgewogen sind – mit einem ganzen Haufen unbewußter Rollenspielchen, wie man so sagt –, aber ich denke, die Schuld daran liegt auch ein bißchen bei Dir: Du scheinst Dich doch ganz wohl zu fühlen in der Rolle des Geheimsekretärs und engsten Beraters und scheinst dabei ganz zufrieden, Deinen eigenen Scheiß für Dich zu behalten.

Von den Dramen mit Antonia hast Du auf irgendeine Art sicher erfahren, nehme ich an. Radio Tratsch hat sicher auch einen Sender in Mailand. Ich habe Dir mitten in dem ganzen Durcheinander nicht geschrieben, weil ich mich nicht einmal imstande fühlte, mir einen runterzuholen, geschweige denn, einen Brief zu schreiben. Auf jeden Fall waren es Tage (Wochen? Monate?) der tiefsten und schwärzesten Scheiße, die ich je erlebt habe. Auf alle Fälle, falls man Dir die ganze Geschichte als Eifersuchtsdrama verklickert hat, mit allen Einzelheiten in chronologischer Reihenfolge, und Du das auch noch geglaubt hast, bist Du ein Arschloch. Irgendwann, früher oder später, möchte ich das Ganze mit viel Ruhe nochmals überdenken, möglich, daß ich Dich besuchen komme und Dich sieben Nächte lang mit unschlüssigen Reden anöde. Ich habe das Gefühl, daß ich von der ganzen Sache ziemlich wenig kapiert habe, ich meine: warum sie angefangen hat und warum sie in Scherben gegangen ist, was man jetzt am besten tut oder, besser gesagt, was ich eigentlich in Wirklichkeit am liebsten tun würde – mit ihr, mit Dir, mit der Welt, im Leben, et cetera. Kurz, der

Horrortrip ist vorbei, aber es ist so eine leichte Verwirrung zurückgeblieben, ein halber Liter Bitternis, ein Lendenstück Traurigkeit, ein Topf voll Gefühlsgulasch und ein paar Innereien, die Hoffnung auf eine strahlende Zukunft machen, auf dann, wenn wir alle frei, kommunistisch und gut und schön sein werden. Manchmal komme ich mir auf eine schreckliche und ekelhafte Art «erwachsen» vor – ich weiß nicht, ob Du verstehst, was ich meine –, und die Vorstellung, daß ich nie mehr der werde sein können, der ich einmal war, läßt mich ernsthaft an Selbstmord denken. Nicht wirklich, natürlich. Kurz, es deprimiert mich. Aber wird das vorübergehen? Nein? Neiiin? Sag ja, du Arsch!

Wie üblich sauert aus der größten Scheiße immer irgend etwas raus, in diesem Fall eine neue und seltsame Beziehung mit Roberto. (Du kennst ihn doch, oder?) Ja, auch – ich unterstreiche, auch – sexuell. Nun hör zu, mir ist es (fast) scheißegal, ob Du mich für den schlimmsten Schwulen von Roms Plätzen hältst und die Kunde davon im ganzen Norden verbreitest, aber Roberto wird möglicherweise anders darüber denken, also versiegel Dir dreifach Deine elende Dreckschleuder. Ich glaube nämlich, daß Roberto auch wütend werden könnte, wenn ich ihm sage, daß ich Dir die Geschichte erzählt habe. Aber wenn ich ihm erkläre, wer Du bist, wird er schon nicht wütend werden. Aber bist Du der auch wirklich? Weißt Du, das mit dem Weitersagen ist unheimlich heikel. Nicht nur bei Leuten, vor denen Du so eine Sache verheimlichen mußt, um ihnen den sofortigen Herzinfarkt zu ersparen (bei Typen wie meinem Vater zum Beispiel), sondern auch bei den Freunden und Genossen und so weiter. Weil du das klare und höchst unerfreuliche Gefühl hast, daß sie im Tratschen über so eine Sache große Klasse sind, aber vor einer wahren und wichtigen Geschichte einfach das Handtuch werfen würden, das heißt, sie würden sie auf die älteste und widerlichste Tour interpretieren, wie immer, vielleicht halb versteckt hinter einem «Oh, wie interessant!» oder «Oh, was für eine wichtige Neuigkeit!» und dergleichen Scheiß. Aber vielleicht ist es ja auch so, daß ich selber alle diese gesellschaftlichen Zwangsvorstellungen, die man solchen Dingen gegenüber hat, noch kein bißchen überwunden hab.

Angefangen hat alles an einem Abend, als ich ganz besonders

ausgeflippt war wegen Antonia und richtig Lust hatte zu sterben (natürlich wieder nicht wirklich) und Roberto mitkam und bei mir schlief. Wir haben im selben Bett geschlafen und einander gehalten und ein bißchen berührt; aber ohne irgend etwas eigentlich Sexuelles, und auf jeden Fall war das Wichtigste dabei, daß ich es diesen Abend endlich fertiggebracht habe, zu weinen, mich trösten zu lassen, mich ganz gehenzulassen, kurz all das, Du weißt schon. Es war absolut das erste Mal, daß mir so etwas bei einem Freund passierte, verstehst Du? Und es ist sehr, sehr schön gewesen und ganz anders, als wenn Du das gleiche mit einem Mädchen machst – mit *Deinem* Mädchen –, irgendwie richtiger oder einfacher oder leichter. Ich kann es nicht richtig ausdrücken, aber ich vertraue auf Deine spärliche Intelligenz. Nach dieser Nacht war in beiden, glaube ich, auf jeden Fall in mir eine gewaltige Versuchung, zu den alten, ruhigen und läppischen Formen der Freundschaft zurückzukehren, zu den Beziehungen von einst, ohne Hingabe, ohne Liebe und ohne Sex. Glücklicherweise ist es nicht so gekommen, und dabei hat der Sex eine wichtige Rolle gespielt, der Umstand, daß es wieder «passiert» ist, nämlich daß wir miteinander geschlafen haben und das hat dann wieder die schöne Beziehung angefacht. Ich möchte wirklich versuchen, diese Sache so wenig wie möglich zu theoretisieren, einerseits weil ich sie bis obenhin satt habe, diese Lawinen von idiotischen und zu nichts führenden Theorien, die wir alle fünf Minuten frisch aus dem Ofen ziehen, und weil ich Angst habe, daß beim Theoretisieren etwas verlorengeht, und zum anderen, weil es eigentlich auch gar nichts zu theoretisieren gibt. Im Augenblick läuft alles ganz gut, das ist alles. Weißt Du, daß es sehr schön sein kann, mit einem Freund zu schlafen? Natürlich wirst Du mir das kein bißchen glauben, hundertprozentig heterosexuell, wie Du bist, und das nächste Mal, wenn wir wieder im gleichen Zimmer schlafen, wirst Du Dir vermutlich gepanzerte Unterhosen anziehen und Dich mit Stacheldraht umwickeln. Keine Angst, ich habe nicht die Absicht, Dich zu schänden. Das heißt, um die Wahrheit zu sagen, doch, das heißt nein, nun ja, ich möchte wirklich gern auch mit Dir diese Art von Beziehung haben und auch mit den anderen, mit denen ich wirklich befreundet bin. Ich möchte es ehrlich, allerdings fürchte ich ein bißchen, daß auch in so einer Beziehung gewisse unschöne Aspekte zum Vorschein kommen könnten, wie in einer Zweierbeziehung. Das possessive Verhalten, diese Art, sich ganz in eine einzige Beziehung zu werfen und für die anderen nur Brosamen und Falschheit übrig zu haben und Eifersucht. Ich hab zum Beispiel das Gefühl, daß ich, wenn Roberto mit einem anderen schlafen würde, nicht mehr und nicht weniger ausflippen würde, als ich bei Antonia ausgeflippt bin (und noch flippe). Und im übrigen ist ohne Zweifel seit dieser Sache der ganze Rest, das heißt auch meine Freunde, weit in den Hintergrund gerutscht. Na, wir werden sehen. Nicht um meine Männlichkeit zu bekräftigen, an der mir immer weniger liegt, aber ich will Dir sagen, daß ich immer noch an Antonia denke, ich hab eine irre Lust, umzukehren und ein paar unwahrscheinlich schöne Momente noch einmal zu erleben (was eindeutig unmöglich ist) oder vorwärts zu gehen, bis ich sie irgendwo wiedertreffe, sie, ihr Gesichtchen, unsere Vögeleien, die Zärtlichkeit und das übrige.

Aber das kommt mir manchmal noch aussichtsloser vor. Wenn es wahr ist, wie manche sagen, daß Jahre vergehen müssen, ehe man ein Mädchen lieben kann, ohne zwangsläufig zu Gewalt, Leid und gegenseitiger Kastration zu gelangen, ha, wenn das so ist, Mann, dann jage ich mir lieber eine Kugel durch den Kopf.

Und dann, aber sag das bloß keinem Menschen, dann frage ich mich manchmal, ob es, wenn wir tatsächlich einmal so viele kleine Dinge in uns geändert haben, wenn wir einmal keine possessiven, repressiven Männer mehr sind et cetera, es dann noch so schön sein wird, jemanden liebzuhaben. Aber das sind schrecklich konterrevolutionäre Zweifel, nicht?

Ich grüße Dich von weitem, ich küsse Dich nicht, ich rühr Dich nicht an, ich gebe Dir nicht mal die Hand.

ROCCO

19. Zwei dunkle Bier, zwei Spiegeleier und eine Panne

Lisa hätte sich eigentlich nicht mit ihm treffen wollen. Lisa dachte etwas bange: «Das ist einer von denen, die sich immer mit schönen Frauen rumtreiben.» Im Ernst, verdammt, du siehst ihn nie mit einer, die nicht ein Gesicht hat wie eine Heilige aus dem dreizehnten Jahrhundert oder den Po einer Lolita oder die strammsten Titten der Nachkriegsjahre. Antonia zum Beispiel. Und dann «dürfte der, wenn's hochkommt, sechzehn sein», und Lisa ist immerhin neunzehn, aber manchmal kommt sie sich wie fünfunddreißig vor, weil sie nicht viel lacht, nicht Mofa fahren kann, nicht in Konzerte geht. Sie raucht, das ja, Haschisch, Zigaretten, Zigarren, alles, was ihr unterkommt, auch Pfeife, aber nur so, mehr aus Gründen der Männlichkeit.

Kurz, Rocco ist ein Kind, und Lisa ist eine Frau: das denkt Lisa beim Haarewaschen, und sie denkt auch, daß sie einen Hängearsch hat und daß sie die Stiefel noch immer nicht vom Schuster zurückgekriegt hat. («Verdammt, ich werde aussehen wie eine Watschelente!») Und daß sie immer noch nicht weiß, ob sie es Antonia sagen soll oder nicht, daß sie darauf eingegangen ist, sich mit Rocco allein zu treffen.

«Vielleicht gehen wir ein bißchen spazieren», hat er am Telefon gesagt, der raffinierte Hund, mit seiner sanften und traurigen Stimme, «ich muß wirklich mit dir reden, verstehst du, ich krepier sonst demnächst!» Und dann, nach einer Pause, noch hinterhältiger, der Gauner: «Unter anderem finde ich es schade, daß wir beide, du und ich, daß wir beide uns immer so wenig miteinander abgegeben haben, das heißt, ich meine, ich fände es echt gut, ganz unabhängig von der Tatsache, daß du Antonias Freundin bist, dich ein bißchen näher kennenzulernen.» Unmöglich, nein zu sagen. Es sah so aus, als hätte er eine fürchterliche Angst, der kleine Junge. Schüchtern. Wirklich sympathisch. Lisa weiß eine Menge Sachen über ihn, denn drei oder vier Monate lang ist Antonia in ihren Gesprächen ziemlich monoton gewesen: Vorzüge und Mängel ihres geliebten Ringellockenköpfchens. Die Frauen reden, erzählen und beschreiben nicht um anzugeben, sondern um sich verständlich zu machen oder sich bemitleiden zu lassen. Und Lisa weiß auch, wie Rocco in der Liebe ist, weiß von dem Mal, wo Rocco versucht hat, Antonia von hinten zu nehmen, also, kurz gesagt, in den Arsch zu ficken. «Ehe er mich kennengelernt hat, war er mehr oder weniger noch Jungfrau, der Scheißkerl, und dann hat er auf mir drauf angefangen, Schnellsiedekurse nach dem Kamasutra zu machen», hat Antonia gesagt, als die beiden zu streiten anfingen, er und sie, das Paar des Jahres, so hübsch zusammen, daß sogar «Panorama» ein Foto von ihnen veröffentlicht hat, als Illustration einer Umfrage nach den beliebtesten Kaugummimarken oder so was in dem Stil.

Sicher, denkt Lisa, während sie mit zwei Schichten Puder die verdammten Augenringe überdeckt, weil es nicht gut aussieht beim Spazierengehen auf der Straße, wenn man älter als der Begleiter wirkt, sicher ist da auch ein bißchen Eifersucht im Spiel. Warum nicht? Kleine Gruppe Nummer sechsundsiebzig, Thema: «Das Akzeptieren des eigenen Frauseins», bis in die letzte Konsequenz, bis zu den unbewußtesten, geleugneten, verfluchten Konkurrenzgedanken. Was ist eigentlich so schlimm daran, daß ich Antonia um diese hübsche kleine Zweierbeziehung, um dieses Titelblattpärchen-Dasein beneidet habe? Es ist normal. So etwas muß man akzeptieren, und deshalb muß man sich auch mit der Nervosität bei diesem ersten, etwas schuldbewußten Treffen mit «ihrem Freund» abfinden. Es sieht fast wie Diebstahl aus, mit dem erschwerenden Umstand, daß es ein Anschlag auf die Freundschaft, ein Vertrauensbruch und so weiter ist, aber das alles ist es nicht, denn erstens sind sie nicht mehr zusammen, und zweitens gehören die Leute nur sich selbst, und niemand kann einen Drahtzaun mit dem Schild «Bissiger Hund» um den Schwanz von seinem Ex-Verlobten legen. Schwanz? Lisa hat Sexgedanken. Natürlich wird er mir nur von ihr erzählen wollen. Zwecklos, sich irgend etwas einzubilden. Aber warum sage ich «was einbilden»? Als ob mich dieser kleine Erotomane der letzten Tage interessieren würde.

Ich liebe ihn, und ich hasse ihn, wie ich alle Dinge von Antonia liebe und hasse, das heißt, ich liebe sie, wenn sie auch mein sind, und ich hasse sie, wenn sie gegen mich gerichtet sind, das heißt die ihren sind, das heißt, wenn sie ihr und nur ihr gehören, also in Alternative zu mir . . . Konfus und auch bedrückend, dieser Gedanke. Ganz nervös gegen sich selbst geht Lisa hinunter und sagt auf der Treppe immer wieder vor sich hin, daß sie reifer ist, intelligenter, daß sie mehr gelesen hat, daß sie einen erwachsenen Liebhaber gehabt hat, einen richtigen Mann, einen, der sie liebte, so daß diese Kindereien sie ganz bestimmt nicht bange machen können, nicht sie, Lisa, und etwas Beeilung, wenn ich bitten darf, mein Kleiner, ich hab keine Zeit zu verlieren.

Sehr hübsch und sehr verlegen bläst Rocco sich im Gegenlicht den Rauch seiner Zigarette in die Augen, als er sie mit diesem finsteren Gesicht in der Haustür erscheinen sieht.

Der erste eisige Schlagabtausch. Wohin gehen wir? Was weiß ich, spazieren. Dann Rocco, demütig und erschreckt: «Hör zu, wenn es dir nicht paßt . . . ich meine, wenn du zu tun hast, sag es mir, dann sehen wir uns vielleicht ein andermal.» Aber Lisa lächelt (hübsch ist sie, wenn sie lächelt, nicht so schroff) und versichert ihm, daß es ihr sehr gut paßt, und entschuldige bitte, es liegt nur daran, daß ich so viel über dich geredet und dich nie (oder fast nie) reden gehört habe, darum ist es ein bißchen so, als ob man plötzlich eine Figur aus einem Buch in Fleisch und Blut erblickt. Sie lachen beide. Rocco nimmt das für ein Kompliment und legt seinen Arm um ihre Schulter. Es ist warm: ein Bier? Lisa trinkt wie ein Mann, und beim Reden ist sie nicht um Worte verlegen. Und auch dieser Rocco ist da gar nicht so unterbelichtet. Lisa wird sich an den vorverlegten Wahlen beteiligen und Democrazia Proletaria wählen, denn «es ist idiotisch, das Quorum zum Fenster rauszuwerfen». Rocco wird nicht wählen, nein, er ist noch nicht achtzehn, allerdings wenn er wählen dürfte, würde er Lotta Continua wählen, denn «diese Neorevisionisten, die unterstütz ich nun wirklich nicht». (Auch weil Marcello auf der Liste ist, aber das ist eine Sache für sich, eine von den vielen, die man nicht sagt, wenn man über Politik spricht.)

In der Kneipe fühlt man sich wohl, wenn man sich mit dem Schicksal des Landes befaßt, auch mit dieser ruhigen kleinen

Frau, die zum Glück noch nicht angefangen hat, sich in Ausdrücken wie «ihr Chauvinisten» zu ergehen – eine Formel, die Rocco in Schrecken versetzt: man fühlt sich so leicht von der seltsamen und unerforschlichen Kategorie Mensch, die die Frauen sind, unter Anklage gestellt.

Ganz beschäftigt damit, es sich gutgehen zu lassen, langt man beim dritten Bier an. (Dunkles Bier, auch für Lisa?) Sie ist wirklich ein außergewöhnliches Mädchen: «Ich schwör's dir, auch Antonia verträgt nur helles Bier und würde es sich auch im Traum nicht zutrauen, ein Nastro Azurro von einem Tuborg zu unterscheiden . . .» Und so kommt man auf Schleichwegen endlich auf Antonia zu sprechen, in perfektem Timing mit dem Sonnenuntergang und den etwas erhitzten Gemütern, und: «Hör mal, unsere Wohnung ist zufällig leer. Willst du einen Happen bei mir essen, dann können wir dort weiterreden.» Lisa ruft ihre Mutter an, daß es eine unheimlich wichtige Sitzung im Quartiere Trionfale gäbe, und zusammen gehen sie, so dicht nebeneinander, wie man eben kann, ohne sich zu berühren, zu Rocco nach Hause.

Manchmal wünschte ich, daß mir die Zunge abfällt. Warum sag ich ihr auch, daß sie so was machen soll. Draußen hast du dich noch ganz auf Draht gefühlt, wohlgeschützt durch die Leute um dich herum. Ganz in Sicherheit und selbstbewußt. Was nun, Casanova? Wir haben die Eier und die Würstchen verspeist. Wir haben von Vaters Whisky getrunken. Wir haben die Platte aufgelegt. Die Atmosphäre hat die richtige Temperatur. Wofür? Ich muß augenblicklich irgendein Gesprächsthema finden. Aber ein dickes, fettes. Das lange vorhält. Mindestens zwei Stunden. Dann kommen Mamma und Papà, und ich bin gerettet. So was wie die Krise der bürgerlichen Ideologie, oder so 'n Kram. Der Lockheed-Skandal ist schon zu abgekaut. Wer wohl Antilope Cobbler ist? Oh, Scheiße. Warum eigentlich? Kann ich sie nicht einfach aufs Kreuz legen, wie es doch jetzt an der Reihe wäre, oder wie seh ich das? Weil sie die Freundin von Antonia ist? Na und? Na, vielleicht wär's doch nicht so nett. Komm, erzähl keine Geschichten, vielleicht ist das der einzige

Grund, weshalb du es tun würdest. Gut, und warum denn dann nicht? Sicher, sie ist reichlich erwachsen, könnte fast meine Großmutter sein. Also, um so besser – dann macht alles sie. Ob es stimmt, daß sie ein bißchen lesbisch ist? Hoffentlich ja. Nein, hoffentlich nicht. Hoffentlich rupft sie ihn mir stückweise aus. Gott, was für eine Vorstellung! Das Schweigen wird drückend und anzüglich. Versuchen wir's mit den Wahlen in Portugal? Ach was, scheiß drauf! Ja, na klar komm ich da zu dir aufs Bett. Aber erwarte dir nichts. Eine zärtliche Umarmung. Gut. Jetzt wird sie erregt. Die geht aufs ganze. Eine schöne Freundin hast du dir da aufgetrieben, Antonia. Oh, bloß keine Dummheiten sagen. Was glaubst du, wie scheißegal das Antonia ist. Die muß mit mir ihr Eifersuchtsquantum für die nächsten dreißig Jahre aufgebraucht haben. Laß Antonia schießen, und genieß die Sache hier. Eigentlich ist sie ganz hübsch. Sicher, der Arsch hängt ihr fast zu den Fersen runter, aber immerhin. Vielleicht stößt sie beim Gehen mit den Absätzen dagegen. Meine Witze werden auch von Tag zu Tag magerer. Wie, uns ausziehen? Einfach so, ohne ein Wort? Aber er hängt mir noch schlaff wie ein Regenwurm. Vielleicht hab ich ihn auch glatt verloren. Ich werde ihn in der Bierkneipe liegengelassen haben. Oder in der zweiten Schublade unten links. Wie peinlich. Aber vielleicht wacht er auf, wenn wir uns schnell ausziehen. Scheint nicht so. Na gut, das soll sie besorgen. Sie sind ja sowieso alle nicht scharf auf diese reinen Schwanztypen – vielleicht ist sie da froh, einen ganz ohne zu finden. Aber vielleicht klappt's, wenn wir uns ein bißchen aneinander reiben. Jetzt lang ich ihr an die Titten, vielleicht rubbel ich ihr auch die Muschi ein bißchen. Dann kapiert sie vielleicht, daß es mir Spaß macht, auch wenn er mir im Augenblick nicht steht. Der steht mir auch wirklich nicht, der Scheißer. Aber, *cazzo*, worauf wartet sie denn auch? Daß aus dem Himmel ein Kran runterkommt und ihn mir hochhebt? Oder daß ich's mit dem Wagenheber versuche? Wenn sie ihn ein bißchen von Hand bearbeiten würde, ich bin sicher, daß er einrasten würde. Noch besser mit dem Mund. Nichts, sie reibt sich weiter an mir, aber die ganze Zeit mit den Händen um meinen Hals. Die reden und reden, aber wenn's dann soweit ist, erwarten sie, daß du, das Männchen, es bringst. Eigentlich könntest du auch wirklich mal aufwachen, Scheißschwanz.

Man muß es schon sagen. Vielleicht versuch ich, an irgend etwas Aufgeilendes zu denken. Ich weiß nicht, vielleicht an etwas von der Art, wie sie mir das Arschloch leckt und mir gleichzeitig einen runterholt. Nichts zu machen.

Na, nimm ihn doch schon in die Hand, dumme Kuh. Befummel ihn ein bißchen. Solange er nicht steif ist, ist nichts, kapiert? Langsam werde ich wirklich verlegen. Und ich bin wohl auch ein bißchen verzweifelt. Wenn er nun bis ans Ende meiner Tage nicht mehr steif würde? Ich glaube fast, ich bin impotent geworden. Muß alles Antonias Schuld sein, auch das. Aber nein, er ist mir eben nicht steif geworden. *Cazzo*, schließlich ist Lisa kein kleines Mädchen mehr. Sie ist eine Frau. Auch wenn sie ein bißchen bescheuert ist. Aber wenn sie schon so genau weiß, wo's langgeht, warum setzt sie nicht ihren ganzen Eifer daran, mir einen Ständer zu bauen? Vielleicht weiß sie überhaupt nicht, wo's langgeht. Vielleicht ist sie genauso verlegen wie ich. Was, es macht nichts? Was soll das heißen, man muß es nicht unbedingt machen, im Grunde ist es auch so sehr schön. Jetzt kommt sie mir mit der verständnisvollen Tour, die blöde Kuh. Schön? Scheiße! Ich fühl mich wie ein Wurm – was da schön dran sein soll, weiß ich wirklich nicht. Es ist schon spät, ziehen wir uns an. Gut, ziehen wir uns an. Sehen wir uns wieder? Ja, klar sehen wir uns wieder. Aber vielleicht am besten im Stadio Olimpico während des Derbys. Nur so, nur damit wir in Zukunft Situationen dieser Art vermeiden. Aber sicher, aber klar, natürlich sind wir Freunde. Jetzt muß ich sie auch noch heimbegleiten! Wer wohl Antilope Cobbler ist?

20. Epilog

Scheißerstermai. Wenn ich ihn nicht mit roten Fahnen garniert wiedergesehen hätte, wär's sicher besser gewesen. Er hat das Wort an mich gerichtet und so eine historische Gelegenheit für eine gute Minute Schweigen versäumt. Dumm. Was geht mich die Rede von Storti an. Ein Gewerkschaftler ist und bleibt ein Gewerkschaftler. Was versprichst du dir davon, wenn du Barrikaden haufenweise mit Champagner einweihst.

Revisionist! Enttäuschter Angeber! Feministin! Arschloch! Wie geht's dir? Nein, wirklich, wie geht's dir? Schlecht.

Ehe man so miteinander redet, ist's besser, man hält den Mund. Wenn ihr es genau wissen wollt, ich hab es satt, dieses Geschwätz, dieses nichtssagende. Was die Leere angeht, so beginnen Linksregierungen und Fußballspiele einander auf fatale Art zu ähneln. Und dann du, ausgerechnet du, Rocco, schlag mich, beschimpf mich, aber banalisier mich nicht. Man sah es dir an den Augen an, daß du nicht zufrieden warst. Weil du den stählernen Knirps spielen wolltest, und Lisa hat dich auch noch ermuntert, als du über dieses und jenes mit chinesischer Ruhe sprachst. O nein, nicht daß mir die Politik scheißegal wäre, aber wenn sie mir nicht hilft, auch nur ein bißchen besser zu funktionieren, zu verstehen, warum ich gemein und traurig bin, schau, dann weiß ich wirklich nicht, was ich damit anfangen soll.

Subjektivismus? Okay, Subjektivismus. Ich weiß nicht, was ich machen soll. Um es ganz offen zu sagen. Und natürlich bin ich eine Scheißfeministin, wenn du so willst. Ich bin nicht aggressiv. Ich bin aber auch nicht regressiv. Ich bin nur verzweifelt, unglücklich – so unglücklich, daß ich mich am liebsten am nächsten Baum aufhängen und dort vor euch baumeln und euch allen die Zunge rausstrecken würde. Nein, ich habe gar nichts. Ich hab dich gern gehabt. Jetzt nicht mehr, und es nützt nichts, daß du von der militanten Vergeblichkeit zur zärtlichen Verlegenheit überwechselst. Glaubst du, Lisa hat mir nichts erzählt? Offenbar hast du noch nicht viel Ahnung von den Beziehungen zwischen Frauen – du glaubst wahrscheinlich noch, wenn eine mit dem Mann einer anderen fremdgeht, daß sie dann entweder lügen muß oder daß sie sich gegenseitig die Augen auskratzen. Verteidige dich nicht, und vor allem streichle mich nicht. Ich bin nicht eifersüchtig. Lisa hat mir auch erzählt, daß du es nicht geschafft hast. Die Schuldgefühle blokkieren manchmal die Mechanik der Erektion, oder vielleicht hast du die Seele im Schwanz. Warum weine ich, warum weine ich . . . ich weine, weil ich blöd bin. Genau: ich weine, weil ich blöd bin. Ich hab dir etwas schrecklich Gemeines gesagt, du bist rot geworden, nein, bleich – ihr werdet ja nie rot. Verletzte männliche Würde. Ich habe nur erreicht, daß du Lisa haßt. Nein, Lisa ist nicht gemein. Wenn sie es mir erzählt hat, dann nur, um mir zu zeigen, daß sie mich lieber hat. Sie hat es nicht getan, um zu verurteilen, zu verleumden, zu tratschen. Aber vielleicht ist es gerade das, was du nicht vertragen kannst. Daß du mir Lisa nicht wegnehmen kannst. Daß ein Mann gegen zwei Frauen nicht siegen kann. Manchmal bin ich so traurig, daß ich vor lauter Traurigkeit die Revolution machen möchte, weil die richtigen Dinge die sind, die einen zufrieden und glücklich machen, nicht die Ideologien, mit denen man sich tröstet.

Ich kann mich an manchen 1. Mai erinnern, an dem man aus der Stadt hinauszog oder ans Meer, an die lärmende Fröhlichkeit der Umzüge plus Wein plus Sonne. Und heute ist es erst fünf, und ich bin schon zu Hause! Ich habe die Nelke in die Vase gestellt, aber auch so schaut sie verschwitzt aus, auch sie ist arm dran, einmal im Jahr muß sie als Revolutionsblümchen herhalten und zu allem Überfluß auf den gelben Ausweiskärtchen des gewerkschaftlichen Ordnungsdienstes. Das Haus ist leer: die Weekendabwesenheit meiner Eltern nicht auszunutzen, um viermal zu vögeln, das bewirkt, daß ich mich wie eine chronische alte Jungfer fühle. Als ob ich ab morgen früh in die Wechseljahre käme. Und du fehlst mir noch viel mehr, Rocco, aber ich weiß nicht einmal genau, ob wirklich du mir fehlst oder irgendwer zum Vögeln. Aber vielleicht ist das auch dasselbe.

Jetzt gebe ich der Katze die Milch, nehme eine Dusche, höre eine Platte, lese «Lotta continua», und dann leg ich mich schlafen. Miese Aussichten, aber wie man so sagt: das Leben ist lang. Wenn meine starke Lebensfaser den Wahlkampf übersteht und der 1. Mai weiterhin nur einmal im Jahr vorkommt, müßte ich garantiert noch wenigstens fünfzigmal die Gelegenheit haben, das Versäumte nachzuholen. Schöne Scheiße, Signorina Antonia: statt glücklich von Platz zu Platz zu ziehen, zanke ich mich mit einem Jüngelchen. Verzogenes Kind: morgen haue ich von zu Hause ab und gehe in eine Fabrik. Acht Stunden einen Hebel ziehen, bei dem Lärm und allem, mal sehen, ob mir da die Energie bleibt, mich wie eine Idiotin aufzuführen. Und dann laufe ich mit dem blauen Overall herum, halte ein wichtiges Spruchband, und alle klatschen in die Hände, wenn ich vorbeigehe, Streik, Gewerkschaft, Imbißbude, kalte Spaghetti, eine kahle Kammer in einer Pension, weißes Waschbecken, ein paar marxistische Texte, ernste Zeitschriften. Und alle Zeitungen sagen es, daß die Arbeiterklasse, wie man es auch dreht und wendet, der gesunde Teil des Landes ist. Und die Arbeiterklasse bin ich, der 1. Mai gehört mir, ich marschiere, ich höre mit geballter Faust Lama zu, und Schluß mit den Männergeschichten und dem ganzen Blödsinn, der Raucherei, dem Sex, dem Feminismus: die Revolution macht, wer die Produktion macht, nicht wer sich von der blöden Schulbank zu einem Popfestival schleppt und dabei auch noch einen Idioten mit Ringellöckchen verfolgt, der nur daran denkt, wie er dich, deine Freundin und womöglich auch noch deine Mutter am besten vögeln kann.

Jetzt schreibe ich ihm. Nein, ich schreibe ihm nicht. Ich schreibe an Lisa, aber was zum Teufel soll ich ihr schreiben. O du miese Nutte, o meine alte Freundin, wie lieb von dir, mich zur Possessivität zu erziehen. (Traumatisch, aber schön. Durchaus möglich, daß du mir das Geburtstrauma reproduziert hast.) Ich könnte an mich selbst schreiben, könnte Tagebuch schreiben, oder auch einen Roman, irgend etwas, was die Geschichte meiner Liebe erzählt und sie als etwas Außergewöhnliches erscheinen läßt, Transplantation von Literatur aufs Leben. Wenn man sich wie ein Scheißdreck vorkommt und sich tragisch benachteiligt oder verzweifelt fühlt oder selbstmörderisch aufgelegt ist oder verrückt zu werden meint, vielleicht gelingt einem gerade dann so eine Operation, Rocco Rocco Rocco, aber ich lieb dich doch, Rocco, ich könnte es dir nicht beschreiben noch es dir erzählen, mir fällt nicht eine halbe Plumpheit ein, nicht ein einziges falsches Wort, nicht die Farbe der (schönen) Augen, nicht der Beruf des Vaters, nicht irgendein Drama, nicht die Kindheit, mir kommt nur diese Demonstration in den Sinn, die erste im vergangenen Winter: ich, die ich vor Glück weinte, er, der mich umarmte, und dann der Capuccino.

Und dann der Tag, an dem ich krank war und er gekommen ist mit seinem ziemlich kleinen Schokoriegel, und wie wir uns dann ins Bett verzogen haben. Dieses Bett hier. Warum gibt es die Rückblenden nur im Film? Ich könnte mir mit der Hand ins Höschen fahren, an den Tag damals denken und mir meinen braven Nachmittagsorgasmus spendieren und dann schlafen. Böse Traurigkeit: besser gleich einschlafen. Ihn anrufen. Nein. Ihm diesen unmöglichen Brief schreiben. Dann der Katze die Milch geben, duschen, «Lotta continua» lesen, träumen. Oder die Katze duschen, selber die Milch trinken, «Lotta continua» träumen und lieber etwas anderes lesen, irgend etwas, wo wilde unglückliche Liebesgeschichten drin vorkommen, die Wirklichkeit verändern, sie den Gesetzen des Gefühls und des Abenteuers unterwerfen, aber bloß nicht bei einem dieser beschissenen Schmöker landen, in denen er und sie, schön wie im Traum und verrückt vor Liebe, von einem Cocktail zum andern wandern, mit den Taschen voll Geld und Erinnerungen, aufgeputzt wie Weihnachtsbäume. Diese Sorte halte ich nicht aus, wenn's mir schlecht geht.

Lieber an Rocco schreiben: ein Gedanke, den du, wenn du ihn schon nicht amputieren kannst, irgendwie ein bißchen ausleben mußt. Über solchen Gedanken, vor allem über solchen Gedanken an Liebe und Tod, kann man auch verrückt werden.

Lieber Rocco,
ich habe Dich zärtlich geliebt. Du warst mir der liebste Junge meines Lebens, das zwar erst kurz ist, aber das macht nichts. Ich habe Dich geliebt, weil Du Naturlocken hattest, und das ist ein bißchen so, als ob man von den Göttern geküßt ist. Ich habe

Dich geliebt, weil Du nicht so anmaßend bist und weil es Dir beinahe Schweißausbrüche verursacht, anderen unrecht zu tun. Ich habe Dich geliebt, weil Du mich geliebt hast (das sagt übrigens, glaube ich, auch Tolstoj von Anna Karenina, daß wir Frauen eben so sind). Ich habe Dich geliebt, weil Du das Leben mit Humor nahmst und, wenn Du traurig warst, versucht hast, nicht böse zu sein, wie es die Menschen üblicherweise sind, wenn sie Kummer haben. Ich habe Dich geliebt, weil Du nicht so getan hast, als ob Du älter oder beschlagener wärst, als Du bist. (O Gott, das klingt ja fast wie eine Grabrede und ich bringe dauernd die Vergangenheit mit der Gegenwart und der unvollendeten Vergangenheit durcheinander. Ich weiß nicht, ob ich ein schlechtes Verhältnis zur *consecutio temporum* oder zu meinem Leben habe.)

Aber vor allem habe ich Dich geliebt, weil wir so zu zweit waren. Ganz am Anfang habe ich Dich nicht so sehr geliebt, ich habe nur ein wenig beschlossen, es zu tun, ich habe beschlossen, es zu versuchen (nicht um jetzt Deine Anziehungskraft runterzuspielen, Liebling, so was passiert eben. Ich glaube, das passiert auch Kabir Bedi mit seiner Perle von Labuan).

Es war später, daß ich angefangen habe, Dich zu lieben, weil mein Leben schöner geworden ist durch Dich. Ich habe angefangen, Dich zu lieben, als ich merkte, daß es mir weniger schwerfiel, am Morgen aufzustehen, weil ich Dich vielleicht in der Schule einen kurzen Moment lang flüchtig sehen würde, und daß ich mich bei den Versammlungen weniger langweilte, weil Du mich aus den Augenwinkeln beobachtet hast, und dann ging man Hand in Hand zusammen, und die Leute haben uns beneidet auf der Straße, weil die Leute allein sind, und wir waren zu zweit. Ich liebte auch die Art, wie Du mit mir zusammen warst, am Anfang, als Du mich gestreichelt hast, als wäre ich ganz aus Glas. Und ich liebte Dich so sehr auch nach dem Lieben, vor allem, wenn Du mich so dankbar angeschaut hast, als ob ich Dir einen riesigen Gefallen getan hätte.

Und dann liebte ich über alles dieses Gefühl, wichtig für Dich zu sein, ein Gefühl, das mich «verdoppelt» hat und das bewirkte, daß mir plötzlich alles, was ich tat, wichtig erschien, auch wenn ich weinte oder aus dem Zimmer lief oder mich schlecht fühlte. So liebte ich Deine Wichtigkeit für mich (entschuldige, wenn ich mich nicht ganz klar ausdrücke, ich habe eine große Leere im Kopf, der ich Namen zu geben versuche): es gefiel mir, Dich zu fragen, ob es Dir gut geht oder schlecht, Dir zu sagen: «Du siehst müde aus.» Oder mit Dir zu schimpfen: «Du rauchst zuviel.» Und das wegen der paar Zigaretten, die Du rauchtest. Es gefiel mir, Dich vor allen zu liebkosen und ihnen so zu zeigen, daß es zwischen mir und Dir etwas gab, aus dem alle anderen ausgeschlossen waren. Es gefiel mir, wenn es Dir schlecht ging und ich dich trösten konnte, dann war das Reden immer etwas ganz anderes als das übliche Reden, ich hörte auf, nur ich zu sein, und Du hörtest auf, nur Du zu sein, und auch die Zeit hörte auf, das zu sein, was in Eile vorübergehen muß, damit die Ferien kommen oder der nächste Sonntag oder das Erwachsensein. Die Zeit wurde mit Dir etwas, das man anhalten konnte: lauter vollkommene Augenblicke. Lauter Momente, die man nicht vergessen kann, an die man sich erinnern und von denen man sprechen muß und die für uns, zwischen uns so etwas waren wie eine Garantie.

Jetzt ist alles zu Ende. Es ist nicht wegen Lisa und auch nicht wegen damals, als Du mich auf diese seltsame Art nehmen wolltest, ohne mich anzuschauen.

Es ist zu Ende, weil es enden mußte, weil alle Spiele einmal zu Ende sind, und ich glaube nicht so recht, daß die Liebe nicht auch nur ein Spiel ist.

Ich küsse Dich noch einmal zärtlich, Deine

ANTONIA

P.S. Ich hoffe, daß Du diesen Brief wenigstens so liebst, wie ich es geliebt hab, ihn Dir zu schreiben.

Liebe Antonia,

hier bin ich. Morgen früh fahre ich in die Ferien, in die ersten. Ich fahre mit ein paar Leuten, Du kennst sie. Ich bin immer noch so blöd, daß ich vor jeder Abreise aufgeregt bin und daß ich am Abend vorher nicht einschlafen kann. Jetzt ist der Abend vor der Abreise. Aber es ist nicht nur das. Es ist auch und vielleicht vor allem die Tatsache, daß ich die Erinnerung nicht aus meinem Kopf herausreißen kann, wie oft wir miteinander davon gesprochen haben, was wir einmal in den Ferien tun würden, wo wir hinfahren würden, wie schön es sein würde und so weiter. Und nun sind wir nicht einmal dazu gekommen, in diese beschissenen Ferien zu fahren, wir haben nicht im Zelt gevögelt, wir haben nicht nackt gebadet und haben den ganzen übrigen Blödsinn, von dem wir gesprochen haben, nicht angestellt. Und die Vorstellung, ohne Dich wegzufahren, gibt mir, vielleicht bin ich blöd, zum erstenmal das Gefühl, daß es vorbei ist, daß es zu Ende ist, daß wir nie mehr zueinanderkommen, daß ich meine kleine süße, sehr geliebte Antonia für immer verloren habe. Und ich muß weinen, das ist dumm, und ich kann nichts dagegen machen. Und ich würde noch weitere sieben Seiten mit lauter solchen Sachen und Liebeserklärungen und zuckersüßen Albernheiten füllen.

Und vielleicht wäre es richtig, es zu tun. Trotz allem. Trotz der Tatsache, daß Du es nicht verstehen würdest. Und mir auch nicht glauben würdest. Und sagen würdest, daß ich mir nur einbilde, das zu fühlen, aber in Wirklichkeit . . . Ich verarsche Dich nicht, Antonia. Seit wir uns verlassen haben, war das einzige, was ich getan habe, ich meine, das einzig Ernsthafte, daß ich an die Sachen gedacht habe, immer wieder, die Du mir gesagt hast, an die härtesten und an die scheußlichsten, an die, die mich zur Schnecke gemacht haben. Und auf dieselbe Art hab ich an all die Dinge gedacht, die mir seither passiert sind oder vorher. Und das einzige, was ich herausgefunden habe, ist, daß alles ganz beschissen ist. Wirklich furchterregend. Weil die Sachen, die Du mir gesagt hast, richtig waren, auch wenn die, die ich Dir gesagt habe, möglicherweise auch richtig waren, und das heißt, daß nichts leicht und einfach ist, daß auch die Dinge, die mir klar und durchsichtig vorkommen, zum Beispiel meine Liebe zu Dir und meine Zärtlichkeit für Dich, in Wirklichkeit verworren und verdreht waren, eine seltsame Mischung aus schönen und häßlichen Sachen, auch sehr häßlichen, zum Beispiel gewalttätig zu sein oder Dich mit Füßen zu treten oder Dich nicht als Person zu achten, oder Sachen in dieser Art.

Und leider war das einzige, worin Du unrecht hattest, damals, als Du sagtest, daß der Feminismus oder die homosexuellen Beziehungen oder der gute Wille oder die Kritik und die Selbstkritik oder die Revolution genügen würden, um alle diese

Sachen aus der Welt zu schaffen.

Und nun, Antonia, besteht meine große Angst derzeit darin, langsam einzusehen, daß alle diese Dinge wichtig sind, sehr wichtig sogar, aber daß sie noch nicht alles sind, im Gegenteil, sie sind vielleicht nur ein winziger Abschnitt einer sehr, sehr langen Reise, von der ich nicht weiß, wie lange sie dauern und wohin sie führen wird und ob sie überhaupt irgendwohin führt. Am Ende dieser Reise müßten wir zwei andere sein, ein neuer Rocco und eine neue Antonia, ganz anders, nur von Liebe und schönen Dingen erfüllt, fähig, einander so zu lieben, daß es nichts anderes ist als das, fähig, einander Dinge zu sagen, die nur das bedeuten, was sie bedeuten, und nichts anderes. Aber um dahin zu kommen, muß man sich wie verrückt abstrampeln, viel allein sein und viel in sich hineinschauen, ohne sich selber dabei zu bescheißen, muß die harten Brocken schlucken, die uns die Reisegefährten sagen oder antun, und lernen, ebenso harte Brocken von sich zu geben.

Keine Angst, ich werde kein besessener, schwärmerischer Mystiker. Ich rede nicht von einer Reise hin zu Gott oder solchem Zeugs. Ich weiß genau, daß es viel mit der Revolution zu tun hat, denn wenn wir nicht die Revolution machen, kommen wir in Wirklichkeit nirgendwohin. Aber wir könnten auch die Revolution machen und trotzdem nirgendwohinkommen. Und ich will nicht, daß es so ist; das wär ein zu großer Beschiß.

Ich mache hier ein großes Gerede, ich weiß. Ich habe Zweifel im Kopf und die verrücktesten und verquersten Wahnsinnsideen. Wie zum Beispiel die, daß ich am Ende dieser irren Reise nicht mehr diese tollen und süßen Gefühle habe und daß es mir dann scheißegal ist, ob ich ein großer Guru geworden bin, und daß ich dann wieder blöd und kindisch werden könnte wie jetzt. Oder daß das, was dann am Ende steht, der Tod ist. Aber in einer Sache bin ich mir ganz sicher: ich werde mich nicht selbst umbringen, ich werde nicht zu fixen anfangen, ich werde nicht den ganzen Tag fernsehen oder sonstwas in dem Stil. Klar, natürlich hab ich schon an das alles gedacht. Aber dann hab ich bei mir gedacht, aus wieviel Wahnsinn und Durcheinander, wie vielen Kämpfen und Niederlagen mein Leben besteht, dieses einzige Leben, das ich hab, und ich habe zu große Lust, herauszufinden, wie es weitergeht und wohin es führt, ob es der kleinen Squaw gelingen wird, aus dem brennenden Dorf zu fliehen, ob Donneradler den perfiden Trick des weißen Mannes durchschauen wird, ob am Ende die Indianer doch noch kommen.

Antonia, Antonia, Antonia, kleine Dumme, meine *piccola*, wirst Du manchmal an mich denken?

Ich fahr dann also. Aber ich bleib nicht lange weg. Am 21. Juni will ich auch in den Botteghe Oscure sein. Bist du dann auch dort? Das letzte Mal habe ich Frieden geschlossen mit jemandem, mit dem ich mich arg gestritten hatte. Damals war ich noch ein kleiner Junge. Aber wer weiß, vielleicht werfen wir uns einander in die Arme und alles beginnt von vorn.

ROCCO

Dialog a posteriori

Que l'importance soit dans ton regard,
non dans la chose regardée.
André Gide

Als erstes Buch in der Reihe «Il pane e le rose»* stellen wir *Porci con le ali (Schweine mit Flügeln)* vor. Es ist ein außergewöhnliches Buch, eine Anomalität in der publizistischen Landschaft der Linken der letzten Jahre. Anomal dem Inhalt und der Form nach. Bei dem Entschluß, es zu veröffentlichen, sind wir von bestimmten Überlegungen ausgegangen. Erstens, daß in der linken Bewegung die Diskussion über die Sexualität einen zentralen Platz einnimmt, und zwar ganz besonders bei den Jugendlichen von heute, deren Phantasie stimuliert ist, die aber selten in der Lage sind, diese Phantasie als ein Mittel der Bewußtwerdung und der Erkenntnis ihrer selbst und anderer zu nutzen. Zweitens von der Notwendigkeit, eine gewisse Aura der Schändlichkeit zu zerschlagen, mit der die Sexualität umgeben wird, wenn man sie in ihrer Wirklichkeit beschreibt, und auf diese Weise auch aus dem falschen Dilemma negative Pornographie / positiver Erotismus herauszukommen. Drittens schließlich, daß man über die Reihung nackter Daten (von der Art des Kinsey-Reports) hinausgelangen und deshalb einem Tagebuch-Roman Raum geben sollte, der, auch wenn er von Nicht-mehr-Jugendlichen geschrieben wurde, doch die sexuelle Realität der jüngsten Generation (mittels symbolhafter Gestalten und Situationen) einzufangen und auszudrücken versteht. Also Zusammenfassung und Synthese und Reflexion einer kollektiven und realen Erfahrung, Zusammenfassung und Reflexion, die unter zwei Gesichtspunkten betrachtet werden: dem männlichen und dem weiblichen. Denn wenn es möglich sein mag, eine allgemeine Thematik in einem einzigen Stand-

* «Il pane e le rose» (Das Brot und die Rosen), eine Buchreihe des Verlags Savelli, Rom, in der die italienische Originalausgabe von *Schweine mit Flügeln* erschien. (Anm. d. Übers.)

punkt zusammenzufassen, so ist es jedoch entschieden unmöglich, zwei heute so verschiedene Standpunkte wie den männlichen und den weiblichen in Einklang zu bringen, zumal es sich um zwei Pole handelt, deren Widerspruch noch zu entwickeln bleibt. Und deshalb haben wir auch für unsere Reflexion die Form des Dialogs gewählt, wobei es uns nicht um eine Einigung, sondern um die Gegenüberstellung zweier Standpunkte geht, der Standpunkte, wie gesagt, zweier verschiedener Personen. Zweier Personen, die nicht mit den Autoren dieses Buches identisch sind: wenn diese die Anonymität gewählt haben, dann deshalb, weil sie betonen wollen, daß die Autoren (wenn auch nicht im materiellen Sinne: die Generationen schreiben keine Bücher) dieses Tagebuch-Romans die Roccos und die Antonias sind. Wir dagegen wollten lediglich einige Betrachtungen über die Generationen anstellen, die (von der 68er an) ihnen vorangegangen sind. Und diese Betrachtungen haben wir mit den Augen derer angestellt, die von innen heraus, aber auch individuell die große kulturelle Bewegung der letzten zehn Jahre miterlebt haben.

ANNALISA USAI
GIAIME PINTOR

ANNALISA: Wozu diese Betrachtungen über *Schweine mit Flügeln* niederschreiben? Und warum sie «vierhändig» schreiben, so wie der Roman «vierhändig» geschrieben ist?

Beim Lesen habe ich mich direkt angesprochen und in die Geschichte von Rocco und Antonia einbezogen gefühlt. Der Grund dafür liegt wahrscheinlich darin, daß ich erst jetzt – nahezu zehn Jahre nach meiner ersten sexuell-politisch-amourösen Erfahrung – das Gefühl habe, daß ich in der Lage bin, darüber nachzudenken, zu verstehen, historische Begründungen für mein damaliges Verhalten zu finden. Die Geschichte von Rocco und Antonia ist in Wirklichkeit die Geschichte von uns allen, der 68er und der Nach-68er-Generation, mit dem grundlegenden Unterschied, daß Rocco und Antonia durch den allgemeinen Bewußtwerdungsprozeß innerhalb der Bewegung die Fähigkeit erlangt haben, über das Rohmaterial ihres Lebens in dem gleichen Augenblick zu reflektieren, in dem sie es erleben.

Die Aneignung der Fähigkeit zur Analyse seitens derer, die einer gesellschaftlichen Veränderung unterworfen sind, ist, wie mir scheint, den Kämpfen dieser letzten Jahre zu verdanken, der Tatsache, daß die Bewegung sich eine ganze Reihe von Themen (Sexualität, Zweierbeziehung, Liebe) zu eigen gemacht hat, Themen, die 68 reif geworden sind, jedoch nicht sofort, mitten im Kampf, in politische Fakten umgewandelt werden konnten.

Erst jetzt – acht Jahre mußten vergehen – beginnen die zwischenmenschlichen Beziehungen eine politische Dimension zu erlangen: jeder von uns, der beim Ausbruch der Kämpfe bestimmte Ansprüche bei sich beobachtet hat, sieht sich heute mit einem Packen von Bedürfnissen und Problemen beladen, über die wir nie so nachgedacht hatten (weil wir nicht über das dafür erforderliche begriffliche Instrumentarium verfügten), daß wir sie jetzt allesamt verstehen könnten.

Das andere Problem – und hier liegt der Grund für die «vierhändige Reflexion» – ist der Umstand, daß in den letzten Jahren eine Verflachung der Probleme zu verzeichnen ist, die Mystifikation, daß Sexualität, Liebe, Zweierbeziehung und so weiter von Frauen und Männern auf die gleiche, identische Art und Weise erlebt würden. Die Genossinnen, die 68 sechzehn bis achtzehn Jahre alt waren, haben diese unglaubliche Erfahrung gemacht, die darin bestand, daß Geschlechtsverkehr keine Sache der inneren Bereitschaft mehr war, sondern als Geste der «sexuell emanzipierten kommunistischen Frau» verstanden wurde. Sie haben eine aufgenötigte Sexualität erlebt, die sich auf die billige Gleichung gründete: Universitäts-Besetzung + 68 + freie Liebe = Glück.

In dem Buch wird dagegen ganz deutlich, daß das Erleben der Sexualität sich für die Frauen sehr von der Art unterscheidet, wie die Männer ihre eigene Sexualität *aufnötigen*.

Antonia erlebt ihre Sexualität als etwas, das weit mehr dem Kopf als dem Körper verhaftet ist. Es gelingt ihr auch, glücklich zu sein, sich wohl zu fühlen mit Rocco, aber nur, wenn die körperlichen Empfindungen ihr die Möglichkeit geben, das «Hirn funktionieren zu spüren», zwischen Körperlichkeit und Intellektualität zu vermitteln.

Dieses Verhalten Antonias führt uns wieder zu dem Problem

der weiblichen Sexualität als Identifikationsmoment und nicht als Lustmoment. «Ich bin da, wenn du mich begehrst», sagt Antonia zu Rocco, und das ist nur zu wahr, wenn man bedenkt, daß nur selten Frauen sich ihrer eigenen Frigidität bewußt sind: die Simulation des Orgasmus geschieht – im allgemeinen – nicht bewußt, und soweit Lust damit verbunden ist, ist es die Lust, die man dem anderen gibt, die Glückseligkeit des anderen, deren alleinige Urheber wir sind.

Nur in dieser Identifikation mit der männlichen Lust liegt die Tatsache begründet, daß noch immer der klitorale gegenüber dem vaginalen Orgasmus, die Masturbation gegenüber der Penetration in den Hintergrund gedrängt wird. Beim klitoralen Orgasmus muß man davon überzeugt sein, daß «das da» wirkliche Lust ist, die von mir ausgeht und auf mich gerichtet ist, weil ich mich wohl fühlen möchte. Bei der Penetration geht die Lust von dir aus, müßte potentiell auch mich einbeziehen, doch fühle ich mich wohl (oder auch sehr unwohl) immer nur in dem Maße, in dem du, geliebter Mann oder auch nur einfach Mann, deine Identität als viriler Mann aus mir beziehst.

Giaime: Es stimmt, dieses Buch bezieht uns irgendwie mit ein. Und es ist richtig, daß dieses Buch einer Überlegung entspricht, die wir, die Nicht-mehr-Jugendlichen, über ein Erleben anstellen, das sich in diesem Buch wiederfindet und das teilweise eine Erfahrung unserer eigenen Jugend gewesen ist. Ich möchte jedoch sagen, daß es da erhebliche Unterschiede gibt. Wir nämlich mußten uns damals mit einer Barriere, nämlich der repressiven katholischen Moral, auseinandersetzen, die die Jugendlichen von heute schon größtenteils eingerissen vorfinden. Und das ist nicht nur – wenn wir so sagen wollen – unser Verdienst oder dem Jahr 68 zu verdanken, denn die Veränderung der Moralvorstellungen ist ein der Bourgeoisie inhärenter Prozeß, der heute durch den Prozeß einer allgemeineren Demokratisierung noch beschleunigt wird. Und eben, da damals wir ja diese Barriere zerschlagen mußten – und insofern ist es richtig, daß die Reflexion verstümmelt und unzureichend war –, scheint mir, daß die Jugendlichen von heute sich nur mit dem eigentlichen Erleben auseinanderzusetzen brauchen, und insofern ist es klar, daß ihre «Arbeit», ihr kultureller Kampf mehr auf ein totales und allgemeines «Experimentieren» ausgerichtet ist. Diese Trennung zwischen dem Moment der Reflexion, des kulturellen Kampfes und dem Moment des Experimentierens auf einem bereits befreiten Terrain scheint mir das zentrale Thema dieses Buches zu sein. Gerade die Beziehungen, die Rocco wie auch Antonia zu älteren Personen haben (Marcello und Marco), beweisen diese Spaltung: da ist einerseits die ganze Naivität des wirren Experimentierens und andererseits der ganze Zynismus – oder zumindest die Entzauberung – der als Alibi benutzten Reflexion, also der Ideologie. (Nebenbei bemerkt: es ist kein Zufall, daß beide «Großen» Männer sind: genau wie jene, die tatsächlich die Träger dieser Ideologie sind, die sich irgendwie auch auf Rocco überträgt.) Wenn nun diese Trennung zwischen dem Experimentieren und der Ideologie existiert (das heißt: zwei antithetische und voneinander getrennte Verhaltensweisen), dann halte ich diese Art des Schreibens für die einzig richtige. Ich möchte es als eine Art kollektives delegiertes Schreiben bezeichnen, bei dem der hier beschriebenen Praxis der Jugendlichen (Experimentieren) eine Art kollektiver Reflexion der Nicht-Jugendlichen gewissermaßen als Filter vorgeschoben wird. Ich will damit sagen, daß die Roccos – und ich glaube, auch die Antonias – sich hier wiederkennen werden, nicht nur weil Rocco so etwas wie ein Symbol der Erfahrung der Sexualität durch die Jugendlichen ist, sondern auch weil sie hier die Abläufe und die Überlegungen wiederfinden können, die das Experimentieren allzuoft verwischt.

So ist zum Beispiel bei Rocco das Schuldgefühl ideologisch nicht vorhanden. Zumindest erlebt er es nicht so, wie wir es erlebten. Er hat nicht die Bremsklötze einer Gesellschaft und einer katholisch-repressiven Moral, und insofern scheint er sich in allem, was er tut, ganz natürlich zu verhalten. Sein Experimentieren, seine «Aufgabe, heranzuwachsen», hat auf den ersten Blick etwas verblüffend Natürliches. Denn wenn es wahr ist, daß Sex als Schuld nicht mehr ein Teil der ersten Normen ist, die den Jüngsten eingetrichtert werden, ist es auch wahr, daß die Massenmedien – und nicht der Religionslehrer oder die Eltern – fortfahren, eine repressive Ideologie zu vermitteln, eine falsche Moral, die um so gefährlicher ist, je mehr sie sich auf eine falsche Weise liberal gebärdet: die Ideologie der Zweierbeziehung und jene der «Normalität» zum Beispiel, die sozialdemokratische Varianten der zweckorientierten, auf Fortpflanzung angelegten (wenngleich verantwortungsvollen) Sexualität sind. Wenn man jedoch genau hinschaut, ist die Schuld zwar vorhanden, ist aber losgelöst von Roccos Denken: sie wird nicht so sehr als Schrecken erlebt (wenn du onanierst, fallen dir die Hände ab), sondern vielmehr auf vielerlei Arten sublimiert. Rocco zum Beispiel masturbiert sich in Eile und ohne besonderes Vergnügen und meistens auf dem Klo. Er witzelt darüber mit offenkundiger Verlegenheit, für ihn hat das Wichsen alle Merkmale der neurotischen Handlung. (Es ist kein Zufall, daß die Ausrede mit dem Durchfall ganz ähnlich ist wie jene, die man in *Portnoys Beschwerden*, dem Porträt einer wahren und echten Masturbationsneurose, findet.) Wenn er sich, nachdem er bereits den ersten Geschlechtsverkehr mit Antonia gehabt hat, die Lust aufs Onanieren verkneift, um nicht zu riskieren, daß er es hinterher nicht mehr schafft, ist er nicht weit davon entfernt, wieder bei dem Komplex des «verdammten» Mannes zu landen, der «seinen Samen auf die Erde fallen ließ». Das heißt, er ist der – unbewußten – Überzeugung, daß die Masturbation ein dem Koitus antithetischer Akt sei und daß der Koitus allein die «Normalität» darstelle. Nun ist es zwar richtig, daß Rocco sich nicht der Beichte zu unterziehen braucht, bei der einem die Schuldkomplexe eingetröpfelt werden, doch praktiziert er eine der Beichte nicht unähnliche Form der Konfession: die Briefe an den Freund sind nicht so sehr eine Form des Exhibitionismus (diesen Freund kriegt man übrigens nie zu Gesicht und man lernt ihn nie kennen, es ist irgendwer) als vielmehr Ausdruck des Bedürfnisses, sich zu befreien, ein Geständnis abzulegen, um sich von einer Schuld zu entlasten. Eine eher protestantische als katholische Beichte, auch wenn sie eine läuternde Funktion hat und kein Strafersatz ist. Und schließlich erwacht in ihm, mit Hilfe einiger Züge aus dem Joint, in der Badezimmerszene auch das Gefühl der Sünde, des Verbotenen, des Perversen. Das scheint mir ein charakteristisches Beispiel für das zu sein, was ich als doppelte Ebene bezeichnen möchte: die Fakten sind da in ihrer Wirklichkeit, und so gesehen sind auch die Personen, was sie sind, aber hinter ihnen, «so wie sie erscheinen», zeigen sich hier die Jugendlichen «so, wie sie sind».

Annalisa: Ein Punkt, der mir bei diesem Gespräch über Schuldgefühl–Geschlechtsverkehr–Homosexualität wichtig erscheint, ist die tiefgehende Verschiedenheit – ich sage es noch einmal – zwischen Rocco und Antonia.

In Roccos Beziehungen sowohl zu Marcello (dem erwachsenen Freund und Genossen, mithin der Macht) als auch zu Roberto (dem gleichaltrigen Freund) gibt es kaum ein Heraustreten aus dem «genitalen» Schema, aus einer Sexualität also, deren Mittelpunkt der Ejakulations-Orgasmus ist. Bei Rocco befinden wir uns noch in der Phase, wo es «das Entscheidende ist, zu kommen», und nicht, sich auszudrücken, einander zu berühren.

Was im übrigen weder sonderbar noch sehr weit entfernt ist von der literarischen Tradition der Darstellung der männlichen Homosexualität. In *Ernesto* von Saba wird, ganz abgesehen von der an sich schon beklagenswerten Tatsache, daß die Sexualität sich *immer* in der Penetration ausdrückt, bei genau definierten und nie austauschbaren aktiven und passiven Geschlechtsrollen, der Höhepunkt der Nicht-Befreiung, der alten, mit Nonkonformismus übertünchten Schemata erreicht, wenn der Mann den Jungen darauf hinweist, daß sie zusammen «gekommen» sind, womit abermals der alte Betrug, das Märchen von der höchsten Lust durch gleichzeitigen Orgasmus, perpetuiert wird.

Bei Antonia dagegen haben wir – nicht zufällig – die Beschreibung der Verblüffung, der Verwunderung, der Angst vor dem Nicht-Bekannten und weit weniger die kleinliche Beschreibung von Orgasmen. Wodurch deutlich wird, daß für Antonia und Lisa das Problem nicht darin besteht, bereits durchlebte sexuelle Schemata von der Beziehung zu einem Mann auf die Beziehung zu einer Frau zu übertragen. Es wird also deutlich, daß die Liebe zu einer Frau *etwas anderes*, eine *andere Sexualität* ist. Eben deshalb erlebt Antonia Schuldgefühle und meint, daß ihr die Hände abfallen müßten, während Rocco relativ ruhig und gelassen erscheint. Schuld und Angst tauchen immer dann auf, wenn man wirklich aus gängigen

Schemata ausbricht, wenn man wirklich in dieser Andersartigkeit lebt, denn nur in diesem Fall wird die Loslösung von Familie und Erziehung – eine gewaltsame Loslösung, eine klare Ablehnung jener Sexualität, die Familiengeschichte, nämlich Fortpflanzung, begründet – eine wirkliche Konfliktsituation.

Es stimmt auch, daß Rocco sich ganz zerstreut masturbiert (in seinem Fall wäre es vielleicht doch besser, zu sagen, er holt sich einen runter), aus Langeweile etwa und in jedem Fall schematisch und ohne Phantasie. Und daß Antonia dagegen diesem Akt, der für sie nie Koitus-Ersatz ist, ein langes und kompliziertes, aus Phantasie und Präfigurationen bestehendes Ritual widmet. Aber es ist auch wahr, daß wir es in keinem der beiden Fälle mit der Masturbation als einem Moment des Sich-selbst-Ausdrückens, als einem Moment des körperlichen Selbstbewußtseins zu tun haben. Auch für Antonia ist die Masturbation im Grunde nichts anderes als der Versuch, die Zeit vor dem Einschlafen und die langen und faden Sonntagnachmittage irgendwie auszufüllen.

Giaime: Wenn ich ehrlich bin: mich überzeugt er nicht, ich finde ihn nicht glaubwürdig, diesen Rocco, wenn er nach einer homosexuellen Erfahrung nach Hause kommt, so als sei nichts gewesen. Hier haben wir es nicht nur mit der Abwesenheit eines Schuldgefühls zu tun, sondern mit einer forcierten Befreiung, der Haltung einer ideologischen Überwindung von Tabus. Da frage ich mich: ist das der Sinn dieses Buches für die Jugendlichen, für die richtigen Roccos und Antonias? Oder erleben sie es als Porno oder vielleicht auch als sexophob, oder als erotisch, stimulierend?

Da würde ich sofort und zuallererst sagen, daß es kein Buch ist, auf dem man eine abstrakte Polemik über Pornographie aufbauen könnte: es geht nicht darum (wie es auf recht zwiespältige Weise schon versucht worden ist), über die Existenz von zweierlei Art Pornographie, einer rechten (bürgerlichen und konsumistischen), und einer linken (revolutionären und befreienden) zu streiten. Es geht schlicht darum, den Begriff Pornographie zu negieren und damit dieses Buch und zahlreiche andere vergleichbare Manifestationen in den Bereich der Reflexion über die Wirklichkeit zurückzuführen. Die Roccos und die Antonias verhalten sich genauso in der Wirklichkeit, das Buch ist fast ein «Report», es registriert die Verhaltensweisen und die Welt, die diese Verhaltensweisen produziert: die Beschreibungen und die Phantasien sind typisch für linke Jugendliche aus kleinbürgerlichen Familien in einer Großstadt.

Deutlich wird auch die Sexualangst. Man kann nicht verlangen, außer von einem mechanischen Aufzeichnungsgerät, daß beim Gespräch über Sex nicht auch das Unbewußte zum Vorschein kommt. Und die Befreiung ist nicht ein so linearer Prozeß, daß man nach Beseitigung einiger objektiver Ursachen der Repression den Sex automatisch in vollkommener Glückseligkeit erleben könnte. Wobei, wenn wir so wollen, diese Glückseligkeit bei Rocco, wie gesagt, ein bißchen zu stark gegenwärtig ist, und das ist nicht so sehr ein Defekt des Buches, sondern, ich möchte sagen, dieser Befreiungsideologie, die tatsächlich bei den jüngsten Generationen vorhanden ist: eine Ideologie, die die Reflexion austreibt, sie als abgeleistet betrachtet und die jedes Schuldgefühl vertreibt und ausräumt. Ich spreche immer noch, versteht sich, von Rocco – zum Beispiel beim «Experimentieren», das ich vorhin erwähnte. Rocco experimentiert immer auf eine bereits mögliche Art, das heißt, er riskiert nichts. So erhält die Szene mit dem Analverkehr ihre läuternde Bedeutung gerade dadurch: Antonia (das Neue, die Utopie, die wieder zusammengesetzte Rationalität) begreift, daß die Befreiung Roccos (des Althergebrachten, der männlichen Realität, der gespaltenen Rationalität) eine falsche ist.

Und dann gibt es da auch eine Leseebene, die mir nicht unwichtig erscheint: die der Stimulierung der Phantasie und die der Objektivierung im Geschriebenen. Ich halte jede Form von Geschriebenem, dem man sich konfrontiert sieht und in dem man sich wiedererkennt, für befreiend – und nicht auf eine regressive Art. Damit will ich nicht sagen, daß dieses Buch als Leitfaden («Erkenne dein Unbewußtes») benutzt werden könnte, aber es mag durchaus ein Beitrag zur Selbsterkenntnis in den anderen sein (in diesem Fall in den Symbolgestalten) und mag auf irgendeine Weise auch die Verdrängung der geheimsten Ängste bewirken. Gewiß, heutzutage gibt es die irrationale Angst vor dem Geschlechtsakt nicht mehr, aber dafür gibt es eine ganze Reihe von Ängsten oder, genauer gesagt, gesellschaftlichen Widerständen, die sehr stark sind: dazu gehören, meine ich, die gesellschaftliche Ächtung (innerhalb der Gruppe selbst) der Masturbation als Ausweg derer, die «nicht an die Mädchen rankommen», oder der Homosexualität, die manchmal im Entsetzen vor der Lust und der Unheilbarkeit erlebt wird. In diesem Zusammenhang ist das Buch ein Plädoyer für die Wiedereingliederung aller beliebigen Aspekte in den Bereich der «normalen» Sexualität, eben weil Rocco nicht ein bestimmter Typ, nicht irgendein einzelner Jugendlicher ist, sondern in seiner Beispielhaftigkeit den Durchschnitt der Jugendlichen verkörpert, den Massen-Jugendlichen (gewiß: Kleinbürger et cetera): er hat also keine speziellen Erfahrungen, sondern «normale», allgemeine Erfahrungen (allgemein nicht in dem Sinn, daß jeder sie hat, sondern in dem Sinn, daß jeder sie haben kann). Diese Objektivierung ist – meiner Meinung nach – befreiend, und zwar befreiend, ohne bequem zu sein. Im Gegenteil, manchmal ist sie sogar gewissermaßen gewaltsam. Wir alle wissen, daß wir die Gedanken, die uns durch den Kopf gehen, während wir mit einem anderen Menschen schlafen, manchmal, ja sogar meistens uns selbst nicht eingestehen können: in Roccos und Antonias Gedanken gibt es diese nicht eingestehbare Wirklichkeit. Auch darin liegt Normalität, wenn auch eine, die man bekämpfen muß; aber bekämpfen, indem man sich dieser Wirklichkeit bewußt wird, und nicht, indem man sie leugnet. Wenn Rocco in seinem Innern den Wunsch ausdrückt, daß Antonia «ihn in den Mund nehmen» soll, drückt er gleichzeitig den absolut männlichen (oder absolut sexuellen?) Egoismus aus und die Unfähigkeit, gänzlich befreit zu sein und den Sex als etwas Normales und als Lust zu erleben: es sind Gefühle, die jeder erlebt hat und die jeder wenigstens einmal vor sich und vor seinem Partner hat verleugnen müssen. Auch hier hat die Objektivierung eine Funktion, die mir wesentlich und befreiend erscheint.

Und schließlich noch etwas zur Phantasie. Ich glaube nicht, daß man unter Phantasie die unmittelbare Reaktion auf einen Reiz verstehen sollte, also in diesem besonderen Fall eine Erregtheit bei der Lektüre. Wenn es so wäre, würde ich ohne weiteres von Pornographie sprechen, d. h., ich müßte dieses Buch den Magazinen für Männer gleichsetzen. Aber selbst aus den detailfreudigsten Exhibitionen von Geschlechtsteilen, von Vögeleien, Gruppen-, Homo-, Hetero-, Bi- und Animal-Sex ist nichts an Reizen für die Phantasien herauszuholen: solche Schaustellungen zeigen entweder zu viele Einzelheiten oder zu wenig interessante. Die Schundheftpornographie umzingelt die Phantasie praktisch von oben bis unten, ohne sie stimulieren zu können; sie engt sie vielmehr mit der Lieferung in sich geschlossener Bilder ein und macht sie blind. Phantasie ist also eine Fähigkeit, die wichtiger ist als die Fähigkeit zur sexuellen Erregung, auch wenn sie der Erregung dienen kann, die ja nicht ein Surrogat für die Wirklichkeit ist, sondern in den meisten Fällen ein Reiz zur Wirklichkeit selbst. Ich bin der Meinung, daß diese Leseebene alles andere als unerheblich ist: dieses Buch stimuliert die Phantasie, gerade weil es voller Reizsituationen ist, es verleiht ihr Würde, stachelt sie an, entdeckt und läßt entdecken, daß es keine krankhaften Phantasien und keine schlimmen Gedanken gibt.

ANNALISA: Als ich das Buch las, habe ich sogleich mit Scham reagiert; mir schien, es könnte ein negatives Faktum sein, in diesen (vielleicht ein bißchen zu kruden) Vokabeln über Sexualität zu reden. Das Maximum an Objektivierung ist, glaube ich, nicht notwendigerweise immer befreiend; das Sprechen über Realitäten, die par excellence ins Reich des Unausgesprochenen verbannt sind (Wünsche zum Beispiel), kann eine progressive Handlung sein, aber auch ein Zwang, um jeden Preis eine Realität zu schaffen, die es für die Frauen erst noch zu entdekken gilt.

So gibt es zum Beispiel kleine Gruppen von Männern, in denen über Sexualität gesprochen wird; es ist allgemein üblich, daß man abstrakt darüber redet, oder es wird eine etwas intellektuellere und modernere Version des «Ich hab den längeren» daraus. Vielleicht erlebt Rocco seine Sexualität auf eine befreiende Art; er erlebt – vielleicht – seine Masturbationen ohne Schuldgefühl, und seine sexuellen Beziehungen mögen dem männlichen Leser «befreit» vorkommen. Nicht so Antonia und dem weiblichen Leser. In ihr existiert keine sexuelle Realität, nicht einmal eine Utopie, es existiert nur das Nicht-autonom-Sein, das Gefühl, nicht vorhanden zu sein, wenn sie nicht von einem Mann begehrt wird. Für Antonia und die Frau, die dieses Buch liest, bedeuten sowohl die Handlung als auch die Worte noch Gewalt, bedeuten, daß man noch kein autonomer Körper ist, aber vortäuschen muß, gleichwohl eine eigene Sexualität zu haben. Sei es, um modern oder emanzipiert zu wirken, oder auch nur, weil man sich der eigenen Situation nicht bewußt ist.

Ich will es deutlicher erklären. Die Zeiten der sexuellen Befreiung sind dies «gesellschaftlich» wie «individuell». Einerseits sind sie von einer allgemeinen Weiterentwicklung – im demokratischen und progressiven Sinne – der Gesellschaft und der Lebensweise und von der Notwendigkeit der Gesellschaft bestimmt, sich neue Regeln zu geben. So geschieht es, daß beispielsweise im Falle eines besonders hohen Arbeitskräftebedarfes (sei es in einem Krieg oder im Falle erhöhter wirtschaftlicher Produktivität) parallel dazu konzeptionsverhütende Mittel wie etwa die Antibabypille für unmoralisch oder schädlich erklärt werden. In Zeiten eines starken wirtschaftlichen und gesellschaftlichen Verfalls dagegen – bei Ausschluß vom Arbeitsmarkt, bei hoher Arbeitslosigkeit – erleben wir, daß zum Beispiel hier in Italien Gesetze durchgehen, welche die Scheidung und sogar die Abtreibung ermöglichen. Und damit gibt es dann auch eine größere sexuelle Freiheit und mehr pornographische Filme und Zeitschriften. In diesem Sinn ist das Phänomen der Pornographie, von dem du sprichst, in direktem Zusammenhang mit dem Zerfall der Familie zu sehen, die hier als einziger Ort, wo eine Befriedigung der sexuellen Bedürfnisse möglich ist, verstanden wird (zusammen mit der Prostitution, die offenbar in dem Maße existiert, in dem Familie und sexuelle Repression existieren).

Die «individuellen Zeiten» sind etwas anderes. Sie entstehen in engem Zusammenhang mit den gesellschaftlichen, weisen jedoch eine zusätzliche Variable auf: die des Unbewußten. Ich will damit sagen, daß die individuelle Geschichte eines jeden sowohl von der ökonomischen Struktur als auch von anderen Gegebenheiten wie zum Beispiel der Erziehung, der Art des Verhältnisses zu den Eltern, der Art der Schule bestimmt wird. Gegebenheiten, die nicht für alle gleich sind, und das sehen wir ja auch sehr deutlich bei Rocco und Antonia, in ihrem Sexualverhalten, in ihrer allgemeinen Haltung gegenüber Neurosen und Repression. Rocco, Sohn einer linken Familie und überdies männlichen Geschlechts, steht den verschiedenen Sexualtabus freier (mit weniger Schuldgefühlen) gegenüber als Antonia, die sich zu Verschwiegenheit, zur Lüge, zum Auf-sich-Nehmen der Verantwortung für die Sünde gezwungen sieht, obwohl auch sie Tochter «demokratischer» Eltern ist. Aber Rocco ist auch sehr viel oberflächlicher, viel flacher in seinen Entdeckungen, weil für ihn die Eroberung seiner Autonomie eine Gegebenheit ist wie die offene Revolte, die sich Antonia als einziger Weg bietet.

Jetzt, nachdem wir gesehen haben, wie sehr die individuelle Geschichte zählt und welches Gewicht sie hat bei der möglichen sexuellen Befreiung, stelle ich mir die Frage, die ich vorhin andeutete, ob es nämlich richtig ist, Zeiten, Augenblicke herbeizuführen und damit auf irgendeine Art irgend etwas zu erzwingen.

Du sagst, daß die Objektivierung auf jeden Fall befreiend wirke, aber das hängt von der Ebene ab, von der man ausgeht. In der gegenwärtigen Phase, zum Beispiel, in der wir alle so befreit (!) scheinen, hält man sich nie vor Augen, daß für die Frauen, auch für die ungezwungensten Genossinnen, die Jungfräulichkeit ein Problem ist. Es ist ebenso ein Problem, sie zu haben, wie sie zu verlieren. Sie auf ungute Art zu verlieren kann ein schlimmes Trauma bedeuten. Sicher ist es wichtig, von dem zu reden, was wir alle tun, von den Wünschen und Phantasien, die über das Tun hinausgehen, aber nur, wenn dies einer wirklichen Entwicklung entspricht und einem wirklichen Bedürfnis, es zu tun.

Wenn es nur ein «Modernismus» ist, dann glaube ich, daß es einen Schritt zurück bedeutet und daß man damit eine neue linke und libertäre Moral schafft, die als aufgenötigte Moral sehr leicht zum Moralismus wird. Deshalb, was mich betrifft, ein klares Nein zu der Parole «Nun vögelt mal tüchtig drauflos!». Man sollte sich weniger auf die Quantität und mehr nicht nur auf die Qualität, sondern auch auf das Warum und auf die individuelle Geschichte eines jeden konzentrieren.

GIAIME: Aber man sieht doch tatsächlich in dem ganzen Buch mit aller Deutlichkeit, daß Antonia das Neue und Rocco das

Alte verkörpert. Und das ist bedeutsam. Es gibt nämlich nach dem Ausbruch der feministischen Frage eine große Gefahr in der Bewegung. Und das ist die Gefahr des feministischen Mannes. Es ist klar, daß der Widerspruch zwischen Mann und Frau ein sehr diffiziler, zermürbender Widerspruch ist, vor allem für die Männer. Und die Männer, die Männchen, haben sich desorientiert und überrumpelt gefühlt. Und das einzige, was ihnen eingefallen ist (aber auch das ist männlich, schrecklich männlich), war, sich schlecht und recht des feministischen Vokabulars zu bemächtigen und sich zu Feministen zu erklären.

Das ist augenscheinlich eine Torheit – oder ein überaus raffinierter Schachzug. Es bedeutet, den Konflikt beseitigen zu wollen, indem man einen der Begriffe abschafft (und auch das nur verbal). Aber ich meine, daß in diesen männlichen Verhaltensweisen auch viel Gutgläubigkeit liegt, nämlich eine wahrhaftige Angst der Männer vor der Frauenbewegung, eine wirkliche Desorientierung und der Wille, auf der Stelle mit allem Schluß zu machen und kampflos (wie sie glauben) auf alle Vorrechte zu verzichten: sie machen daraus, in der Praxis, eine Privatangelegenheit zwischen sich und ihren Frauen. Und machen daraus ein einschränkendes und zuweilen auch etwas demütigendes Faktum (gleiche Rechte im Haushalt!).

Also, ich glaube, daß ein Genosse sich heutzutage anders verhalten muß, wenn er seine Rückständigkeit loswerden will. Meiner Meinung nach irren zum Beispiel jene Genossen, die glauben: «Das Persönliche ist politisch». Für sie trifft das jedenfalls noch nicht zu. (Es sei denn, sie verwechseln diese Aussage mit einer sinnlosen Parole wie jener Genosse, der forderte, daß man bei politischen Versammlungen von Politik, aber auch von der «Votze» sprechen solle: so hatte er das Problem des «Das Persönliche ist politisch» gelöst!) Und es trifft wirklich nicht zu, denn wer Geschichte macht, wer immer Geschichte gemacht hat, hat nichts «Persönliches», von dem er ausgehen kann, er hat keine Möglichkeit (wenn er auch die Notwendigkeit sieht), sich wieder eine Identität zu suchen, die nicht die öffentliche Identität ist.

So gesehen, meine ich, müßte die Frauenbewegung heutzutage imstande sein, aus der ersten Phase (es sei klargestellt, ich sage das als Hypothese, nicht in dem Gedanken, etwas Richtiges zu sagen) herauszutreten und in eine zweite Phase einzutreten, in der es darum geht, Angriffe auf die Männer zu unternehmen, eine Art Hegemonie zu etablieren, der Bewegung Instrumente für eine umfassende Analyse zur Verfügung zu stellen, die Instrumente, die sie für die nützlichsten hält. Kurz, ich will damit sagen, daß es in einer Phase, in der der grundlegende Widerspruch zwischen Kapital und Arbeit auf einen entscheidenden Zusammenprall zusteuert, in der die Zeit für eine Machtalternative reif wird, daß es in einer Übergangsphase wie der gegenwärtigen vielleicht angebracht wäre, ein wenig äußerlich, die Themen des Widerspruchs zwischen Mann und Frau zu vertreten (ein Widerspruch, der auch und vielleicht noch stärker nach der Revolution, und zwar noch für eine geraume Zeit existieren wird): ich bin überzeugt, daß heute ein heftigerer und frontaler Angriff seitens der feministischen Bewegung möglich wäre, wenn man die Desorientierung der männlichen Genossen und ihr (nicht nur opportunistisches) Bedürfnis ausnutzen würde, den Widerspruch zu überwinden, diesen auch für sie zermürbenden Widerspruch zwischen Öffentlichem und Privatem, zwischen Persönlichem und Politischem. Also, ich meine, daß man in diesem Sinne das Buch als Angriff ansehen kann, gerade weil Rocco banal und Antonia das Neue ist: während Rocco handelt und sonst nichts, existiert Antonia in dem Maße, in dem sie reflektiert. Und alles in allem ist Antonia bereits, auch in ihrer Zwiespältigkeit, überlegen.

Annalisa: Über das Problem des «Neuen» bei den Frauen, das an die Oberfläche und nach außen getragen wird, zu diskutieren, ist sehr kompliziert. Man muß dazu verstehen, wie und wann die feministische Bewegung sich das Problem der Hegemonie stellen soll. Meiner Meinung nach läßt sich diese Frage folgendermaßen analysieren: die feministische Bewegung ist der Überzeugung, daß das, was sie sagt, in dem Maße recht und richtig ist, in dem die Frauen selbst ihren eigenen Bedürfnissen Ausdruck verleihen. Sie weiß aber auch, daß einerseits noch nicht alle Frauen ihren Ausdruck gefunden haben, sondern nur eine kleine Minderheit, und daß es andererseits nicht genügt, daß die Frau ihre individuellen Bedürfnisse herausfindet, wenn man eine Massenbewegung schaffen will. Das feministische

Bewußtsein – Bewußtsein der Bedürfnisse der Frau – ist nicht übertragbar, läßt sich nicht anderen Frauen suggerieren, denn der Prozeß der Bewußtwerdung ist ein privates und zugleich kollektives Moment, das *alle Frauen* durchleben müssen.

Auf welcher Grundlage kann die Frauenbewegung beschließen, die ganze übrige Bewegung zu beeinflussen, die Parteien, die Männer? Auf Grund welcher Analysen kann man annehmen, daß das, was für einige Frauen gilt (wenn es auch immer mehr werden), für alle gültig ist? Wenn der Kampf der Frauen vom Privaten ausgeht, um eine politische Dimension zu erlangen, müssen alle Frauen vom Privaten ausgehen, von der Rekonstruktion ihrer eigenen Geschichte. Nicht die feministische Bewegung muß eine Hegemonie etablieren: die Männer, die Parteien müssen sich auf dialektische Weise mit der Massenbewegung auseinandersetzen und sich hegemonisieren lassen.

Und auch dieser Weg ist nicht einer der leichtesten, da, wie du vorhin schon sagtest, für die Männer der Satz «Das Persönliche ist politisch» nicht unbedingt gilt. Die Männer haben seit jeher die Geschichte in der Hand, die auch das Private bestimmt, das Individuelle, denn in der Geschichte des Menschen (verstanden als die Geschichte des männlichen Menschen) gibt es nur eines, das zählt: die Ausübung der Macht, was sowohl im öffentlichen als auch im privaten Bereich deutlich wird.

Für die Männer, die von der Frauenbewegung hegemonisiert werden sollten, gibt es – in der Tat – nicht viele Wege: von sich selbst auszugehen ist als politische Praxis eine für die Arbeiterklasse gültige Lösung, eine Lösung für den Werktätigen allgemein, der bei der Organisation seines Kampfes von der Ausbeutung am Arbeitsplatz und von seinen Widersprüchen ausgeht. Das kann der Arbeiter tun, der Angestellte, der Bankangestellte, der Arbeitslose, nicht jedoch kann es «der Mann als solcher» tun. Denn «der Mann» ist nicht einer spezifischen Unterdrückung und Ausbeutung in seiner Eigenschaft als männliches Wesen ausgesetzt – er ist es allenfalls als Arbeiter.

Das Ausgehen von sich selbst, die Bewußtwerdung, die kleine Gruppe, all das, was die politische Praxis der Frauen ausmacht, in der das Neue erscheint, das die Welt beherrschen sollte, kann keine Hegemonie ausüben: die männliche Sexualität wird weder verleugnet noch gar enteignet, kein Mann hat das Recht, in einer Versammlung davon zu sprechen und sie als politisches Problem hinzustellen.

Es gibt eine einzige Möglichkeit der Hegemonie, und das ist das dialektische Verhältnis, das ist der mit der Macht der Bewegung auf die Parteien ausgeübte Zwang, nicht so sehr sich der Probleme der Frauen anzunehmen (denn darum kümmern sich die Frauen schon selber), als vielmehr sie nicht zu unterdrükken und der Bewegung den zu besetzenden Raum zu überlassen, ohne irgendwelche Führungsansprüche geltend zu machen.

Es gibt noch etwas anderes zu bedenken angesichts des Problems der Hegemonie, und das ist das Risiko, das leider in vielen Aktionen der feministischen Bewegung nur allzu gegenwärtig ist, daß nämlich das Hinaustragen deiner Errungenschaften in einer Phase, in der sie noch fragmentarisch und ungewiß sind, zu einer erneuten Flucht (und wir unternehmen derer ohnehin schon viele) vor uns selbst werden kann, einer Flucht vor den Schwierigkeiten, denen man als Frau im Kampf ausgesetzt ist.

Ich denke dabei an manche Kundgebungen in der Öffentlichkeit, an die Besetzung des Doms, ich denke an die allgemeine Forderung des Rechts der Abtreibung, während das wirkliche Recht darin besteht, nicht abtreiben zu müssen, eine freie Sexualität, frei von Fortpflanzung, zu leben.

Es kommt oft vor, daß wir, um die Stärke unserer Bewegung zu demonstrieren, um zu zeigen, daß wir 50000 Frauen mobilisieren können, die autonomen Inhalte auf der Straße verlieren, auf deren Grundlage wir als Bewegung entstanden sind. Es kommt vor, daß wir, um das Bürgerrecht innerhalb der Linken zu erlangen, schließlich die Frauen aufspalten in außerparlamentarische und nicht-außerparlamentarische – was wieder einmal heißt in schöne und häßliche, in intelligente und dumme. Dabei vergessen wir eines: wenn es stimmt, daß der Kampf der Frauen revolutionär ist, dann ist es auch wahr, daß er ein Prozeß und nicht ein abgeschlossenes Faktum ist und daß die beste Art, zu einer revolutionären Formierung zu gelangen, gerade nicht darin besteht, die Frauen zu zersplittern, indem man ihnen einen Rhythmus aufzwingt, der nicht der ihre ist.

Giaime: Das Problem des Privaten, das politisch ist, und des Öffentlichen, das privat ist, ist wirklich ein Problem: Rocco spricht mit seinem Vater über Cossutta, nicht über den Schwanz. Die Solidarität, eine bestimmte Art von Solidarität, die durch den Konflikt zwischen den Generationen hindurch vermittelt wird, eine Solidarität, die Antonia mit ihrer Mutter verbindet, wird im Falle von Rocco und seinem Vater eine Art «Ideenaustausch»: vom Privaten, das letztlich bei Antonia wie bei ihrer Mutter auf die gleiche Weise geprägt ist, geht man zum Öffentlichen über. Rocco und sein Vater sprechen die Sprache der Mächtigen, der Sieger: welcher Widerspruch bleibt zwischen ihnen? Nur der Konflikt zwischen den Generationen (der zwar wichtig ist, aber nicht brisant).

Und Rocco braucht weder die Solidarität seines Vaters noch dessen Rat: auf der Ebene des Öffentlichen sind Solidarität und Rat immer negative Elemente. Das Öffentliche, das männliche Element der Existenz par excellence, ist von der Geschichte her auf Wettkampf und Individualismus ausgerichtet. Und es liegt sogar ein subtiler Genuß darin – den wir uns früher oder später einmal bereitet haben –, die Unterschiede zu unterstreichen, das Trennende gegenüber dem Verbindenden: und es ist nicht einmal Dialektik, was Rocco seinem Vater entgegensetzt. Es ist schlicht (offensichtliche) Gleichgültigkeit. Wie alles, was sich auf der Grundlage von Öffentlichkeit und Intelligenz (oder Dummheit, das spielt keine Rolle) entwickelt, hat Roccos Beziehung zu seinem Vater den Charakter eines Spielchens, das die Intelligenz, während es sie zu privilegieren scheint, verachtet, weil es sie paralysiert, in ein Getto sperrt, an die Orte verbannt, die für die «zivile Konfrontation» ohne Emotionen vorgesehen sind. Doch was am meisten beeindruckt, ist die Konsequenz dieser halbherzigen Beziehung: das männliche Geschlecht (das Rocco und sein Vater gemeinsam haben) ist immer der Ausgangspunkt ihrer Beziehungen, nie der Punkt, wo sie ankommen. Es ist also, wie es, glaube ich, fast immer bei Männern ist, daß sie sich nämlich, ohne sich dessen bewußt zu sein, gegenseitig die Aufgabe zugestehen, öffentlich zu sein, die Intelligenz zu privilegisieren: auf diese Weise wird die Komplizenschaft, werden all die stillschweigenden Übereinkünfte nie aufgedeckt – im Gegenteil, man hat Angst davor, sie aufzudekken. Und das ist eine relativ neue Situation, die, wie ich glaube, teilweise dem ungeheuren Ausmaß des Generationenkonflikts in den letzten Jahren zuzuschreiben ist. In der Vergangenheit, bis vor zehn oder fünfzehn Jahren, waren diese stillschweigenden Übereinkünfte doch immerhin zuweilen (wenn auch auf plumpe Weise) enthüllt worden. Ich denke an die verständnisvollen Väter, die forschend das etwas anämische Auge des Sohnes betrachten und dabei mit schlecht verhüllter Befriedigung den Kopf schütteln, oder auch (wenn wir ein wenig in der Zeit zurückgehen) an die wahre und wirkliche Initiation der Söhne durch eine Affäre mit dem Dienstmädchen oder im Bordell. Ein regelrechter Initiationsritus also, wenn auch abwegig und geschmacklos wie alle Riten in der bürgerlichen Diktatur, der den Eintritt des Jungen in die Welt der Erwachsenen bedeutete, die männliche Toga. Das gibt es heute nicht mehr. Und wenn das zu einem Teil auf die tiefere und weitere Kluft zwischen den Generationen zurückzuführen ist, so ist es, meine ich, zum anderen ganz allgemein die Krise der bürgerlichen Werte und des traditionellen Patriarchats, was in der Praxis diese Art von «Einführung» des Erstgeborenen verhindert. Auf einer anderen Ebene könnte man vielleicht sogar behaupten, daß diese Krise hier mit hineinspielt und eine sexuelle Nicht-Konfrontation mit dem Vater bewirkt – und es ist gut möglich, daß darin der Grund für den Boom der männlichen Homosexualität liegt. Es gibt nicht mehr die Wetten, wer den längeren hat, man sucht nicht mehr den anderen zu übertrumpfen. Seltsam, es ist, als ob im Innern des einzelnen eine Aufspaltung in immer kleinere Teile stattfände: nicht nur in diesem Sinne hat der Mann gelernt, das Öffentliche vom Privaten zu trennen, indem er dieses letztere abtötet: vielmehr hat er sich innerhalb des Öffentlichen noch einmal gespalten in (öffentliche) Intelligenz und (öffentlichen) Sex. Öffentlicher Sex, weil es ein zweckorientierter Sex ist, eine Sexualität, die niemals Lust bedeutet, sondern zu einer Handlung wird, die auf solche Weise anfangen und so enden muß. Eben deswegen masturbiert sich Rocco nicht, sondern holt sich einen runter, er hat nicht seine Lust oder seinen Körper im Sinn (im Gegenteil: er scheint überhaupt keinen Körper zu haben), sondern die Ejakulation. Und wenn er mit Antonia schläft, hat er nicht die gegenseitige Lust im

Sinn, sondern die Demonstration seiner Potenz und schließlich das Erreichen des Orgasmus als Nachweis eben dieser Potenz.

ANNALISA: Rocco existiert in der «Öffentlichkeit», Antonia existiert im Privaten. Und das gilt nicht nur speziell für die beiden: die Frauen sind das Private, die Männer das Öffentliche.

Das Private auszuweiten, ihm eine öffentliche Dimension zu verleihen, mit anderen Worten, sich das Problem der Hegemonie zu stellen, ist eine Unternehmung, die, glaube ich, noch nicht zu bewerkstelligen ist. Ich habe, wie ich vorhin schon sagte, den Eindruck, daß das ein Heraustreten aus sich selbst, eine Objektivierung, um zu existieren, bedeutet. Und auch deshalb habe ich mit Scham reagiert.

Mit Antonia spricht die ungeschriebene Geschichte aller Frauen, drückt sich das Nichtgesagte aus. Das ist etwas, was wir tun müssen – aber alle Frauen, in der Frauenbewegung. Wenn eine Frau das im Alleingang macht, fasse ich das als (verzweifelten) Ausfall, als ein Sich-Wegwerfen auf.

Ich glaube, daß gegenwärtig, wenn die Frauen so heftig ihre Wünsche, ihren Willen zur Veränderung bekunden, immer noch ein Zwang von außen dahintersteht, das Verlangen, etwas zu tun, und nicht genau zu wissen, was.

Es ist ein seltsames Gefühl – ich habe es immer dann gehabt, wenn die Wechselfälle des Klassenkampfes, die «allgemeine Politik» mich dazu trieben, mit dem Druck, der auf mir lastete, auf die Straße zu gehen, jedesmal wenn ich mich gezwungen sah, mich mit Umständen auseinanderzusetzen, die nicht die meinen waren. Ich bestreite keineswegs die Gültigkeit gewisser Aktionen, wie zum Beispiel der Kampagnen für die zivile Scheidung und die Abtreibung oder des Kampfes für die Beratungsstellen; ich glaube, daß man sich nicht vor solchen Kämpfen drücken darf. Aber ich glaube, daß es nicht so einfach sein wird, Probleme wie die Sexualität oder die zwischenmenschlichen Beziehungen aus sich heraus nach außen und gar auf die Straße zu tragen. Die erotischen Wünsche, die erotischen Phantasien aus sich herauszuwerfen kommt für mich dem Gefühl zu sterben gleich. Es ist wie bei der Mutterschaft, die dir ein Gefühl der Ausdehnung, der Unendlichkeit gibt, so daß du nicht mehr genau weißt, wo dein Körper aufhört und der des anderen anfängt: das Gefühl deines Körpers, daß er keine genau umrissenen räumlichen Grenzen hat, ist das Gefühl des Todes, genau wie das Verlangen, die Vereinigung zweier Körper. Ich habe das Gefühl, daß das Verlangen noch ein Weilchen im Bereich des Nichtgesagten bleiben muß, in einer jugendlichen, sich entwickelnden Sexualität, die vom anderen, von dir, entdeckt wird und die noch nicht (und vielleicht nie) Orgasmus und Erfüllung ist.

Anmerkungen des Übersetzers

(Die Ziffern beziehen sich auf die entsprechende Seitenzahl im Text)

10 *Villa Borghese:* großer Park in Rom, seit neuerer Zeit auch von der linken Subkultur und der Drogenszene bevölkert.

13 *Napolitano, Giorgio N.:* Senator der KPI und Wirtschaftsexperte.

13 *Cossutta:* KPI-Abgeordneter und Partei-Ideologe.

13 *«Rinascita»:* Organ der KPI, von Palmiro Togliatti gegründet, dient hauptsächlich der parteiinternen Ideologiediskussion.

17 *Roccapriora:* von den Römern gern besuchter ländlicher (Wochenend-)ferienort in den nahegelegenen Abruzzen.

28 *«L'Unità»:* Parteiorgan der KPI, Tageszeitung.

28 *«Nuova Generazione»:* Organ der KPI-Jugendorganisation FGCI (= Federazione Giovanile Communista Italiana).

28 *«Critica Marxista»:* ideologiekritische Monatszeitschrift der KPI.

28 *«Riforma della Scuola»:* von der KPI herausgegebene Zeitschrift für Erziehung und Unterricht.

28 *Enrico:* gemeint ist Enrico Berlinguer, Generalsekretär der KP.

28 *Cancrini:* Drogenexperte.

28 *Gianni Borgna:* Chefredakteur des KPI-Jugendmagazins «Nuova Generazione».

28 *Bonimba:* Beiname für den populären Fußballspieler Boninsegna, vormals Mittelstürmer bei Inter, jetzt Juventus.

29 *Arci:* Associazione Ricreativa Culturale Italiana, eine von KPI und SPI unterstützte Freizeitorganisation auch für Nicht-Parteimitglieder, zu der u. a. ein Jagdverein (ARCI-caccia), ein Fischerverein (ARCI-pesca) sowie Sport- und Filmclubs gehören. In Verbindung mit ARCI-caccia geben die hier frei erfundenen «Reformismus-Trophäen» (eine Art «Oscar» der als reformistisch angeprangerten westeuropäischen KPs) eine ironische Spitze auf kleinkarierte Partei-Vereinsmeierei ab.

34 *Rossella O'Hara:* Anspielung auf Scarlett O'Hara, die Heldin in Margaret Mitchells Roman *Vom Winde verweht.* Rossella («Die kleine Rote») ist auf die revolutionäre Pose gemünzt.

34 *Parioli-Ausgaben von Isadora Duncan:* Parioli ist ein altes Luxuswohnviertel des römischen Adels und des alteingesessenen Bürgertums; es gilt als Herkunftsort junger Anhänger der Nationalen Rechten MSI: pariolino ist ein Synonym für einen jungen Neofaschisten aus gutem Hause.

34 *Herbst des Patriarchen:* Roman von Gabriel García Márquez.

41 *Gramsci, Antonio G.:* einer der bedeutendsten ital. Marxisten, Mitbegründer der KPI, Hg. der Zeitung «Ordine Nuovo», in faschistischer Haft gestorben.

55 *Die kleine lombardische Vedette:* Kapitel aus dem Erzählungsband *Cuore* (Herz) von Edmondo de Amicis (1846–1908), der zum festen Bestand der Schullektüre gehört. Obiges Kapitel schildert pathetisch, wie ein kleiner Junge während der Kämpfe um die Befreiung der Lombardei 1859, von einem Offizier zur Feindbeobachtung auf einen hohen Baum geschickt, von Feindeskugeln getroffen für sein Vaterland stirbt.

60 *In der Rolle des Signore Fracchia:* Signore Fracchia ist eine von Paolo Villaggio dargestellte TV-Zerrfigur des unterwürfigen Untertanen, dem alles, was er anfaßt, mißlingt.

67 *Juristische antifaschistische Reminiszenzen (der Codex Rocco):* Alfredo Rocco war Justizminister zur Zeit Mussolinis. Unter seiner Verantwortung wurden die Gesetze vorbereitet, durch die Mussolini seine Diktatur institutionell begründete.

70 *Dockarbeiterkomplimente à la Faust im Nacken:* bezieht sich auf Elia Kazans Film *On The Waterfront* (1954).

71 *Caradonna-Schläger:* Giulio Caradonna, Abgeordneter des MSI (Movimento Sociale Italiano), der neofaschistischen Bewegung Italiens, war u. a. Rädelsführer rechtsextremistischer Übergriffe auf die Universitäten im Jahre 1968, wobei er revoltierende linke Studenten mit seinen Schlägertrupps (diverse MSI-Jugendorganisationen) zu bekämpfen suchte.

88 *Janikulus:* einer der sieben Hügel, auf denen Rom gebaut ist.

105 *ANSA:* Abkürzung für Associazione Nazionale Stampa Associata, italienische Presseagentur.

107 *«Duepiù»:* Familienmagazin.

107 *Adele Faccio:* Abgeordnete des Partito Radicale (Radikale Partei), einer linken Bürgerrechtsbewegung, die erfolgreich für die Rechte der Frau (u. a. Abtreibungsgesetz und Scheidungsgesetz) kämpft.

118 *Zaccagnini, Benigno:* Generalsekretär der DC, Democrazia Cristiana, der christdemokratischen Partei Italiens.

119 *Wronskij:* Gestalt aus Tolstojs *Anna Karenina.*

127 *Ernesto und Evaristo:* Spitznamen für die beiden männlichen Keimdrüsen. Ein Gassenjungenspruch besagt: «Il mio coglione destro si chiama Ernesto, il mio coglione sinistro si chiama Evaristo.» Deutsch etwa: «Ernesto heißt mein rechtes Ei, Evaristo das linke, das wärn zwei.»

133 *«Quaderni Vicentini»:* In der politischen studentischen Diskussion 1968 haben die «Quaderni Piacentini» (= Hefte aus Piacenza) eine erhebliche Rolle gespielt. Diese außerparlamentarische theoretische Zeitschrift fand viele Nachahmungen, auf die hier mit «Qua-

derni Vicentini» (Hefte aus Vicenza) summarisch angespielt wird.

135 *Sabina Ciuffini:* hübsche Assistentin von Mike Bongiorno, dem Talkmaster der TV-Show *Rischiatutto.*

136 *Leopardi, Giacomo:* Dichter (1798–1837), bedeutender Vertreter der italienischen Romantik.

136 *Leo Ferré:* französischer Chansonnier, der Liebes- und Schicksalslieder singt.

136 *Pace/Panzeri:* populäres italienisches Schlagertexter- und Arrangeur-Gespann.

146 *Kleiner florentinischer Schreiber:* ein Kapitel aus *Cuore* von de Amicis. Die Erzählung handelt von einem Jungen aus armer Familie, der heimlich in der Nacht seinem Vater bei seiner Arbeit als Adressenschreiber hilft, von diesem wegen schlechter Schulnoten getadelt wird, aber letztlich doch die Anerkennung des Vaters gewinnt, der ihn zerknirscht um Verzeihung bittet.

156 *Almirante, Giorgio:* Ex-Generalsekretär der MSI, der neofaschistischen Partei Italiens.

165 *«Panorama»:* unabhängiges Wochenmagazin, das bei Mondadori erscheint und u. a. von der KPI, der SPI und FIAT-Agnelli unterstützt wird.

166 *Democrazia Proletaria:* Gruppierung verschiedener linker außerparlamentarischer Organisationen, die sich unter diesem Namen gemeinsam am 20. Juni 76 zur Wahl stellten.

166 *Lotta Continua* (ständiger Kampf)*:* außerparlamentarische Organisation, die seit 1969 besteht, eine gleichnamige Zeitung herausgibt und sich in der Democrazia Proletaria zur Wahl stellte.

167 *Antilope Cobbler:* Im Zusammenhang mit dem Lockheed-Skandal wurden in Italien zahlreiche Vermutungen über die Bedeutung dieses in Lockheed-Bestechungsakten gefundenen offensichtlichen Decknamens angestellt. Führende Politiker wurden verdächtigt, u. a. Rumor, Moro, Gui, Tanassi. Der am schlüssigsten anmutende Dechiffrierversuch lautet: antilope = Antilope, cobbler = Flickschuster, einer, der mit pelle (Leder, Haut) zu tun hat. Daraus ergibt sich die Assoziation zu der Redewendung «fare la pelle a qualcuno», d. h. im übertragenen Sinne: jemandem den Garaus machen. Welches Tier tötet mit Vorliebe Antilopen? Der Löwe, ital.: leone = Ministerpräsident Leone.

170 *Storti, Bruno:* Ex-Generalsekretär des von den Christdemokraten (DC) beherrschten Gewerkschaftsverbandes CISL (Confederazione Italiana Sindacati Liberi).

172 *Lama, Luciano:* Generalsekretär des von der KPI und SPI beherrschten Gewerkschaftsverbandes CGIL (Confederazione Generale Italiana del Lavoro).

174 *Kabir Bedi und die Perle von Labuan:* Kabir Bedi ist der Name des

indischen Darstellers des TV-Helden Sandokan in der gleichnamigen TV-Serie nach Motiven von Emilio Salgari, dem italienischen Karl May. Die Perle von Labuan ist die Tochter des Gouverneurs der Insel Labuan und die Geliebte Sandokans.

178 *Botteghe Oscure:* In der kleinen Via Botteghe Oscure in Rom hat die KPI ihren Hauptsitz. Am 20. Juni 1976 fanden sich Tausende von Sympathisanten in der schmalen Straße ein, um den vermeintlichen Wahlsieg der KPI zu feiern. Das vorliegende Buch war noch vor der Wahl in Druck gegangen.

185 *Ernesto:* Alterswerk des italienischen Dichters Umberto Saba (1883–1957). Der stark autobiographische Roman hat die Beziehung eines alten Mannes zu einem Knaben, Ernesto, zum Thema.

195 *Besetzung des Doms:* gemeint ist der Mailänder Dom, der beim Kampf um die Legalisierung der Abtreibung von Mailänder Frauengruppen besetzt wurde.

(Wolfgang Sebastian Baur)

Die Autoren

Marco Lombardo Radice (27), der seine Stimme Rocco leiht, Sohn eines Mathematikers und Mitglieds des Zentralkomitees der KPI, ist Psychologe und arbeitet vor allem mit Jugendlichen. Er lebt in Rom.
Lidia Ravera (25), die ihre Stimme Antonia leiht, lebt ebenfalls in Rom. Sie ist Journalistin und schreibt für das Gegenkultur-Magazin «Muzak».

Der Übersetzer

Wolfgang Sebastian Baur (26), deutsch-italienischer Schauspieler, Schüler am Max-Reinhardt-Seminar in Wien und bei Etienne Decroux in Paris. Er schreibt an seiner linguistischen Magisterarbeit über die sardische Sprache (TU Berlin) und war in André Hellers Circus Roncalli der «Engel der möglichen Wunder».

das neue buch rowohlt

Herausgegeben
von Jürgen Manthey

Eine Auswahl:

Peter Rühmkorf
Die Jahre die Ihr kennt
Anfälle und Erinnerungen [1]

Das Mädchen aus der
Volkskommune
Chinesische Comics [2]

Tom Wolfe
Radical Chic und Mau Mau
bei der Wahlfahrtsbehörde [5]

David Cooper
Der Tod der Familie [6]

Peter Gorsen
Sexualästhetik
Zur bürgerlichen Rezeption von
Obszönität und Pornographie
[7]

Philip Roth
Unsere Gang. Die Story
von Trick E. Dixon
und den Seinen [10]

Elfriede Jelinek
Michael. Ein Jugendbuch für
die Infantilgesellschaft [12]

Ed Sanders
The Family
Die Geschichte von
Charles Manson und seiner
Strand-Buggy-Streitmacht [14]

Hermann Peter Piwitt
Rothschilds
Roman [16]

Peter Turrini
Erlebnisse in der Mundhöhle
Roman [18]

Nicolas Born
Das Auge des Entdeckers
Gedichte. Zeichnungen von
Dieter Masuhr [21]

James Baldwin
Eine Straße und kein Name
[23]

Ronald D. Laing
Knoten [25]

Michael Schneider
Neurose und Klassenkampf
Materialistische Kritik der
Psychoanalyse [26]

Ronald Fraser
Im Versteck [29]

Ron Padgett
Große Feuerbälle [34]

Günter Wallraff / Jens Hagen
Was wollt ihr denn,
ihr lebt ja noch. Chronik einer
Industrieansiedlung [37]

Renate Rasp
Chinchilla. Leitfaden zur
praktischen Ausübung [39]

Klaus Staeck
Die Reichen müssen noch
reicher werden
Politische Plakate [40]

Wolfgang Harich
Jean Pauls Revolutionsdichtung
Versuch einer neuen Deutung
seiner heroischen Romane [41]

Thomas Pynchon
Die Versteigerung von N° 49
Roman [42]

John Berger
Glanz und Elend des Malers
Pablo Picasso [45]

Rolf Hochhuth
Lysistrate und die Nato
Komödie [46]

Joris Ivens
Die Kamera und ich
Autobiographie eines Filmers
[47]

Burkhard Driest
Die Verrohung des Franz Blum
[48]

Proletarische Lebensläufe
Autobiographische Dokumente
zur Entstehung der
Zweiten Kultur in Deutschland
Band 1: Anfänge bis 1914 [50]
Band 2: 1914–1945 [61]
Hg.: Wolfgang Emmerich

Jürgen Theobaldy
Blaue Flecken. Gedichte [51]

Günter Seuren
Der Jagdherr liegt im Sterben
Gedichte [53]

Politische Karikatur
in der BRD
Hg.: Thomas Fecht [59]

Louis-Ferdinand Céline
Rigodon. Roman [60]

Rolf Dieter Brinkmann
Westwärts 1 & 2. Gedichte [63]

Elfriede Jelinek
Die Liebhaberinnen. Roman
[64]

Peter Rühmkorf
Walther von der Vogelweide,
Klopstock und ich [65]

Rolf Hochhuth
Tod eines Jägers [68]

Harold Pinter
Niemandsland
Fünf Theaterstücke [69]

Thomas Pynchon
V.
Roman [74]

Rolf Haufs
Die Geschwindigkeit eines
einzigen Tages. Gedichte [75]

Konrad Bayer
Das Gesamtwerk
Hg.: Gerhard Rühm [76]

Jean-Paul Sartre
Der Idiot der Familie
Gustave Flaubert 1821–1857
I. Die Konstitution [78]

Louis-Ferdinand Céline
Kanonenfutter [79]

Reiner Kunze
Sensible Wege
Achtundvierzig Gedichte
und ein Zyklus [80]

Günter Herburger
Ziele. Gedichte [82]

James Baldwin
Teufelswerk
Betrachtungen zur Rolle der
Farbigen im Film [83]

Gesamtherstellung
Clausen & Bosse, Leck/Schleswig